| 台湾研究系列 |

北京市属高等学校人才强教资助项目（PHR201106148）

和平发展视角下的台湾问题

胡文生　著

九州出版社 JIUZHOUPRESS | 全国百佳图书出版单位

图书在版编目（CIP）数据

和平发展视角下的台湾问题 / 胡文生著. —北京：九州出版社，2012. 6

ISBN 978－7－5108－1547－8

Ⅰ. ①和…　Ⅱ. ①胡…　Ⅲ. ①台湾问题－文集　Ⅳ. ①D618－53

中国版本图书馆 CIP 数据核字（2012）第 137563 号

和平发展视角下的台湾问题

作　　者	胡文生 著
出版发行	九州出版社
出 版 人	徐尚定
地　　址	北京市西城区阜外大街甲 35 号（100037）
发行电话	（010）68992190/2/3/5/6
网　　址	www. jiuzhoupress. com
电子信箱	jiuzhou@ jiuzhoupress. com
印　　刷	三河市东方印刷有限公司
开　　本	720 毫米×1020 毫米　　16 开
印　　张	16.5
字　　数	256 千字
版　　次	2012 年 6 月第 1 版
印　　次	2012 年 6 月第 1 次印刷
书　　号	ISBN 978－7－5108－1547－8
定　　价	48.00 元

序　言

胡文生博士的《和平发展视角下的台湾问题》一书就要由九州出版社出版了，他要我给他写篇序。写序不敢当，但作为文生博士多年的同事，见证了他这些年在台湾研究领域的成长经历，也想借这个机会说几句话。

文生博士在2005年北京联合大学台湾研究院建院之初就来院工作，他的专业背景是历史学，毕业于中国人民大学清史研究所。来院之后，他先是被安排在文史所从事台湾历史文化研究，尔后我发现他对台湾现状研究更感兴趣，政治敏感度也很不错，便将他吸收进当时我正在主持的国家社科基金重点项目《大国格局变动中的两岸关系》课题组，从此他转入台湾时政研究。由于文生专业功底扎实，人又很勤奋刻苦，敏于思考，很快便入了门，几年下来，在台湾政党政治、台湾选举、两岸关系等研究领域都颇有所得，成为北联大台研院崭露头角的研究骨干之一。这部著作正是他多年来辛勤耕耘的硕果。这个成果的取得是十分不易的，饱含了他多年来的学术坚持和孜孜追求，也记录了一个年轻学者不断成长的历程。

以我多年从事台湾问题研究的切身体会，我觉得做台湾问题研究不易，要做出点儿成就更难。这里面除了个人的勤奋努力之外，还要有以下几个方面的必备因素：

首先，要有较为广博的学术积淀。台湾问题既大也小，既虚也实。说其大，是指台湾问题包含的内容很多，牵涉的面很广，举凡政治、经济、文化、历史、社会等几乎所有人文社会学科都可以台湾为模本进行研究，而事实上，如果仅从某一个学科领域入手，是很难对台湾问题有较为全面而深入的认识的。当然，台湾问题研究也不是要事事通，当“万金油”，什么领域都去碰，都想精通，而要有所侧重。因为有侧重，才会有特色。

其次，要勤于做调查研究，把握台湾的社会脉动，熟悉台情民意。台湾研究是一门实践性很强的学问，单纯靠上网，靠看书看报看电视，在书斋里是不可能做出符合实际的研究成果的。必须要深入台湾社会做调查，了解台湾的政治、经济、社会、文化、历史等方方面面，这样写出来的文章才能符合台湾的现实状况，言之有物，言之有理。“没有调查，就没有发言权”，做台情调研，这是每一个对台研究人员都必不可少的工作。

第三，要熟悉政策，要有高度的政治敏感性和工作责任感与使命感。台湾问题不同于一般的学术研究，首先是“政治的”，其次才是“学术的”，其研究的最终归结点是要为国家的对台工作服务，为祖国的和平统一和中华民族的伟大复兴服务。所以，要做好台湾问题研究，不仅要熟悉国家的大政方针政策，还要熟悉研究对象台湾各主要政党的大陆政策，同时还要了解国际政治格局的变迁、两岸关系的发展脉络与症结所在。因此，作为一名合格的台湾问题研究者，必须要注重培养自己的政治敏感性，要有强烈的工作责任感与国家统一、民族复兴的使命感。

文生博士自进入台湾研究领域之后，我和他同事多年，眼见他在以上这几个方面的成长与进步是很明显的。他的这部文集共分为四个部分，分别为：“台湾历史”、“台湾政局”、“台湾选举”、“两岸关系”。其中有很多篇章都是很有深度的，如对于民进党的一些研究文章，分析得较为细致深入。关于台湾选举的几篇文章，分析结果大致都正确，有一些还比较“精准”，这对于一名初学者来说是不容易的。此外，两岸关系部分的几篇文章，如对于两岸关系的宏观分析，对于胡锦涛总书记“六点意见”的解读等就比较有深度。此外，文集中的许多文章都具有很强的政策意识和问题意识，非一般的泛泛而谈，这也是值得肯定的地方。当然，文集中有些篇章的某些观点和论述还欠火候，还有待进一步完善，但作为一名涉入台湾研究年资尚浅的年轻研究人员来说，这是成长的过程和必然。

文生博士这些年在台湾研究领域下了很大功夫，无论是在学术积累、政策研究还是在实地调查方面，都打下了坚实的基础。目前他的这部专著出版，等于是做了一个很好的阶段性的总结。我相信，在未来的学术研究过程中，文生博士必定能够在现有的基础上更上一层楼，取得更大的进步。

是为序。

徐博东

2012 年 5 月 28 日　于京北温泉花园

自　序

2005年我博士毕业后涉足台湾问题研究，至今已经整整7个年头了。这一路走来，充满了酸甜苦辣，颇为不易。本来我是学历史学的，当初之所以放弃自己的专业而转入台湾问题研究，最主要的原因还是认为台湾问题与现实结合更紧密些，投入这样的研究领域应当比纯粹的历史学研究更有"价值"，因此决定"转行"。而当时恰逢知名的台湾问题专家徐博东教授创立北京联合大学台湾研究院，正在四处招兵买马，于是毛遂自荐，并顺利成为了其中的一员。

进入台湾研究院之后，我最初是做台湾历史文化的研究。虽然我的专业是历史学，但台湾史对我来说是一个完全陌生的领域，转型的难度相当大。还好那几年单位的研究经费比较充足，研究人员有机会每年都进入台湾实地考察，此外还有大量机会参加各类会议，与台湾朋友交流的机会也比较多。因此很快在台湾研究界混了个"脸熟"，认识了不少台湾研究界的大佬，在这里真应该感谢台湾研究院所提供的这些机会，也应该感谢这些学术前辈们对我们这些后进末学的包容，不然在大佬云集的台湾研究界，是不可能给我们这些小字辈提供那么多抛头露面的机会的。

不管怎么样，我算是很快混进了台湾研究界。慢慢的，我的研究兴趣也转向了对台湾时政的研究。这一方面是因为我发现做台湾史太难，资料收集以及知识储备都非短期内能够完成；另一方面，我认为既然涉入了对台研究，就要参与到对台研究的主流中去，所谓"预流"者也。由于徐博东教授是以民进党研究著名的，在他的影响下，我慢慢对民进党研究发生了极大的兴趣。而徐博东教授也以他的无私和提携后进的精神给予了我学术上很大的帮助。这几年来，与徐教授合作完成了众多研究课题，取得许多学术成果，他还带着我到岛内做实地考察，结交了大量民进党人士以及其他各界朋友。如果说我在民进党研究领域能够有所得的话，全赖徐老师的栽培，在这里我也要向他致以我最衷心的感谢。徐老师在学术上的钻研精神，严谨的治学态度，以及他对台湾研究所倾注的热情，都是我十分感佩的。涉入对台研究领域，能够遇到徐老师这样一位良师，也算是我的幸运吧。

回首来时路，已找不到归途。从事台湾研究 7 年多，我的历史学专业也已经生疏了。内心中常感觉遗憾，毕竟我学历史 10 年，从本科到博士都是学的历史学专业。也遇到了很多好老师，如硕士导师邓鸿光老师、博士导师黄兴涛老师等，他们对我帮助都很大。放弃历史专业，真感觉对不起他们。在这里也想对他们说一声抱歉。不过，无论我从事什么工作，历史学的专业训练毕竟是我的学术基础，这个基础是任何时候都不会丢的。

从事台湾研究这些年，也积累了一些学术成果。我把这些成果整理一下，结集出版，也算是一个阶段性的学术小结吧。这本学术文集共分四个部分：台湾历史、台湾政治、台湾选举、两岸关系。每个部分都收录了相关文章数篇。这些文章有的公开发表过，有的是一些内部课题等，没有公开发表。为了避免造成课题委托单位的困扰，对于文集中的文章都没有注明发表出处，而只注明发表时间。这很不合乎学术规范，但也只能如此了。由此造成的阅读不便，还望得到读者的谅解。另外，对于部分文章的内容也做了一定程度的修改，以便于公开发表和供读者阅读。当然，由于许多文章是“旧作”，在结集出版前会尽量尊重文章的原貌，如一些评估性的文章，对于预测的结果就没有改动，当“事后诸葛”并不是实事求是的态度。因此，有一些预测结论是准确的，有一些并不一定准确。但基本而言，我的一些评估文章结论都是正确的，如从 2008 年以来我对于台湾的一些重要选举结果的事前预测，结果都还大致正确。这也是我自感欣慰的地方。至于错漏之处自然难免，还望有方家斧正。

台湾问题事关祖国统一，是所有中国人的最大牵挂，上至国家领导人，下至庶民百姓，无不投以巨大的关注。作为一名学者，能够投身于这样一个研究领域是十分幸运的。当然，台湾问题千头万绪，所牵涉的范围很广，又并非一个纯粹的学术问题，因此台湾问题研究者也常有许多无奈感。但无论怎样，既然选择以台湾研究为业，就要有高度的使命感和责任感，为国家的统一事业作贡献。两岸统一需要两岸中国人展现高度的政治智慧，寻求一个稳妥的解决之道。寻找打开两岸统一之门的锁钥，不应是每一位台湾问题研究者的最高学术追求吗？

胡文生

2012 年 6 月 1 日于北京

目　录

两岸关系

台湾历史

台湾民众国家认同问题的由来、历史及现实

国家认同是台湾社会存在争议最大的问题之一，对台湾政治生态的演进有着至关重要的作用，也是在历次选举中被“台独”势力操弄得最厉害的一个政治议题。毋庸讳言，目前台湾民众在国家认同问题上已经发生严重混淆，而民族国家观念的形成是现代民族国家赖以存在的基础，对一个国家的生存至关重要，台湾民众在这一问题上所存在的认识误区是一个需要严肃对待的政治问题。台湾民众的国家认同问题为什么长期得不到解决？它给台湾社会带来了什么样的影响？这些问题的研究对于我们深入认识台湾问题的症结，是有着重要理论和现实意义的。

一、殖民地伤痕：台湾民众国家认同问题的根源

台湾民众国家认同问题产生的根源可以划分为两个层次：其一是历史根源；其二是现实的政治根源。历史根源即台湾自甲午战争以来的被殖民经历，而现实的政治根源则是台湾光复后所发生的“二二八”事件和50年代初期的白色恐怖统治。当然，国共内战以及台湾社会自70年代以后的社会转型也应纳入考察的范围之内。可见，台湾民众国家认同问题的形成有着十分复杂的历史和现实因素。

对于台湾社会国家认同的异化究竟始于何时，两岸学术界有着广泛的争议。有一些台湾学者认为清代台湾社会存在着一种“土著化”的趋势，这

种“土著化”使得台湾社会和中国本土社会“逐渐疏离”。[①] 而一些“台独”学者甚至把这时台湾民众对台湾的“乡土认同”上升为“国家认同”，并认为“台湾民主国”的成立就是这种“国家认同”的极端体现。[②] 但正如陈孔立教授指出的：“直到被日本占据以前，台湾社会……还没有‘化’到‘土著化过程已经完成’，或从大陆社会‘疏离出去’。”[③] 至于“台湾民主国”，那更不是台湾人民国家认同异化的证明，相反是台湾民众中国认同的明证。因为成立“台湾民主国”，是在甲午战争失败之后，割台已成定局的情况下，台湾人民群起自卫的一种反映。“台湾民主国”以“永清”为年号，表达永属清朝之意。在“独立宣言”中也明确说明成立“台湾民主国”的原委在于：“今已无天可吁，无人可援，台民唯有自主，推拥贤哲，权摄台政，事平之后，当再请命中朝，作何办理。”[④] 可见成立“台湾民主国”是在当时特定的历史条件下的不得已之举，其中并没有像某些人所想象的台湾人“国家意识”。因此，那种把日据以前台湾民众的“乡土意识”上升为政治层面的“国家认同疏离”的看法是错误的。

在台湾学者中比较普遍的看法是认为，台湾民众国家认同的异化始于“二二八”事件，我们觉得这种观点也是有失偏颇的。诚然，我们承认“二二八”事件是造成台湾民众国家认同向恶质化方向发展的一个重要媒介，但如果仅仅以此来作为解释台湾民众国家认同异化的原因显然不足。因为它过于忽略殖民统治给予台湾民众的巨大伤害，而过于强调国民党政权在此问题上所应承担的责任，这是不公平的，也是不符合历史事实的。台湾民众国家认同问题的产生，其根源在于日本对台湾的殖民统治，如果没有这段被殖民经历，也就没有所谓的台湾民众国家认同问题。因此如何清算殖民统治的罪恶，这是在讨论台湾民众国家认同问题时不能忽略的问题。更何况，在日据时期，有少数接受“皇民化”思想的台湾民众，他们的国家认同确实已

---

① 主要代表人物有陈其南和他的导师李亦园、王松兴教授以及庄英章等。与此相对应的还有所谓“内地化”派，主要以李国祁为代表，他们认为台湾社会在清代的发展趋势是不断“内地化”。大陆学者陈孔立对这两派的观点曾有评议。见陈孔立著《清代台湾社会发展的模式问题——评“土著化”和“内地化”的争论》，载《台湾研究十年》，陈孔立主编，厦门大学出版社，1990 年版。

② 施明辉：《台湾意识论战选集》，台湾前卫出版社，1988 年版，第 10 页。

③ 见陈孔立：《清代台湾社会发展的模式问题——评“土著化”和“内地化”的争论》。

④ 连横：《台湾通史・独立纪》，中华书局，1995 年版。

经发生了异化，还有许多台湾民众心中存在的“亚细亚孤儿”的心态也是必须要面对的事实。

可见，台湾民众国家认同问题的产生始于1895年之后①，这是一个基本不错的判断，但是如何估价被殖民经历给台湾民众国家认同问题所造成的伤害，则是需要细细加以甄别的。这里面牵涉到对于三个不同层面的概念的处理：即“台湾意识”—“具有主体性的‘台湾意识’”—“异化了的‘台湾意识’”，这三个概念实际上包含着台湾自明郑以来的三个历史阶段：即清代—日据时期—国民政府统治时期。台湾作为一个以汉族移民为主的社会，自明郑以来，逐步凝聚出一种对于台湾本土的认同，这种认同属于“乡土意识”的层面，它并不牵涉政治层面的国家认同问题。随着甲午战争的失败，台湾被清政府割让给日本，台湾社会由于受到外力的强烈冲击而开始逐步形成“具有主体性的‘台湾意识’”。这种动力来自于两个方面：一方面是由于对清政府执意割台的怨恨情绪，感觉自己被抛弃，因此对于母体产生了疏离感；一方面是由于对日本殖民统治者的不满，不甘心做“二等公民”，而希望自己当家作主。这两种情绪促使台湾社会逐步形成“具有主体性的‘台湾意识’”。②

台湾光复后，国民党统治者对于台湾社会已经形成的“具有主体性的‘台湾意识’”没有清醒地认识，漠视了台湾人民当家作主的愿望，并因为自己的统治失误而导致“二二八”事件发生，国民党在处理这一事件的过程中采用了残酷镇压的方式，终于一发而不可收，使得台湾民众的祖国认同发生了严重的变异。其后又由于国民党的白色恐怖统治而使得台湾民众心中的愤懑无法发泄，随着国民党威权体制的瓦解，这种情绪也就如火山般爆发，成为国民党2000年下台的重要社会基础。

检视台湾民众国家认同问题的基本逻辑应当如此。从这里我们看出，被殖民经历确实是台湾民众国家认同问题产生的重要历史根源。被殖民经历究竟给台湾民众的国家认同造成了什么样的伤害？我们认为可以从以下几个方

① 刘国深教授也认为应当始于1895年。刘国深著《试论百年来“台湾认同”的异化问题》，载《台湾研究集刊》1995年第3期。

② 以上参考了徐博东教授的部分观点。见《小悲情无视大悲情——析“台独”产生与发展的历史根源》，收入徐博东著《透析台湾民进党》，台海出版社，2003年7月出版。

面来理解：

首先，台湾的被割占使得台湾脱离了祖国母体，台湾和祖国的历史联系被强行割断，台湾与祖国此后经历了长达50年的分离，这种分离给台湾人民的民族国家认同造成了难以磨灭的历史伤痕。

其次，台湾被割占的50年，正是中华民族国家观念形成的关键时期，中国各民族在反对外来侵略，维护国家统一的斗争中逐步形成的了中华民族这一国族认同。这种历史的共同记忆是中国人国家认同的重要心理基础，而台湾人民由于与祖国的长期分离，因此无法体会到中华民族国家观念所蕴含的深刻历史内涵，这对于台湾人民形成正确的国家认同同样造成了致命的伤害。①

再次，虽然台湾人民从未放弃反对日本殖民统治的斗争，从乙未反割台斗争到台湾光复，台湾人民的抗日斗争可谓前仆后继，这其中所表现出的台湾人民的中国意识是不言而喻的。② 但是我们也应当看到，日本人占领台湾后一直处心积虑的推行其殖民政策，对台湾人民实行“皇民化”教育，企图割断台湾人民对于中华文化的认同，日本的皇民化政策虽然遭到了台湾人民的坚决抵制，但不可否认，由于长时间的殖民统治，台湾部分民众在民族认同上发生畸变，转而认同殖民者的制度文化，这部分民众的存在在近代台湾也是一种历史事实。这同样是造成台湾民众民族国家认同混乱的历史根源。

被殖民经历给台湾民众国家认同造成了巨大的伤害，在台湾光复后，如何去医治台湾民众心灵的创伤，使台湾民众基于特殊的历史经历而形成的“具有主体性的‘台湾意识’”不要向恶质化方向发展，这是国民政府需要

① 关于近代中华民族国家观念的形成问题可具体参见黄兴涛《现代“中华民族”观念形成的历史考察——兼论辛亥革命与中华民族认同之关系》，《浙江社会科学》，2002年第1期。此外作者还有多篇文章讨论近代“中华民族国家观念”的形成问题。一般认为近代中华民族国家观念的形成发端于甲午中日战争之后，经过清末立宪运动，到辛亥革命初具雏形，此后经历五四运动的洗礼，到抗日战争最终形成了“中华民族”这一国族认同。可见，台湾人民正是在中华民族国家观念形成的关键时期游离于祖国历史的演进之外，这种历史的缺位对于台湾民众国家认同所造成的后果是应当有清醒估计的。

② 关于近代台湾人民反日运动中所表现出的民族认同意识莫世祥先生有过很好的论述，可具体参看《台湾近代反日独立运动中的国家认同问题》一文，《台湾研究集刊》，1995年第2期。

精心处理的一个重大课题。但很显然，国民政府对于这个问题的处理是失败的。

二、国民党在台统治失误与台湾民众国家认同的恶质化

在日据时期，虽然台湾社会形成了“具有主体性的‘台湾意识’”，甚至有少数民众的国家认同已经发生了异化，但我们也应当认识到，这种具有主体性的台湾意识并不必然就会向否定“中国认同”方向发展，如果引导得当，这种具有主体性的台湾意识也可以回复到乡土认同意义上的“台湾认同”层面上去。何况台湾绝大部分民众对于回归祖国是真心拥护的，这种民意基础是有利的。可惜的是，国民政府对于这一问题的处理完全失败。以陈仪为首的国民党台湾行政当局，对于接收的准备不足，一些统治政策的制定也没有充分考虑到台湾人民在经历殖民统治后的复杂心态①，接收过程也十分草率，特别是在对台湾的管理过程中所发生的种种贪污腐败情形更是让台湾人民深恶痛绝。

台湾民众对于回归祖国的美好期待很快就被残酷的现实变为了泡影。被光复的光芒所掩盖下的殖民伤口开始迅速恶化、变质。此前已经形成的“具有主体性的‘台湾意识’”开始迅速向恶质化的方向发展。社会氛围也开始发生变化，“本省人”与“外省人”的对立情绪逐步蔓延开来。最终，这种情绪在“二二八”事件中来了一个总爆发。

“二二八”事件的发生可能还有其他一些更为复杂的原因。但不可否认，以陈仪为首的国民党台湾行政当局负有不可推卸的直接责任。更为严重的是，国民政府在对于“二二八”事件的处理上采取了残酷镇压的方式，这样做的后果是更加深了“本省人”与“外省人”的隔阂，并进一步强化

---

① 1944年3月，蒋介石下令成立台湾调查委员会，为战后接受台湾进行准备工作，陈仪被指派为主任委员。台湾调查委员会成立后进行了大量的工作，包括编辑台湾资料，训练各类专业人才，制定接收后的统治政策等等。这些工作有些是成功的，但有些是比较脱离台湾实际情况的，特别是政策的制定方面，就没有充分考虑台湾社会的民意，这些政策设计的失误，成为“二二八”事件爆发的一大诱因。详见白纯：《简析抗战时期的台湾调查委员会》，《江海学刊》，2005年第1期。

了"本省人"的受压迫感。这种受压迫感后来成为一些台湾民众心中最难以消除的梦魇，"台湾人出头天"就是台湾人感到被压迫而渴望早日"出头"的情绪反映。这种情绪后来被"台独"分子充分利用，成为"台独"分子追求"台独"的"民意"基础。"二二八"事件作为一种政治压迫的符号，成为国民党难以洗刷的原罪，在后来国民党在台执政的过程中，这一原罪让国民党付出了极为惨痛的政治代价。

"二二八"事件的伤口还未愈合，1949 年之后，随着国民党政权的迁台，台湾又被卷入国共内战的漩涡。为了继续其内战政策，一方面，国民党将大陆的共产党政权视为"叛乱政权"，而强调"中华民国"法统地位的正当性，并将它在大陆的统治机构整个移植到台湾。另一方面，为了巩固对台湾的统治，国民党进行了大规模的政治肃清运动，在台湾制造白色恐怖，从而建立起一套威权体制。在这个过程中，大量的台籍人士被作为共产党人而遭到逮捕、枪杀，特别是抗战期间坚持抗日的一批台湾爱国志士也受到了极不公正的对待，像李友邦、杨逵、王添灯、宋斐如等。这些做法对于台湾民众心中正确的中国意识都是严重的打击。

在国共政权隔海对峙的总体格局下，台湾民众被强制纳入国民党反共体系中，台湾民众的国家认同被国民党以狭隘的意识形态所操控，在这种意识形态下，大陆共产党政权是邪恶的，在台湾的国民党政权才具有代表中国的正统地位。反共、恐共、仇共成为一种社会的基本心理。虽然国民党也坚持"一个中国"政策，并采取许多措施来强化台湾民众的"大中国意识"，如在文化领域推行"中华文化复兴运动"，把自己打扮成中国传统文化的捍卫者和继承者等等。国民党以狭隘的意识形态来塑造台湾民众的国家认同，虽然可以在某种程度上取得成功，但这种国家认同教育有一个先天性的缺陷，也即，国民党在台湾维持着的"中华民国"国家图腾，是一个带有某种虚构性的国家认同符号。因为"中华民国"在大陆确实已经被中华人民共和国取代了，"中华民国"要维持"中华民国宪法"所规定的地域、人口、主权等国家要素都只能凭借部分的想象来虚构。"中华民国"的这种虚构性迟早是会现出原形的，而一旦"中华民国"这一国家认同符号破灭，由于国民党长期的"反共"教育，台湾人民早已失去了认同中华人民共和国的可能。台湾民众将陷入国家认同的真空状态。

“中华民国”还面临着另外一种威胁，也即“台独思潮”的兴起。现代“台独思潮”在台湾光复后才产生，并且早期的“台独思潮”有着明显的国际背景。特别是美日两国在幕后起着十分重要的作用。日本是因为不甘心失去对台湾的统治而支持“台独”活动，而美国则为了以台湾来牵制新中国的崛起，企图制造“两个中国”或“一中一台”。这种分裂中国的政策遭到了国共两党的一致抵制，因此无法得逞。国民党凭借在台湾建立起来的一套威权体制，可以对台湾的各种社会思潮进行严密控制，“台独”活动在岛内没有生存的空间。“台独”活动真正从内部发酵则是在 20 世纪 70 年代以后，随着台湾社会的转型而逐步兴起的。

我们可以认为，至少在 20 世纪 70 年代以前，国民党以“国共内战”为基本框架而在台湾建立起来的一整套统治体系是基本成功的。在国共对峙的总体格局下，台湾民众的殖民地伤痕被暂时掩盖，“二二八”事件所造成的伤害也被有意淡化，禁止讨论，50 年代初的白色恐怖统治所带给台湾民众心灵的伤害更是讳莫如深。但暂时的掩盖并不意味着问题的解决，一旦遇到恰当的时机，这些问题就会爆发，不仅会反噬到国民党的权力基础，而且会成为台湾民众形成正确的国家认同的巨大心理障碍。戴国辉先生分析道：“台籍人士在一九四五年——九五四年间有关自我同定的纠葛、危机、迷失之探讨”，对于弄清台湾社会的认同困境有着特别重要的意义。并认为对这一段历史的检讨是解开“台湾结”中的死结的关键所在。① 的确，这一段历史对于台湾民众在国家认同问题上所造成的伤害需要认真加以检讨。

三、台湾社会转型过程中的国家认同困境

20 世纪 70 年代，随着中华人民共和国取代国民党政权在联合国的合法代表席位，以及尼克松访华、中日建交等一系列重大外交事件的发生，国民党政权被打回了原形。这种危机直接转化为国民党政权在岛内统治的合法性危机。在内外交困之下，由蒋经国主导启动了台湾本土化和民主化的进程。

① 戴国辉：《台湾结与中国结——睾丸理论与自立·共生的构图》，台湾远流出版事业股份有限公司，1994 年版，第 30 页。

国民党企图以此来获得其统治的合法性基础，但这条路注定是充满凶险的。因为自台湾光复以来，国民党在整个统治过程中积聚了太多的矛盾。省籍矛盾、族群矛盾、中央和地方权力架构的矛盾等等，这些矛盾都需要找到渠道宣泄。

本来，按照美国学者鲁斯托（Dankwart A. Rustow）的观点，发展中国家进行民主转型的唯一前提条件是“国家统一”。因为只有一个国家的全体人民对其所从属的政治体制具有高度的认同感，这样才能保证一个国家在民主制度下“国家领土疆界的稳固和国民构成的延续性”。[①] 可见，在后发现代化国家（或地区）实行民主化，全体人民对于其所从属的政治体制的高度认同感是一个必要条件，而台湾恰恰在这点上存在着先天不足。台湾民众的心灵伤痕一直没有得到很好的医治，并且通过省籍矛盾、族群矛盾而表现出来，整个社会时刻存在着分裂的危险。这些问题都决定台湾的民主化进程会发生严重的变异。

我们发现，在台湾社会转型的过程中有一个十分诡异的现象，也即民主化、本土化与“台独”化形成了一种奇特的共生结构。民主化进程的推进也就意味着“台独”进程的加深，同时也就意味着对“中华民国”国家符号认同的淡化。这一现象的产生确实是值得深思的问题。若林正丈认为，“70 年代的外交危机以后，蒋经国之所以推动‘台湾化’及‘十大建设’，并以民间的人脉及经贸力量展开实质外交，基本上都可视为体制本身在静悄悄地促进‘台湾图腾’的正统化。”[②] 这说明了“中华民国”国家认同与本土化进程确实存在着的一种反向关系。

为什么台湾的本土化和民主化进程要以牺牲国家认同为前提呢？这个问题可以做多方面的解说，我们认为可以从两个方面寻找原因：其一，“中华民国”本身所存在的结构性矛盾。因为“中华民国”在治权范围上与其治下的台湾省高度重合，这种政治形态是十分荒谬的。因此如何从体制上处理“中华民国”和台湾省之间的关系，这确实是一个难题。而这种调整恰恰又会不断强化“台湾主体性意识”，从而诱发台湾向“独台”化方向发展。这

---

① 转引自林震：《论台湾民主化进程中的国家认同问题》，《台湾研究集刊》，2001 年第 2 期。

② ［日］若林正丈：《分裂国家与民主化》，台湾月旦出版社，2000 年版，第 8 页。

一过程在李登辉时代表现得最为明显。其二，是省籍与族群矛盾导致的“台独”意识对“中华民国”国家认同符号的抛弃。台湾人由于在台湾光复后受到“二二八”事件和政治肃清运动的打击，在心理上对中国认同产生了严重的排斥，从而将此前已经形成的“具有主体性的‘台湾意识’”异化为一种独立意识，并滋生了“台独”运动。这种独立意识借由民主化进程而表达出来，因此在台湾民主化的进程中，民主化和“台独”形成了一种伴生关系。

另外，不能忽视的一点是，在台湾社会转型的过程中，在很多时候，民主化和本土化都被用来作为争权夺利的工具。作为一种工具性的民主化和本土化，党外人士可以抓住这两个武器向国民党索取更大的权力。而国民党政权由于其流亡性质以及专制本质，对于民主化与本土化进程缺乏应对的能力和资源。

70 年代以来的党外运动，很大程度上表现为党外势力与国民党势力争夺权力的游戏。(70 年代以来的民主化运动是本土力量占据了主导地位，因此这个时期的党外运动未尝不可以看作是本土力量的夺权运动)。最初，一大批本土精英企图通过参加选举活动来分享更多的权利。但是这种分权毕竟是有限的，这与党外势力的要求相差太远。最终，这种矛盾的积聚导致了“美丽岛”事件的爆发。“美丽岛”事件意味着国民党势力与本土势力在体制内竞争的游戏规则彻底破局。从此，党外运动逐步斥诸“台湾独立”的诉求，本土化迅速向“台独”化方向发展。

1986 年，民进党宣布成立，台湾的第一个反对党诞生，党外势力集聚在民进党的周围，对国民党的专制统治造成了致命冲击。国民党此时已经无法有效控制本土化和民主化的进程。相反，它自己也被这一进程牵扯着踉跄而行。迫于社会的强大压力，国民党不得不宣布开放党禁，国民党一党专制统治至此已经摇摇欲坠。而随着蒋经国的突然逝世，具有强烈“台独”意识和“皇民化”情结的李登辉被推上了国民党的权力巅峰。本土化终于反噬到国民党的权力核心。

1990 年，“动员戡乱时期临时条款”宣布取消，这就为民进党推动“台独”运动撤去了最后一道藩篱。当年民进党四全二次会议通过了“台湾事实主权独立案”，宣布“我国（实指台湾）事实主权不及于中国大陆与外蒙古”。1991 年，民进党五全大会通过了“建立主权独立自主的台湾共和国案”，“台独”党纲正式出笼。至此，民进党已经完全放弃了对于“中华民国”的国家认同。

掌握国民党最高权力的李登辉，也开始采取一系列步骤，从体制内来逐步消解“中华民国”这一国家认同符号。像第一届“国民代表大会”改选（1991 年），推动“总统”直选（1996 年），实行“冻省”（1998 年），提出“两国论”（1999 年），宣布两岸是“国家与国家的关系，至少是特殊的国家与国家的关系”。至此，李登辉作为国民党和“中华民国”的最高统治者已经宣布背叛“中国认同”。与此同时，李登辉还采取一系列措施强化所谓“台湾主体性”意识，像形形色色的“文化台独”活动等，企图建立实行“台独”的社会文化基础。

2000 年，在李登辉的操纵下，以“台独”作为意识形态的民进党成为执政党，“中华民国”至此事实上已经成为民进党进行“台独”活动的一块遮羞布。“台独”分子处心积虑地想随时废除“中华民国”这个称谓，而挂出“台湾共和国”的招牌。

今天我们应当承认，台湾社会在一些“台独”政客的操弄下，经过近一二十年的发展演变，“台湾主体性”意识已经在台湾社会生根。“台湾主体性”意识不等于“台独意识”，但是如何能将这种“台湾主体性意识”与对中华民族的国家认同结合起来，这对于两岸将来的最终统一是一个巨大挑战，需要我们认真加以思考。

中国历史上三次收复台湾之异同比较及其启示

中国历史上曾先后三次收复台湾：郑成功收复台湾（1662 年）、康熙统一台湾（1683 年）、国民政府光复台湾（1945 年）。① 对于这三次收复台湾的相关史实，一直是学术界关注的重点领域，研究的成果很多。但在现有的研究成果中，对于这三次复台之间的异同进行综合对比研究的成果尚不多见。笔者认为，把这三次复台的过程加以综合研究，总结其中的经验教训，对于今天的对台工作显然有着十分重要的现实意义。

一、三次收复台湾的相异点

三次收复台湾的不同点是显而易见的，我们大致可以归纳出以下五个方面：

首先，就战争的性质而言。郑成功驱荷复台和国民政府光复台湾是属于反对异族侵略、维护祖国统一的民族解放战争。康熙统一台湾是清政府和明郑之间为争夺对国家统一主导权的斗争。因此，这是两种不同性质的统一战争。这其中需要注意的是，由于在明末清初中国还不具备现代意义的“民族—国家”观念，因此，郑成功收复台湾只是在形式上具有民族战争的性质。事实上，郑成功作出收复台湾决策的首要原因还是为了对抗清政府的现实需要，民族意识的影响还在其次。当然，我们并不是要贬低郑成功收复台湾的历史意义，从历史的客观效果来看，郑成功收复台湾使台湾正式成为中国的神圣领土，没有郑成功，台湾可能会被认为是一块无主之地，而被荷兰

① 一说四次收复台湾，即加上明万历三十年（1602 年），明将沈有容入台平定倭寇之战，但此次规模太小，且其意义无法和后三次相提并论，此文取三次之说。

或者其他西方殖民者永远侵占。因此，郑成功收复台湾的意义是再怎么强调也不过分的，但这并不影响我们实事求是地评价郑成功收复台湾的历史动机。

从严格意义来讲，国民政府光复台湾才是一场真正意义的民族解放战争。台湾在与祖国分离50年后重新回到祖国的怀抱，是甲午中日战争以来，中国人民在日益严峻的民族危机面前，经过不屈不挠的艰苦卓绝的斗争，特别是经过八年的抗日战争，才最终取得的胜利成果。台湾光复是中国近代以来追求民族解放斗争的一个最重要的成果。在这个意义上，郑成功收复台湾是无法与之相提并论的。

其次，从三次收复台湾的规模和影响而言。郑成功收复台湾是一场局部战争，作为明清易代之间兴起的一股地方政治势力，郑成功收复台湾是为了寻找一块抗清基地，它只是明郑与清政府之间为了争夺对于中国统一主导权而采取的一个阶段性战略举措。因此我们可以说，郑成功驱荷复台是隶属于明郑与清政府之间的斗争之下的，它所牵涉的深度和广度比康熙收复台湾要低。

就康熙收复台湾而言，它是明清易代之际国家重新寻求统一过程中的一个重要组成部分。由于明郑和清政府作为明末清初争夺国家统一主导权的两股政治势力，他们在当时都有机会去完成中国的最后统一，因此，明郑和清之间的战争在最初并无所谓谁是谁非的问题。但在战争后期，清政府打败了国内其他几股反清势力，并确立起在全国的统一地位，相反明郑势力则逐步蜕变成为一个企图在台湾偏安的地方政权，丧失了追求统一中国的雄心。这种变化，使得康熙收复台湾的历史正当性凸显出来。因此，我们可以说，康熙收复台湾是一场寻求国家统一的正义战争，它的广度和深度要比郑成功收复台湾来得大①。

---

① 关于如何看待郑成功的抗清事迹，学术界有过一些争议。一段时期以来，一些学者为了强调康熙收复台湾的正当性而对于郑成功的抗清事迹采取回避、贬低甚至抹杀的态度，我们认为这是不对的。其实，郑成功的抗清和驱荷复台是不可分割的统一体，收复台湾是从属于抗清事业的。这两件事都是郑成功的光辉业绩，没必要为了凸现康熙统一台湾的正当性而贬低郑成功抗清事业的意义。事实上，郑成功与满清势力作为明末清初争夺对中国统一主导权的两股政治势力，他们之间的斗争不存在谁褒谁贬的问题。只是后来郑氏政权蜕变成偏安割据政权，而清政府基本完成对全国的统一大业之后，康熙收复台湾的正当性才凸现出来。这其中有一个转化的过程，是需要研究者加以注意的。

其实就规模和影响而言，台湾光复无疑是三次复台运动之中最大的。台湾光复是中华民族全体抗战的结果，中国近代民族危机的严峻性，特别是抗日战争的全面性、持久性，使得中华民族的绝大部分人都被卷入这场空前的民族战争之中。在追求民族解放的伟大斗争中，“中华民族”作为一个国族概念被提炼升华，并被中国人民所认同和接受。抗日战争的胜利不仅使中国雪洗了百年耻辱，收回了包括台湾、澎湖等在内的中国被日本占领的领土，同时也促成了近代中国“民族—国家”建构的基本成型。可见，台湾光复所牵涉的深度和广度以及这一事件背后所折射出的历史意义，是郑成功驱荷复台与康熙收复台湾所不能比拟的。

第三，就收复台湾过程的难易程度而言。郑成功收复台湾只用了不到一年的时间就得以完成，康熙统一台湾则经过了23年的反复斗争，至于国民政府光复台湾则可以从1931年九一八事变开始算起，经过了15年的艰苦斗争才得以实现。可见，郑成功收复台湾相比较而言是最容易的，康熙统一台湾次之，而国民政府光复台湾则最为艰难。郑成功收复台湾与国民政府光复台湾都是反对外来侵略的民族战争，为什么郑成功以一股地方武装集团，在面对清军的强大压力之下，还可以轻而易举地从号称当时世界上最为强盛的殖民帝国——荷兰手中收复台湾，而国民政府倾全国之力，尚且要经过如此漫长的斗争，在付出了巨大的人员伤亡和物质损失代价之后才取得最后胜利？这从一个侧面说明了近代中国国势衰落的严重性。这种衰落既是相对的，也是绝对的。中西方自15、16世纪以来（相当于中国的晚明时期）经历了两条完全不同的发展道路。中国在经过明清易代之后，作为少数民族的满清入主中原，为中原的封建专制帝制注入最后一丝活力，经历康雍乾三朝皇帝的励精图治，创造了中国封建社会的最后一个盛世——“康乾盛世”。而西方则先后经过了文艺复兴、思想启蒙、资产阶级民主革命等社会运动和第一、二次工业革命，科技生产力也获得空前发展。这样，西方社会逐步建立起一套资产阶级民主政治体制，这一套政体在当时远远领先于其他非西方国家，而伴随着工业革命和科技革命的实现，西方国家拥有了前所未有的物质力，这其中包括强大的军事和商贸力量。西方国家正是凭借这种高度发达的物质力，展开了对全世界的殖民掠夺，从而建立起一套资本主义世界殖民体系。鸦片战争以后，中国也逐步被纳入这种体系之中，沦为半殖民地社会。

可见，明郑驱荷复台的相对容易与国民政府光复台湾的艰难背后所隐藏的是中西方从大航海时代也即15、16世纪以来所经历的巨大历史变迁，西方率先走出中世纪，逐步完成了从传统向现代的转型，同时也掌握了世界权力的中枢，建立了一个庞大的世界殖民体系，而中国则在康乾盛世的虚假繁荣中故步自封，逐步走向衰落，沦为被殖民的境地。这一盛一衰所透露出的历史教训是相当惨痛的。中国的衰落决定了任人宰割的地位，也注定了中国将要经历漫长的苦难岁月，而台湾的屈辱命运，则是中国近代惨痛历史中最为伤心的一页。虽然抗日战争胜利后台湾得以光复，重新回到祖国怀抱，但旋即因为国共内战的爆发而被卷入其中，两岸隔海分离如今已达五十余年之久，这成为每一个中国人心中最大的伤痛。

台湾问题的产生，最直接的原因虽然是国共内战，但更深层次的原因则是二战后以美苏争霸为特征的冷战体系。台湾被强行纳入冷战体系之下，成为美国遏制中国的桥头堡。冷战体系解体后，美国视中国为最大的威胁，台湾又被美国用为遏制中国崛起的一枚棋子。可见，台湾问题是帝国主义强权干涉中国领土主权完整的一个现实显例。国际因素特别是美国因素已经成为影响台湾问题解决的一个主要因素，我们不得不加以小心应对。这从一个侧面说明中国还没有强大到可以随意应付外力的干涉，中国重新崛起的路还有很远要走，而台湾问题的最终解决无疑是一块检验中国崛起与否的试金石。

第四，从收复台湾过程中所采用的战略战术而言。郑成功收复台湾的成功之处主要在于对战略时机的把握和战术手段的运用上，郑成功抓住顺治新亡（顺治十八年正月，1661年2月）而荷兰殖民者防备空虚这一千载难逢的有利时机，迅速出兵台湾，并能采取一系列合理的战术手段，从而取得了战争的最后胜利。可以说，把握时机和战术得当是郑成功收复台湾的最为成功之处①。相较而言，康熙统一台湾最大的成功之处在于充分利用军事与政治的两手策略，特别是政治手段在整个统一台湾的过程中起到了很大的作用。在清政府与明郑数十年的斗争过程中，清政府始终没有放弃对于郑氏集

① 关于郑成功收复台湾的具体过程可以参考邓孔昭《郑成功收复台湾的战略运筹》等文，收入邓孔昭著《郑成功与明郑台湾史研究》，台海出版社，2000年版。

团进行招抚的努力，清与明郑之间的和谈也时断时续，伴随着双方斗争的全过程。清政府的招抚政策经过几个阶段的调整，最终形成了一套系统的政策。招抚政策虽然有值得检讨的地方，甚至有时候被明郑集团一方利用，但总体而言，这一招抚政策是成功的，在分化、瓦解郑氏集团方面起到了十分重要的作用。康熙统一台湾的过程中除在澎湖有一场恶战之外，对于本岛基本上采用的是和平接收的方式，这一成果的达成与清政府一贯采用的招降政策是有很大关系的。和平统一是我们今天解决台湾问题的基本国策，是最符合两岸中国人的根本利益的。因此深入分析康熙在统一台湾过程中的政治与军事策略对于今天台湾问题的最终解决有着十分重要的启迪意义①。

至于台湾光复，它是中国人民在经过了八年艰苦抗战之后取得的一个最为重要的成果。在抗战后期，国民政府为在战后顺利接收台湾做了许多细致的前期准备工作。台湾光复后，国民政府组织对台湾实施接收，但从历史的实际来看，这次接收是不成功的，并最终酿成了“二二八”事件，成为一场民族的悲剧，其所造成的历史伤痕到今天都没有完全平复，带给我们的教训相当深刻。未来两岸重新实现统一的过程中，这次教训是必须要加以吸取的。

第五，从三次收复台湾的内在逻辑联系来看。郑成功收复台湾和康熙统一台湾是一个有机的历史整体，这两件事不能割裂开来看。并且我们只有把郑成功收复台湾和康熙最终统一台湾都放在明清易代的历史大背景下去考察，才能更清楚地认清这两个历史事件之间的内在逻辑联系。至于台湾光复，以及随后的两岸内战对峙，直到不久的将来中国重新实现完全统一，这应当属于一个历史时段，这一历史进程目前还正在不断演进过程中。这一个历史时段与明末清初中国由分裂走向统一的历史有着逻辑上的相似性。当然，今天由于两岸统一牵涉到十分复杂的国际国内因素，其情况比明末清初远为复杂。但不论怎样，中国重新实现完全统一的步伐是谁也不能阻挡的，这一历史进程不是外力可以改变的。把明末清初的那段历史与今天的两岸情

---

① 关于清政府对郑氏集团的招降政策和清与明郑之间的和谈过程可以具体参看邓孔昭《清政府对郑氏集团的招降政策及其影响》、《论清政府与台湾郑氏集团的谈判和“援朝鲜例”问题》，均收入《郑成功与明郑台湾史研究》，台海出版社，2000 年版。

形进行对比，我们会从中得到许多历史启迪。

二、三次收复台湾的共同点

以上我们大致分析了中国历史上三次收复台湾的相异之点，至于它们之间的共同点，我们也可以大致归纳出以下几个方面：

首先，三次收复台湾都是通过战争手段实现的。从历史上看，中国的国家统一都是通过战争完成的，清代统一全国也是通过战争形式实现的，虽然清政府在统一台湾的过程中充分运用了政治手段，但事实证明，如果没有强大的军事手段作后盾，纯粹政治的谈判是难有实质效果的。只有在施琅的大军兵临城下，在台湾的郑氏集团才最终同意了和平统一的方式。而此前虽然清政府曾作出大量的让步但都无济于事，可见军事斗争是解决统一问题的必要手段。至于反对外来侵略的斗争则必须要诉诸战争，在维护国家主权和领土完整的问题上是很难通过谈判达成的，只能通过战争形式去完成，郑成功收复台湾如此，国民政府光复台湾也是如此。台湾在近代的失而复得充分说明了国家要维护主权和领土的完整必须要有强大的军事和国防力量。由此我们也可以断言，在未来的国家统一过程中，战争形式也许是不可避免的，即使是和平统一，也必将是在大陆具有绝对的军事实力时方可实现。

其次，三次收复台湾的历史反复证明了台湾是属于中国领土不可分割的一部分的事实，并且一次比一次得到强化。郑成功收复台湾标志着台湾第一次正式纳入中国版图，他在台湾仿照大陆建立起一套行政官僚体制，同时确立了中华文化在岛内的正统地位，台湾的历史至此被全面导入中国汉民族文化历史的轨道。清政府统一台湾之后，这一趋势得到不断强化，经过两百多年的经营，台湾已经完全与内地的政治、经济联为一体，并且在晚清的洋务运动中，台湾一度走在了中国现代化的前列，可惜在随后的甲午中日战争中，台湾被日本强行割占，与祖国大陆分裂达51年之久。在经过艰苦卓绝的斗争后，台湾终于重新回到祖国的怀抱。台湾光复是在现代国际体系下实现的，是受到国际条约肯定的，它再一次确认了台湾属于中国领土的历史事实，这一原则是任何人无法否认的。

第三，三次收复台湾的历史也充分说明了台湾与中国国运的关系。自晚清以来，严格地说是从大航海时代以来，中国已经遭受到西方殖民主义势力的冲击，只是那时中国的国力相比较还十分强大，尚能应付西方的挑战，但自晚清以来，中国与西方的力量对比一落千丈，面对西方的冲击，中国面临着深刻的民族生存危机。处于中西方冲突风口浪尖上的台湾又率先感受到这种冲击，并最终在甲午中日战争中被强行从中国母体割裂出去，中国随之沦为半殖民地社会。经过50年的奋斗，中国才通过抗日战争的胜利重新使台湾回到祖国的怀抱。可见，台湾的命运折射着中国的国运，它的每一次失与得都牵涉到中国命运的转折。这也决定了对台湾问题必须要从国运兴衰的高度来看待。

三、三次收复台湾对当代中国统一大业的启示

上面我们比较了三次收复台湾的异同之处，三次收复台湾有着各自不同的历史背景和具体过程，但都为我们提供了各自不同的经验教训，对这些经验教训加以总结，无疑具有十分重要的历史和现实意义。

如果我们把台湾问题放在更广阔的历史视野下去考察，可以发现，围绕着台湾的失与得至少可以牵涉到两个不同层面的历史内涵：从纵的角度来说，台湾的分裂与统一反映的是中国历史上历次兴衰治乱、王朝更替历史传统的一个环节。中国传统的历史观是“一治一乱若循环焉”的循环史观，中国历史的演进是透过王朝兴衰治乱的循环过程来实现的。中国几千年的历史经历过无数次大的分裂与统一的循环过程，这种分分合合是中国历史的常态，是不以人的意志为转移的。台湾自明郑时期被纳入中国的历史范畴以来，就被纳入中国历史演进的历史轨道上来。不难发现，台湾的失与得正是发生在明末清初和清末民初中国王朝更替的时代。可见，台湾问题应当放在中国传统历史演进的内在逻辑中去考察。

从另一方面来讲，台湾问题从其诞生以来就牵连着复杂的国际背景，它是中西方冲突的风向标，台湾历史的得与失是中西方两种文明进行历史角力的结果。从大航海时代以来，中西方文明的碰撞冲突就已经开始，在晚明和晚清围绕着台湾的得与失，折射出的是中西方两种文明自前近代以来所经历

的巨大历史变迁。西方在近代突飞猛进，而中国在近代却故步自封，结果导致中国沦为被西方列强宰割的命运。台湾在晚明的得与在晚清的失正是中西方两种文明力量此消彼长的具体体现。可见，台湾问题还必须纳入中西方文明冲突的历史大背景下考察。

透过这纵与横的两轴，结合台湾历史上的三次统一过程，我们可以从中获得什么样的启示呢?

首先，我们应当认识到，中国的分裂与统一是一种历史进程，应当遵循一定的历史规律。中国历史无论是统一还是分裂，都有其内在的演进逻辑，这是不以人的意志为转移的。中国文化具有巨大的历史张力，可以容许一定时期甚至是相当长时间的分裂，并不影响中国历史的最终走向统一。

台湾问题也应放在这种国家分裂和统一的大背景下去考察。国家的分裂有其历史的因素，国家的统一同样需要这种相关因素发生有利于统一的变化。比如清朝统一台湾，它是在明清易代的时代大背景下发生的产物，这是一个巨大的复杂的历史变迁过程，明郑与清政府之间的对峙正是这种历史变迁的集中体现。历史变迁需要一个过程，只有在相关力量发生此消彼长的结构性变化之时，才能有一个最后的结果。譬如明郑与清之间的对峙，只有等到明郑集团在政治、经济、军事等各方面发生衰变而清政府相继完成对各种抵抗势力的彻底征服之时，对台湾的统一才能水到渠成。同样，今天两岸的分离，也必须要经过两岸力量发生此消彼长的结构性变化，才能有一个最终的结果。这一过程是不以人的意志为转移的。

其次，在追求国家的统一过程中，个人应当充分发挥主观能动性。要善于创造形势，抓住机遇，果断决策，争取国家统一的早日到来。中国历史上国家的分裂与统一问题虽然有其规律，但这并不是说个人在其中就可以无任何作为，相反，作为分裂时代的个人应当充分发挥主观能动性，主动地去创造局势，抓住机遇，促成统一。时势造英雄，同样英雄也可以创造时势，个人主观能动性的发挥与否往往能够影响历史进程的到来，特别是大分裂的时代，正是大英雄辈出的时代，个人正应当在其中大有作为，做时代的英雄人物。

其实，中国历史上的分裂都是暂时的，并且都是动态的，是在彼此斗争中的分裂。当彼此对峙的任何一方不能维持这种动态平衡时，那么统一的时机就会到来。中国大一统的历史观不会允许偏安小朝廷的存在，任何偏安思想都是没有出路的，都只能是被动地等待统一。今天，台湾一些政治人物恰恰存在着严重的偏安思想，其结局是可想而知的。

第三，在追求统一的过程中，要坚持政治和军事的两手，以政治手段为主，军事手段为辅。统一战争不同于反抗外族的侵略战争，特别是对于台湾的统一战争，由于台湾老百姓的主体是汉人，统一的民心是可用的。无论是郑成功收复台湾，还是清政府统一台湾，以及台湾光复，台湾民众向往统一、不甘于被异族奴役的普遍民意都在其中发挥了重要作用。这种民心向背可以为在统一过程中充分采取政治手段提供了最大的现实基础。统一问题绝不是纯粹的军事问题，事实上，用纯粹的军事手段也无法解决国家统一问题。这从中国历史上的历次统一战争都可以看出来，纯粹靠武力是不足以收复民心的，统一也无法持久，如秦始皇的统一、项羽的短暂统一等，都是这方面的显例。相反，如果能打出正确的旗号，注意做争取民心的工作，往往能爆发出巨大的政治能量，如三国纷争时期的刘备就是利用传统社会普遍存在的正统思想，把自己打扮成东汉刘氏王朝的正统继承人，从而获得了民意的支持，成就了三分天下有其一的历史霸业。历史上这种例子并不鲜见。在近现代中国历史上，国民党和共产党又上演了一出生动的民心向背的悲喜剧，共产党由于争取到了民意支持，从而迅速崛起，打败了失去民心的国民党，这其中的教训是深刻的。

可见，在未来追求统一的过程中，一定要注意争取民心的工作，民心向背是解决两岸未来统一问题的关键。当然，强调政治工作的重要性，并不是说不要武力。事实上，中国历史上的统一没有通过和平谈判解决的先例。武力必须要有，而且要强，必须要一方在武力上取得绝对优势才行。如果说两个或者几个政治集团在军事力量相差不大的情况下，则统一几乎是不可能的。因此，强大的武力是统一的基础。但不能把武力作为统一的唯一基础，武力要备而不用，以武力为基础推进政治工作的进行，要不战而屈人之兵。以武力为后盾而采取政治的手段。政治手段应当要具有宽阔的胸怀，要敢于退让和妥协，只要原则性的立场不丧失，就应当尽最大的努力去争取弱者一方的支持。一句话，要能体现王道，而不能只讲霸道。

第四，台湾问题自古以来就具有复杂的国际背景，是中西方文明冲突的风暴点。台湾问题对于中国的国运有其指标意义。在近代，台湾如果出现危机，甚至发生外敌入侵的情况，则一定是中国的全面危机。因此，台湾问题是关系到中国全局的问题，一定要从国家兴亡的角度来看待台湾问题，重视台湾问题的解决。在这一问题上不能有半点妥协，实现两岸中国人的最终统一，这是无论如何也要达到的战略目标。

从这个意义来讲，台湾问题不仅仅是传统意义的国家统一问题，而且是一个中国在面对西方的挑战时能不能立于不败之地，能不能赢得国家的尊严与独立的问题。在晚明，虽然当时中国已处于封建社会的末期，但仍然有足够的力量应对西方殖民主义的挑战，到了晚清，在经过近三百年的历史演进之后，中国与西方相比已处于绝对弱势的地位，因此很快就沦为被宰割的境地，台湾正是在这种历史大背景下被割让给了日本。抗战胜利之后，台湾光复，但这一成果并不巩固，两岸很快又因为国共内战而陷入分裂状态。两岸的分裂，国际因素特别是美国的介入是一个重要原因，而美国是代表西方最强大的资本主义国家，美国介入是近代西方列强干涉中国内政的一个逻辑延续，并成为西方遏制中国重新崛起的一个重要的战略工具。台湾问题的解决就是要打破西方对于中国的遏制，实现国家的完全统一，从而推动中华民族复兴的早日到来。因此中国必须要强大，要拥有排除一切外来干涉的实力，只有这样才能促使台湾早日回归。相信这一时刻很快会到来。

论儒学传统与台湾本土化运动

儒学在台湾的发展大致经历了明郑时期生根、清代发展繁荣、日据时期沉潜和光复后再度勃兴等几个阶段，经过长期的历史积淀，儒学早已奠定了作为台湾社会与文化底盘的地位。但随着20世纪80年代以来台湾本土化运动的急速开展，儒学在台湾的发展受到了空前挑战。一方面由于社会多元化的发展，作为官方意识形态的“国家化儒学”难以为继而逐步走向解体；另一方面则是由于“台独”运动的冲击。台湾大学陈昭瑛教授曾对此加以评论，她说：“第三次的儒学破坏运动正以寻求‘台湾独立’为名在台湾蔓延，企图由国家民族认同的颠覆来造成文化认同的颠覆，再经由后者来强化前者的理论基础。‘台独’运动将儒学视为外国文化，甚至敌国文化与殖民者文化，从而视台湾人所受的儒学教化为受到外国殖民统治者的‘同化’。”① 正是这双重的冲击，使得儒学在意识形态领域受到严重挫折。

不仅在思想层面儒学受到排斥，在社会实践层面，儒学也同样日益边缘化。儒学越来越脱离台湾社会的实践，台湾大学黄俊杰教授曾对此发出感叹，他说，“自从戒严令在1987年7月废除以来，社会运动风起云涌，但却没有一次运动，是高举儒家思想的大旗从事改革的。”又说，“在中国历史上具有悠久的经世传统的儒家思想，却在台湾社会中游的转型时刻里缺席了。我们只能从被扭曲在官方意识形态下的中国文化基本文化教材中，看到儒家思想的余影；或者将儒家伦理视为被议题化的客体，成为学者探讨东亚文明的变项之一。儒家思想不再作为探讨、反省以致批判社会的主体，而只是一项在学术的实验室中待分疏、待评估以至待解决的课题。我们不禁要

① 见陈昭瑛：《当代儒学与台湾现代化运动》，《当代儒学论集：挑战与回应》，刘述先主编，台北市，“中研院”文哲所，1995年。

问：是台湾社会抛弃了儒家思想？还是儒家思想已经退出了台湾的历史舞台？"①

黄教授所提示的这一问题确实是发人深省的，今天台湾的儒学传统不仅在意识形态领域受到清算，而且在社会实践领域被日益边缘化，这种现象是正常的吗？这一结果对于台湾社会转型究竟会带来何种影响？它与今天台湾政治的乱象有何关系？台湾儒学的出路究竟何在？在今后台湾社会转型的过程中儒学传统会不会出现价值回归？这些都是每一位关心台湾儒学命运的学者所应当关注的问题。本文拟抓住台湾本土化运动这一当代台湾社会变革的核心问题来分析儒学传统在其中的地位和作用。恰当与否，尚祈专家赐教。

一、台湾本土化运动的基本内涵

本土化（localization）有着十分复杂的内涵，但基本而言，可以从文化和政治两个层面来进行界定。从文化层面而言是指被外来势力统治的社会或地域，要摆脱外来文化（主要指西方文化）的控制而确立本土社会在文化、精神等领域的独立地位。就政治层面而言则指此一社会或地域摆脱外来政治势力控制而在政治、行政、经济等方面实现自主的努力。另外，随着全球化运动的开展，本土化又获得了与"全球化"相对立的意义。

具体到台湾的本土化运动，由于台湾在近代独特的历史遭遇，其本土化运动随着历史的变迁而有各自不同的历史内涵。陈昭瑛教授将台湾的本土化运动分成三个时期：日据时代之"反日"、战后之"反西化"与今日之"反中国"。② 陈教授是从"本土的（native）/外来的（foreign）"或"本土主义（nativism）/殖民主义（colonialism）"这组对立观念来进行划分的，并且主要是侧重于从文学的角度立论，如果就严格意义的本土化运动的本质属性而言，这种概括或许还有值得推敲的地方，比如把日据时期与"战后"及"今日"三个历史时段对立是否恰当等？又如"反日"与"反西化"及

① 黄俊杰：《儒家思想与战后台湾：回顾与展望》，收入黄俊杰、赖泽涵合编《光复后台湾地区发展经验》，"中央研究院"中山人文社会科学研究所，1991 年 10 月。

② 见陈昭瑛：《论台湾的本土化运动：一个文化史的考察》，《中外文学》月刊，1995 年 2 月。

“反中国”就政治性质而言显然不同，将三者并立容易让人忽视三者的本质差异，等等。

当然，陈教授将“反中国化”作为今日台湾本土化运动的本质特征，这种概括本身是无疑义的。的确，今日台湾的本土化运动肇始于20世纪70年代台湾乡土文学的发展，但在其演变过程中由于受到“台独”思潮的诱导，本土化运动逐步转化为“台独”运动的组成部分。对于台湾本土化运动的这种转变，著名乡土文学作家、“中国统一联盟”发起人陈映真先生一直对此忧心忡忡，他说：“台湾的文学界转变成‘台独’的比例，连我都出乎意料”，“在70年代末期，有一场乡土文学论争，当时还信誓旦旦地说台湾的文学是中国文学的一部分的一些台籍作家，也是一夕之间，随着政治形势的改变，就完全都站到‘台独’那一边。这是投机，是机会主义。”他认为，今天台湾的本土主义就是“一种非常极端的反中国主义”，他说，“他们甚至用日本人侮辱中国人的言语来侮辱中国，像‘清国奴’等等，还说外省人是‘中国猪’。”①

可见，台湾今日的本土化运动已经因为“台独”思潮的侵袭而发生严重异化，本土化运动与“台独”运动相互纠缠不清，这种混淆确实是十分令人痛心的。如今本土化运动已经被“台独”运动绑架，而成为落实“台独”实践的一个工具。这种被“台独”污染化的本土运动大致包括以下几个层次：其一，在文化层面，表现为高度强调台湾文化相对于中华文化的独立性，认为台湾文化是“多元文化的融合”，中华文化只是台湾文化的一部分，台湾文化具有独立自在的主体性价值。如今，本土化已经成为台湾一切文教政策的核心。特别是自民进党上台之后，借助行政资源的主导，在文教领域展开大规模的“去中国化”运动，而全面落实台湾的本土化文教政策。其二，在意识形态层面，强调台湾优先，强调以维护“台湾主体性”为核心的“台湾意识”，而反对“中国意识”。“台湾意识”与“中国意识”是割裂的甚至是相互否定的，“台湾意识”以“反中国化”为其存在的前提。“爱台湾”成为一切价值判断的基础。第三，在政治领域，“台独”分裂主义利用台湾历史上特有的悲情意识和“台湾人出头天”意识，将之引导为

① 陈映真：《台湾的文化人需要反省》，载《南方周末》，2004年3月18日。

“反中国”的分裂意识。相应地，在族群问题上，则肆意操弄族群政治和省籍矛盾，实行大福佬沙文主义，这其实是一种十分狭隘的民粹主义政治。在国家认同层面上则通过建构一个所谓“台湾民族”，最终达到独立建国的目的。

二、当代台湾本土化运动的内在矛盾

台湾本土化运动的这种异化发展，虽然一度甚嚣尘上，但却有其自身难以克服的内在矛盾。这些矛盾主要表现在如下几个方面：

其一是文化层面上台湾文化的本质属性与“台独”分裂主张的内在矛盾冲突。“台独”运动虽然寄生于台湾本土化运动之中而获得发展，但由于台湾文化作为中华文化一部分的本质属性难以改变，因此台湾本土化运动从逻辑上而言只能是强化其中华文化的本质属性，回归中国化，本土化的过程即是“中国化”的过程。这与“台独”理论的期待是背道而驰的。

台湾的本土化运动肇始于1895年台湾人民的“乙未反割台”斗争。由于甲午中日战争中国的战败，日本强行割占台湾。面对这一奇劫巨变，台湾民众奋起反抗，不愿意接受这一事实，于是宣布成立“台湾民主共和国”，反对日本对台湾的占领。“台湾民主国”以“永清”为年号，表达永属清朝之意。在“独立宣言”中也明确说明成立“台湾民主国”的原委在于：“今已无天可吁，无人可援，台民唯有自主，推拥贤哲，权摄台政，事平之后，当再请命中朝，作何办理。”① 可见成立“台湾民主国”是在当时特定的历史条件下的不得已之举，其中包含的恰恰是台湾人民的大中华意识，而非主张台湾独立的分裂意识。在整个日据时期，台湾人民为了反抗日本的殖民统治，进行了前仆后继的英勇斗争，这种斗争包括文化层面、政治层面等，其中都包含着台湾人民强烈的祖国意识。总体而言，日据时期台湾的本土化运动在政治层面上表现为反抗日本帝国主义殖民统治的民族解放运动；在文化层面则表现为反对日本殖民同化的新文化运动。这种以反对殖民统治和殖民同化的本土化运动是最本质、最具正面意义的本土化运动。

---

① 连横：《台湾通史·独立纪》。

至于台湾光复后台湾的本土化运动，其最初表现为文学领域内台湾乡土文学的兴起。“台湾乡土文学是在蒋氏政权统治下反共文学、现代文学盛行的环境中挣扎成长起来的。它具有浓厚乡土气味，是反权威、反西化（现代主义）的人民文学。它继承了日据时代反日本帝国主义殖民、反封建精神的传统，在新的时代背景下复苏茁壮起来。这样的乡土文学很难为依仗美、日等外国势力的国民党政权所容忍，这是容易想象的。于是乡土文学遭到了国民党御用文人和现代派文人的围剿，对此乡土派给予反击，这就是乡土文学论战。”① 以上这段文字把台湾乡土文学兴起的背景、过程及性质都做了简要的概括。可见，台湾乡土文学的兴起是对国民党过分强调台湾文化作为中华文化一部分的同一性，而忽略甚至压制台湾文化特殊性的一种反动，它具有反威权的性质，但绝不是反殖民，它与日据时期在文化领域的本土化运动是有本质区别的。由于台湾乡土文学的兴起具有其正当性，而且此时的台湾乡土文学并不否认台湾文学作为中国文学一部分的事实。台湾本土作家的著名代表吴浊流在 1964 年 4 月创办了《台湾文艺》，他谈到他兴办《台湾文艺》的意图是：为了继承和发展中华民族的优秀的文化传统。1969 年他又设置了“吴浊流文学奖”，为的是培养新人，殷切期望青年摆脱“自甘屈居于西洋文学脚下挣扎以为荣”的“奴化思想”。又说：“我们的固有文学，不消说须要近代化，但近代化不是西化，亦不是日化。所谓近代化是要将固有文化的优点及其特质继承下来，不能拿西、日文学来代替，需要自立自主。”他在《漫谈台湾文艺的使命》一文中明确指出：“台湾文艺要根据台湾的特殊环境而产生一个个性，这个性又要合于中国的普遍性，同时具有世界的普遍性，才有价值可言”。②

可见台湾乡土文学是在承认台湾文学作为中国文学一部分的共性的前提下，企图寻找台湾文学的个性，二者是普遍性与特殊性的统一。从本质上说台湾乡土文学是一种乡土意识的反映，它所表现的台湾意识与北京意识、湖北意识等都没有本质区别。正因为如此，台湾乡土文学获得了部分外省籍知

---

① 陈仁端：《海峡两岸关系与台湾本土化运动》，载中国网，http：//www. china. org. cn/chinese/zhuanti/13lagxyth/657263. htm。

② 以上内容转引自陈仁端《海峡两岸关系与台湾本土化运动》。

识分子如徐复观等的支持。但在70年代末，随着乡土文学论战的白热化，台湾意识开始从中国意识中分裂出来，本省籍作家“几乎一夜之间就转向‘台独’那边”，陈映真对于台湾文学领域的这种变化极为痛心。到了80年代后期，乡土文学论战逐步演化为“台湾意识”与“中国意识”的论战。在这里，“台湾意识”已经由原先纯粹的乡土意识而转变为具有特定政治意涵的政治认同了，“台湾意识”成为与“中国意识”相对立的一个具有某种独立性的概念。

台湾本土化运动的这种转变牵涉到七八十年代台湾政治环境的复杂变迁。20世纪70年代初，在反攻大陆无望，且国际上发生尼克松访华、台湾退出联合国等重大政治事变之后，蒋经国提出了“革新保台”路线，启动了台湾本土化和民主化的进程。其目的在于化解省籍矛盾，争取地方势力的支持，扩大国民党统治的社会基础。但随着本土化与民主化的启动，岛内的反对势力也趁势而起，而盘踞在美日等地的海外“台独”势力也蠢蠢欲动，二者大有结合之势，“美丽岛事件”爆发后，国民党与党外势力的矛盾空前激化，由于党外运动是由本省籍人士所主导的，所以美丽岛事件也可以理解为蒋经国企图以本土化来寻求本省籍人士支持的政策的失败。此后，本土化运动脱离了国民党当局的控制而向“台独”运动急剧发展，本土化运动成为本土政治势力寻求民众支持的政治工具。至此，本土化已经因为政治的污染而发生严重异化。此后发展只是本土化在政治的操弄下迅速向“台独”化狂飙的过程。

就这一逻辑发展过程而言，陈昭英教授将80年代以来本土化运动的性质概括为“反中国”是合理的，但它与日据时期以“反日”为特征的本土化运动存在着本质区别。主要在于“反日”的本土化运动是符合本土化运动的本质属性的、正面的运动，而“反中国”的本土化运动则是异化的、不符合本土化运动本质属性的伪本土化运动。其根本分歧点在于，台湾相对于日本诚然是殖民与被殖民者的关系，但台湾和中国则是局部和整体的关系，台湾文化属于中华文化一部分的事实不能改变，而国民党政权也不能被简单视为“外来政权”，这是“反中国”的本土化运动最大的逻辑悖论。

而从实践层面来看，由于台湾文化本质上是中国文化，因此彻底的“去中国化”不但不可能，而且有害，很难想象彻底“去中国化”后的台湾文化还能剩下什么。这就决定任何文化领域鲁莽的“去中国化”只能是一种精神自戕，除了造成自身的精神分裂和痛苦之外终将一无所获。而从政治层面而言，“台独”势力将“中国”解释成“中华人民共和国”，似乎这样就能使台湾自外于中国。但这种解释只能是自欺欺人，因为台湾属于中国一部分的事实无法改变，这是历史事实与国际现实决定的，自欺欺人的制造台湾和中国的对立除了能获得阿Q式的自我安慰以外还能获得什么？特别是由于“台独”势力为了独霸台湾的政治资源，将国民党等视为中国的代言人，从而造成岛内政治认同的严重混乱。今天台湾政治的一切乱象不都是因为如此吗？从这里也可见伪本土化运动的危害之烈。

其二是意识形态层面“台湾意识”中“文化认同”和“政治认同”分裂的内在矛盾，这种状态与中华文化历史传统是相违背的。被政治化后的“台湾意识”其实具有某种“国族认同”的意涵，但这个“台湾意识”无法克服其内在的“文化认同”与“政治认同”相分裂的矛盾。“文化认同”和“政治认同”大抵相当于中国历史上的所谓“政统”和“道统”之别。在儒家世界里，道统是从文、武、周公，孔孟程朱而一以贯之的。这个道统在中国人的精神世界里具有十分重要的地位，它是中国人身份认同的一个重要方面。至于政统，则比较复杂，由于中国历史分分合合的循环演进，要建构一个一以贯之的政统比较困难，特别是确定一个政权是否属于正统，是一桩十分复杂的公案。因此在中国人的精神世界里，特别是对于传统士人而言，道统比政统更为重要。明末大儒顾炎武尝谓：“有亡国有亡天下。亡国与亡天下奚辨？曰：异姓改号，谓之亡国。仁义充赛，而至于率兽食人，人将相食，谓之亡天下。”[①] 在他的眼中，“亡国”与“亡天下”是有其差异的。所谓“亡国”是政统层面的问题，也可以理解为“政治认同”对象的崩溃；而“亡天下”则是文化层面的问题，是指“文化认同”的瓦解。二者的界限十分清楚。

在中国历史上，“政统”和“道统”在大部分的时间里都是统一的，但也有相分离的时候，最为典型的就是明末清初和清末民初两次历史巨变。明清易代，满清少数民族入主中原，变革汉人衣冠发饰，这对于汉人来说是难

① 顾炎武：《日知录》，“正始”条。

以忍受的奇耻巨劫，人们纷纷群起反抗。而对于以“为晚世继绝学，为万世开太平”的传统士人来说，其精神上所受的挫折是难以想象的，明末大儒顾、黄、王、颜等莫不以遗民自居，承受着精神上的巨大煎熬。清末民初的时代巨变，伴随着欧风美雨的侵袭，传统文化又遭受着灭顶之灾，当时的中国人同样经受着精神上的痛苦，最为激烈者如王国维等则以自杀的方式来寻求解脱，足可见中国人对于文化传统的珍视。

这种“文化认同”与“政治认同”相分离而产生的痛苦在日据时期的台湾人身上同样有十分明显的反映。由于日本强行割占台湾，台湾人在政治认同上因为外部环境的变化而转向日本，而在文化认同上他们仍然坚持中华文化，这种文化认同和政治认同的断裂“引起台湾人极大的痛苦”。关于此点，黄俊杰教授在《论“台湾意识”中“文化认同”与“政治认同”的关系》一文中有很好的论述，他以日据时期台湾知识分子李春生、张深切和台籍知识分子与梁启超的互动为例，分析了台湾人在面临政治认同和文化认同分裂时所产生的巨大痛苦。① 这种痛苦是日本殖民主义强加在台湾人民头上的，随着台湾的光复，这种痛苦也即宣告解除。

但奇怪的是，80 年代以后兴起的台湾意识又企图将二者分裂，以达到“台独建国”的目的。按照“台独”思想的逻辑，他们认为政治认同和文化认同是可以分裂的，如“台独”代表人物彭明敏就说：“现代国家的建立不是以种族、文化、语言或宗教等作为基础，而是以共同命运和共同利益的信念作为根基。后者是从共同的历史所产生的主观感觉，未必与那些客观的种族、文化、语言、宗教等因素有关。在近代历史上有许多例子，相同种族、文化、语言或宗教背景的人们，却分别成立不同的国家，因为他们缺乏上述共同命运、共同利益的信念；相反，也有许多例子，种族、文化、语言或宗教背景不同的人们，则构成为单一国家，因为他们具有共同命运、共同利益的信念。”②

这一理论今天也被许多“台独”论者提及，并特别举例子说，像新加

① 黄俊杰：《论“台湾意识”中“文化认同”与“政治认同”的关系》，收入《台湾意识与台湾文化》，台北，台大出版中心，2006 年版。

② 彭明敏：《自由的滋味》，台北，前卫出版社，1988 年版，第 281 页。

坡同样为华人社会，但却可以成为一个国家，言外之意即台湾也可以援引新加坡例而成为一个国家，这显然是与常识相违背的。这一理论的最大错误在于忽略了中国人的国家认同是通过历史解释而建构的这一事实。重史是中国人的一大传统，在先秦时代，历史书写就已成为一种重要的政治活动，朝廷设有史官，“左史记言，右史记事”，历史意识的高度发达是中华民族的一个重要特征。中国历代的修史制度，绵延两千多年而不绝，成为世界上唯一保存有完整历史纪录的民族。这一传统对于维系中华民族的多元一体格局有着十分重要的意义。

对于历史意识高度发达的中国社会来说，任何一个政权的合法性都是通过历史建构而获得的。台湾属于中国领土的一部分，这一历史事实是难以更改的，任何违背这一事实的解释都不能获得中国人的认同。中国人从来不主张对于韩国、越南的主权要求，虽然他们都属于中华文化圈，并且历史上与中国有着十分密切的联系，这是基于中国人历史常识的简单判断，它并没有太复杂的理论背景。

对于“台独”论者来说，要建构其“台独”主张的合理性也必须透过历史解释来获得。因此才有今天形形色色的“台独史观”，如台湾四百年史都看做是外来政权统治的历史，以强化建立所谓“本土政权”的正当性，但这些历史解释都无法掩盖其虚构的歪曲的本质，是经不起历史检视的。

如果说日据时期台湾人因为文化认同与政治认同的分裂而产生痛苦，那么今天的台湾人民会因为“台独”势力的鼓噪而忍受这一痛苦吗?

第二，在政治层面上“台独”分裂主义与中华民族的根本利益存在着矛盾冲突。如前所言，台湾本土化运动在政治上的表现即是利用台湾历史上的悲情意识和出头天意识，来构建台湾的所谓主体性，并最终达到独立建国的目的。这一政治企图与中华民族的整体利益是相冲突的，对正在追求民族复兴的中国来说是绝对难以容忍的。因此，“台独”活动无论在现实层面，还是在历史层面都不可能得到中国人民的同情和体认。二者的冲突是根本性的，无法调和的。就当今的世界形势而言，“台独”运动要突破现有的国际格局而获得独立无疑是不现实的。国际政治的现实及大陆反“台独”的坚定决心使得“台独”运动注定只能是一个空中楼阁，总有坍塌的一天。

三、台湾的文化宿命及其未来发展

以上所述当代台湾本土化所包含的三组内在矛盾，从根本上说这是“台独”意识形态和中国历史文化传统之间的矛盾，也可以具体归结为“台独”意识形态与作为台湾文化底盘的儒学传统之间的矛盾。

儒学作为中国传统文化的核心，它已经渗透入中国传统社会的方方面面，从经济基础到上层建筑，包括日常伦理、社会秩序、政治制度等各个方面。虽然自近代以来，随着中国经济社会的变革，儒学作为官方意识形态已经解体，但儒学作为中国传统文化的核心组成部分，仍然在社会各个层面发生作用，这种潜藏的影响可能还没有被我们意识到。因为近代以来传统儒学经过几次严重的清洗，特别是自五四运动以来中国社会对于文化传统表现出越来越敌视的态度，这种彻底反传统的情绪到文化大革命达到巅峰，中国传统文化在这一过程中遭受浩劫。

但是正如当代新儒家所抱定的一个信念：儒学与现代化并不违背，儒学同样可以开出民主与科学。如果传统被彻底消灭了，那中国之所以为中国的特性也就被消灭了，那样的社会即使实现了现代化，但其实已经不能称其为中国。事实证明，中国在实现现代化的过程中，彻底抛弃传统不但不可能，而且有害。中国大陆在经过文化大革命的反传统运动狂飙之后又逐步向传统回归，这一事实本身已经做出了说明，相信中国现代历史上最为严重的反传统运动已经过去，在未来必然是以包括儒学在内的中国传统文化的全面复兴时代。

就台湾而言，它对于中国传统文化有着十分特别的意义。明清易代之际，郑成功开疆拓土，收复台湾，这不仅具有政治上的意义，也具有文化上的意义，一大批明遗民不甘沦为异族所统治，纷纷随郑成功渡台，将台湾作为他们安身立命之所，从这时起台湾就成为一方含蕴中华文化的热土。正如沈葆桢所题的延平郡王祠的对联所揭示的：“开万古得未曾有之奇，洪荒留此山川，作遗民世界；极一生无可如何之遇，缺憾还诸天地，是创格完人。”郑成功收复台湾不仅有开疆辟土的意义，而且具有十分重要的文化意义。

在近代，台湾虽然沦为异族之手，但以儒学为核心的传统文化仍然很好的保存在台湾社会之中，并且是台湾人民对抗日本帝国主义文化殖民的重要资源。台湾光复后，台湾重新确立了中华文化的主体地位，但在随后，随着国共内战的爆发及国民党政权的退据台湾，台湾又一次被卷入了中国政治的风暴中心。政治上两岸的分裂与斗争无需多论，在文化上其实也经历了一场暴风骤雨式的分化变革。在中国近代三大思潮中，大陆是马克思主义一枝独秀，而自由主义的主体部分则来到了台湾，新儒家也在台湾茁壮成长（还有香港和海外）。台湾这块小小的土地承载着多么沉重的文化命运！随着后来两岸政治的发展，在中国大陆政治气氛越来越激进，传统文化也在政治的狂飙运动中遭受到灭顶之灾。而台湾的蒋介石政权虽然是出于反共的本意而发起中华文化复兴运动，但无论怎样还是为中华传统文化的发展保留了一个避风港，凭借这个生存的空间台湾也成为了新儒家发展的重镇。并且由于儒学成为国民党的官方意识形态，通过政治权力有助于儒学扩大在台湾社会的影响。黄俊杰教授认为，儒学在战后台湾有两种存在形式：在官方存在于中小学教科书中；在民间则以学院中的学术思潮的形式而存在。[①] 虽然作为官方意识形态的儒学伴随着台湾社会的转型已经走向解体，但教育的影响是不可能那么轻易被抹去的，而从民间儒学存在形式来看，仍然有很大的学术生命力，台湾的新儒家研究在整个华人文化圈中仍然占有十分重要的地位。可见台湾对于中国传统文化有其独特的价值和地位，这种地位是台湾社会一定要珍惜的。

可惜的是，在“台独”思潮泛滥成灾的情况下，台湾正在自我毁灭这种宝贵的文化价值。“台独”把中华文化看作是外来文化，看作所谓本土文化的大敌，必欲除之而后快，于是我们看到各种自残式的“去中国化”行为，这既是台湾的不幸，也是中华文化的不幸。今天台湾社会已经逐步品尝到这种“去中国化”的恶果。我们看到今天台湾的政治，只见政客肆意操弄“台独”意识形态，撕裂台湾族群，社会动荡不安，经济民生迅速恶化，人民生活痛苦指数不断升高，甚至基本的伦理道德都受到威胁，台湾人民在

---

① 黄俊杰：《战后台湾文化中的儒家思想：存在形式、内涵与功能》，收入《台湾意识与台湾文化》，台北，台大出版中心，2006 年版。

这一过程中又何尝得到了台湾人的尊严?

可见,“台独”思潮对于台湾社会来说是一场浩劫。“台独”不但不可能,而且有害,台湾在追求“台独”的过程中除了自我毁灭之外将什么也得不到。一切有良心的中国人,难道不应当为此而感到揪心吗?难道不应当奋起而与之斗争吗?这既是为了台湾,也是为了中华文化的未来发展。台湾在中华文化发展的过程中承担着重要的文化使命,台湾不仅是台湾人的台湾,也是全中华民族的台湾,台湾的价值必须要在中华民族的历史发展中去体现。这是台湾的宿命,是台湾的责任,也是台湾未来必走的路。

论台湾中学历史教科书的修订问题

——兼论两岸史观的重新连接

从上世纪90年代以来，台湾中学历史教育呈现出全面“去中国化”的趋势。简而言之，即是放弃了中国历史本位的课程设置，如将台湾历史从中国历史中剥离出来单独成册，赋予台湾历史与中国历史对立的地位，用“台独史观”重新建构台湾历史，等等。台湾中学历史教科书的“去中国化”趋势经过李、扁执政20年的刻意推动，已经严重混淆了台湾民众特别是青年的民族国家认同，造成了两岸民众认同的疏离和隔膜，可谓遗毒无穷。但遗憾的是，这一趋势到今天仍然没有得到有效遏制。在两岸关系进入和平发展的新时期，两岸民众认同的疏离是横亘在两岸人民心灵中的一个巨大鸿沟，严重影响着两岸人民的心灵沟通，也影响着两岸关系和平发展的持续深入。如何排除两岸民众心理认同的障碍，实现两岸民众心灵的连接，这已经成为一个必须要严肃面对并加以解决的问题。在这种背景下，全面检讨和清理台湾中学历史教育中的“台独”毒素，就显得特别重要。

一、台湾中学历史教科书修订的基本脉络

台湾中学历史教育，包括国民中学（初中）和高级中学（高中）两个阶段，前者属于义务教育阶段，后者属于普通高中。中学历史教育的主要依据是《中学历史课程标准》，课程标准规定了历史教育的目标、内容、课时、考核等，是中学历史教育的准绳。因此，课程标准的变动直接影响了历史教科书的编订。

从南京国民政府统治时期算起，台湾所施行的《中学历史课程标准》迄今大约经过了13次修订。但以1994年的课程标准修订为界，台湾中学历史教育开始发生巨大变化。简单地说，就是台湾中学历史教育开始全面推行

“去中国化”的“台独”政策。这种变动最初是从初中历史教育开始的。1994 年，台湾地区教育行政部门颁布《国民中学课程标准》，增订《认识台湾》为必修课程。《认识台湾》包括“社会篇”、“历史篇”、“地理篇”。在课时安排上，初中一年级讲《认识台湾历史篇》，初二讲本国史，初三讲外国史。这样就把台湾史从中国史中抽离出来单独成册。把台湾史分裂出来并赋予其主体性地位，这是台湾中学历史教育的一个重大变动，这也是此后台湾中学历史教育“台独化”的一个重要方向。

不仅如此，1994 年的国中历史课纲在教育方针方面也发生了巨大变化。试以 1983 年版课纲和 1994 年版课纲教学目标对照说明：（见表一）

表一　1983、1994 年版国民初级中学历史教科书教学目标

1983 年版初中历史课程教学目标	1994 年版初中历史课程纲要及“认识台湾（历史篇）”教学目标
1. 使学生明了中华民族的演进和历代疆域的变迁。 2. 使学生就国民小学社会学科所学基础，进一步明了我国政治、社会、经济、文化的发展，以期增强其爱国家、爱民族的情操与团结合作的精神。 3. 使学生从我国悠久历史、灿烂文化的史实中，使学生认识民族的传统精神、国民的地位与责任。 4. 使学生明了世界各民族历史的演进、文化的发展、时代的趋势以及中国在国际上的地位与责任。	（一）历史 1. 引导学生了解历史知识的本质。 2. 引导学生对历史发生兴趣，俾能主动学习。 3. 引导学生认清国家创建的艰辛及个人的责任。 4. 培养学生具有开阔的心胸并成为具有世界观的国民。 （二）认识台湾（历史篇） 1. 认识各族群先民开发台、澎、金、马的史实，加强承先启后、继往开来的使命感，并培养团结合作的精神。 2. 认识自己生活周遭环境，培养爱乡爱国的情操与具有世界观的胸襟。 3. 增进对台、澎、金、马文化资产的了解，养成珍惜维护的观念。

资料来源：台湾地区教育部门《国民中学课程标准》（1983）、《国民中学课程标准》（1994）。

从上图对比可知，1994 年初中历史课纲与 1983 年初中历史课纲在教学目标方面有着很大的不同。最主要的是 1994 年课纲模糊和淡化了历史教育在培养学生的国家认同与民族文化认同方面的责任，而另一方面又在《认识台湾（历史篇）》中强调对于台、澎、金、马地区的“使命感”和忠诚。一退一进之间，企图借历史教育而建构“台湾主体性”的用心昭然若揭。

1994 年国中历史课纲的版本标志着台湾当局在教育部门已经放弃了对于中华民族和中国的民族国家认同，转而寻求建立所谓的“台湾主体性”。台湾的中学历史教育已经成为李登辉等“台独”势力推行“台独意识形态”的主要战场。而以此为开端，台湾的统独两股力量在历史教育领域也展开了持续长期的对抗。当然，由于“台独”势力掌握了执政权，“统派”力量最终无法阻止台湾中学历史教育的“台独化”倾向，但他们的批评仍然是有力而深刻的，值得加以认真梳理和总结①。我们在这里不对此展开。

从 1995 年开始，台湾地区教育部门开始依据 1994 年通过的初中历史课纲编撰《认识台湾》历史教科书，主其事者是诸如杜正胜、黄秀政等极具“台独”意识形态色彩的学者。杜正胜还发明了一套所谓“同心圆理论”，强调以学习者的“时空环境为中心”，一圈圈地往外推移。因此，他理想的“同心圆理论”课程架构为：乡土史—台湾史—中国史—亚洲史—世界史，从低年级到高年级依次安排教学内容。②“由近及远”安排教材内容似乎并无不妥，但问题的关键在于，这个“同心圆”课程结构打乱了中国传统史学的叙事结构，特别是把台湾史从中国史中独立出来，使台湾史获得了独立的主体性地位。这个理论在教学实践上也存在很大问题，相关学者已经对此进行了批评③。但由于“同心圆理论”迎合了当政者建立“台湾主体性”的意图，强调用台湾的观点来看待台湾与外界的历史联系，因此这套理论成为此后台湾中学历史教育进行“台独”改造的指导思想。杜正胜本人也身体力行，长期参与和主导了这一过程，成为推动台湾中学历史教育全面“去中国化”的最大推手。

由这样一批极具“台独”意识形态的学者所编撰的《认识台湾》教科书，其结果可想而知。1997 年，《认识台湾》教科书正式出笼。但这部用“台独史观”编写的教科书，其荒谬错乱从一开始就引起岛内各界人士的普

---

① 相关批评材料可参见王仲孚编：《为历史留下见证——〈认识台湾〉教学参考文件新编》，海峡学术出版社，2001 年出版。

② 《历史教育要如何松绑》，载《联合报》，1995 年 1 月 23 日。

③ 可具体参见王仲孚《台湾中学历史教育的大变动：历史教育论集二编》中“有关国中〈认识台湾〉课程的讨论”、“论所谓同心圆教学”等篇章。《台湾中学历史教育的大变动：历史教育论集二编》，海峡学术出版社，2005 年 3 月版。

遍质疑，并进而引发了一场社会论战。《认识台湾》分为“社会篇”、“历史篇”、“地理篇”，其中“地理篇”由于所涉意识形态较少，并没有引起太大争论。而“历史篇”和“社会篇”则在史观和史料等方面都存在严重问题，两岸学界针对这两本教材的错误展开批判，并都集结成册①。本文不再赘述。

正当《认识台湾》教科书纷纷扰扰之时，台湾教育部门又推出一个更令社会哗然的政令，决定从 1997 年开始规划初中及小学“九年一贯”课程纲要。所谓“九年一贯”，就是把小学六年和初中三年打通，整体规划教学课程，但其要害在于各科领域的整合。按照台湾教育部门的规划，“九年一贯”课程包括七大学习领域：语文、健康与体育、社会、艺术与人文、数学、自然与科技、综合活动。历史学科被整合进社会科，形同取消。通过这种改造，历史教学的内容和课时都大为压缩，特别是中国史的内容压缩很大，但台湾史的教学却并没有减少，并且还透过乡土教育等多种形式得以加强。2002 年 9 月，民进党执政当局正式公布“国民中小学九年一贯课程暂行纲要”。至此，初中历史教育的“改造”大功告成。

高中历史教育的改造则比较复杂一些。1995 年，台湾教育行政部门修订《高级中学课程标准》，这次修订，虽然台湾史仍然被纳入到中国史的范畴下讲授，但在教学目标方面却有了很大改变，主要是去除了此前课程标准中对于培养学生国家认同和民族文化认同方面的目标要求。

1996 年 10 月，杜正胜应“国立编译馆”的聘请，筹组“高中历史科教科书编审委员会”并亲任主任。他认为 1995 年修订的高中历史课程标准不符合台湾的实际情况，而且与初中历史课程无法衔接。他以“同心圆理论”为指导，草拟了高中历史课程大纲，并企图以此取代业已颁布的高中历史课程纲要。当然，杜的荒诞做法是因为他背后有推行“台独”政策的台湾行政当局的撑腰。最终，杜所草拟的高中历史课程纲要并没有被教育部门采纳，但教育部门却就此宣布开放民间撰写历史教科书，然后由教育部门依据

① 台湾出版的有《为历史留下见证：〈认识台湾〉教科书参考文件新编》（王仲孚编，海峡学术出版社 2001），大陆出版的有《〈认识台湾〉教科书评析》，厦门大学台湾研究院编，九州出版社，1999 年版等。

课程纲要来进行审定。此举打破了延续数十年的由“国立编译馆”统编历史教材的模式，台湾历史教科书的编撰进入到了“一纲多本 ”时代。

民进党上台后，继续在文化教育领域推行“去中国化”政策。在“九年一贯”课程纲要正式实施后，为了与之相衔接，高中历史课程的改造成为必然。2001 年 3 月，台湾地区教育部门成立“高级中学课程发展委员会”，着手进行高中教育改革。2003 年，台湾地区教育部门公布《高中历史课程纲要草案》，这个草案最大的变动就是“台湾史”独立成册，放在高一上学期，为必修课。此外，教材内容也存在诸多谬误，如在台湾史部分不讲明郑和清朝历史，将明代后中后期、清史及民国历史都放在世界史范畴讲授等等。通过这种改造，台湾史不仅获得了与中国史、世界史并立的地位，而且在教学内容上也实行了较为彻底的“台独”改造。但这种公然割裂历史的做法遭到了台湾社会舆论的强烈谴责①，在社会舆论的强大压力之下，台湾地区教育部门被迫推迟课程纲要的公布时间。

2004 年陈水扁连任之后，聘任杜正胜为“教育部长”，直接操刀台湾教育改革。在杜氏的强力主导下，2004 年 11 月，台湾地区教育部门仓促公布修订后的《高中历史课纲草案》，后又不顾各界的强烈反对而于该年 12 月发布定稿。2004 年版高中历史课程纲要的颁布，过程仓促，方式粗暴，这个课纲最大的“成果”就是完成了对于高中历史教育进行“台独”改造的任务。

2004 年版高中课程纲要由于反对声浪太大，被定为“暂行纲要”（简称 95 暂纲），原计划 2006 年实施。但在“暂纲”实施后不久，台湾地区教育部门又开始着手对课纲进行新的修订。2008 年 1 月，陈水扁当局抢在下台前夕宣布了新的高中课程纲要（简称 98 课纲），这个课程纲要按计划应于 2009 年实施。

“98 课纲”颁布之后同样遭到社会各界的广泛质疑，特别是国文和历史科遭遇的质疑最大。2008 年 3 月，马英九在“大选”中获胜。各方普遍希望国民党重新执政后能够在教育领域实行拨乱反正，马当局的教育主管部门

---

① 可参见王仲孚《高中历史课程纲要草案何以如此荒谬》，收入王仲孚著《台湾中学历史教育的大变动：历史教育论集二编》。

也把国文和历史两课纲拦下不予公布，并组成一个“高中历史教科书课纲修订小组委员会”进行修订。这个修订工作持续了3年时间，由于委员会的组成人员还是绿色背景的多，修订的成效并不大。2011年5月27日，台湾地区教育部门公布了修订后的《高中历史新课纲》。这个新课纲在内容上仅做了枝节的修改，比如增加半个学期的中国史课时等，但对于“98课纲”中“去中国化”的一些关键问题并没有触及，比如教育目标仍然模糊民族认同和国家认同；台湾史仍然单独成册，并放在中国史之前讲授，等等。这个新课纲由马当局颁布实施，形同马当局也对“台独史观”的教科书撰写背书，其性质是十分严重的。

正因为如此，近期台湾一些有识之士开始呼吁社会重视台湾中学历史教科书的拨乱反正问题，如郝柏村投书媒体探讨中学历史教科书的问题①，并引起台湾各界的共鸣②。这些事实说明，台湾中学历史教科书亟须要进行一场拨乱反正的工作。

二、台湾中学历史教科书必须进行拨乱反正

如上所述，通过李、扁20年的“台独”执政，台湾中学历史教科书已经成为李、扁推行“文化台独”的重灾区。当前的台湾中学历史教科书，从教学目标到教学内容等都充满了浓厚的“台独”色彩。关于台湾中学历史教科书编写中所表现出的种种“台独”史观，两岸学者都进行了深刻的批判③。历史教科书作为培养学生国家认同和民族文化认同观念的重要载体，如果任由这种“独”素蔓延，其后果是十分严重的。必须要在彻底批判“台独”史观的基础上，重新确立台湾中学历史教育领域的中国历史本

---

① 《郝柏村：正视中学史地课本》，载（台）《联合报》，2012年2月21日。

② 《郝柏村吁台湾教科书正视历史　引台各界不吐不快》，载《人民日报海外版》，2012年2月28日。

③ 如王仲孚：《台湾中学历史教育的大变动：历史教育论集二编》、《为历史留下见证——〈认识台湾〉教科书参考文件新编》，分别为海峡学术出版社，2005、2001年出版；厦门大学台湾研究院编《〈认识台湾〉教科书评析》，九州出版社，1999年版；李理：《教育改造与改造教育——“教育部”审定高中台湾史课程纲要及教科书研究》，海峡学术出版社，2010年版；郭誉孚：《应以史实更正教科书的相关论述》，海峡学术出版社，2010年版等。

位，以引导台湾民众形成正确的民族国家认同。

批判“台独”史观，首先是两岸关系和平发展的需要。“台独”史观是横亘在两岸人民心灵中间的最大障碍，必须要加以清除，才能使两岸人民的心灵真正融合。和平发展与“台独”是不相容的，一方面两岸关系和平发展，一方面却继续走向“台独”，这种情况是无法想象的。因此，如果两岸要寻求真正永久的和平，就必须要消除“台独”这一巨大不稳定因素。

其次，批判“台独”史观，回归中华民族史观，这是对台湾人民负责，也是对中华民族负责。“台独史观”为了其狭隘的意识形态，不惜任意歪曲捏造历史，其鲁莽粗暴无以复加。事实上台湾历史只有放在中国历史，特别是近代百年中国的反帝反封建历史中才能讲得通，也才更贴近于历史的真实。为了私利而过分拔高台湾历史的地位，甚至将其与中国历史等同起来、对立起来，这不是真正的尊重台湾历史，而是对台湾历史的最大歪曲，这也是对台湾人民不负责任的。用谎言和欺骗建造的历史不论多么富丽堂皇，终究是靠不住的。而如果因为这种误导而欺骗了部分民众，那就是对台湾人民的犯罪。“台独”势力为了实现自己不可告人的目的而去公然伪造歪曲历史，这是应当受到谴责的。站在对台湾人民负责任的立场，就有必要告诉台湾人民历史的真相，这也是对整个中华民族负责。

第三，批判“台独”史观，是在思想领域的拨乱反正，是为了夺回被“台独”势力拿去的历史话语权。20 多年来，岛内的“台独”势力利用手中的公权力，大力推动“台独”政治的社会化，在各方面推行“台独”政策，从而形成了“台独”法西斯主义。依靠执政权的支持，“台独”在岛内取得了话语权，蒙蔽了不少台湾民众。这种情况必须要加以改变。目前，“台独”政权已经垮台，如果不乘这个时机大力进行话语权的争夺，而任由“台独”论述谬种流传，姑息纵容的结果必定是害了自己，永远匍匐在“台独”的阴影之下，而台湾人民也无法摆脱“台独”法西斯的胁迫。从事物发展的角度来看，没有一个大的历史反动，就不可能有新的发展方向。大陆“文革”后在思想领域的大解放，正是推进改革开放最大的思想助力。台湾要想开创一个新的局面，也必须有一个思想领域的大解放，把被“台独”颠倒了、搞乱了的是非重新校正过来。只有这样，台湾才能跳出“台独”政治的泥淖，而实现真正的族群和谐和社会清明。

事实上，“台独史观”是经不起推敲的。在中学历史教科书领域，“台独史观”伪造、割裂、曲解历史，种种恶形恶状，可谓一清二楚。两岸的历史学者已经对此做出了深刻批判。因此，要从学术角度批判历史教科书领域的“台独”论述，这是轻而易举的事情。近二十年来台湾中学历史教科书的“台独化”改造，无非就是遵循杜正胜的“同心圆”理论。杜氏在学术领域的成就固然很高，但当他抱着狭隘的“台独”意识形态而来参与历史教科书的修订时，就显得十分可笑。他的固执心态，以及作为知识人的自傲，使他不顾中学历史教育的基本规律，而想当然的搞出一个“同心圆”理论，将之运用于中学历史教学领域，其乖谬之处已经得到诸如王仲孚等历史教育学家的批判。但只是因为杜氏的这个理论迎合了李、扁等推动“台独”政治的需要，遂得以大行其道。而杜氏本人也丝毫不觉得自己是当了别人的打手，十分有损于其专业形象。十多年来，杜氏在教育领域横行无忌，成为台湾中学历史教科书“台独”改造的最大推手，这确实是杜氏的不幸。

因此，台湾中学历史教科书的改造从一开始就不是纯粹的学术问题，而是个政治问题。这是一场统“独”斗争，是对于历史话语权的争夺，它根本无关于学术。但我们也看到，在2008年之后，虽然马当局也主动对98历史课纲进行修订，但在课纲委员会人员构成没有大的变动的情况下，修订的结果必然不能让人满意。这说明“台独”势力在台湾影响仍然很大。

当然，“台独”执政经过了20年，而且台湾社会确有其百年来的特殊历史经历和社会心态，要在短期内消除“台独”的影响是不可能的。但毕竟，台湾已经实现了政党轮替，而国民党是反对“台独”和主张“九二共识”的。反对“台独”不仅是两岸交往时的一个政治表态，更重要的是一个执政理念，是要贯彻于马当局的施政中去的。

再者，台湾中学历史教科书中的种种论述已经严重违背了台湾现行的法律法规，从这个角度出发也有必要加以校正和规范。

历史教科书作为教育青年的重要载体，出于对青年负责的态度，也不应该对被“台独”严重污染的历史教科书采取听之任之的态度。我们呼吁马当局能够拿出魄力和勇气来改变这种状况。

三、重定台湾历史的坐标，实现两岸人民心灵的连接

经过近20年的迷航之旅，台湾这条船确实有必要重新确定历史的航向了。既然经过20年的统“独”斗争已经证明“台独”之路走不通，而近几年两岸关系和平发展的实践也证明，和平发展是一条推进两岸融合的康庄大道，这是一条可以走通的路。那么，“台独”势力及其支持力量就有必要冷静地思考一下台湾的前途以及两岸的前途问题。

台湾今天的一切纷乱均是因为“台独”而起，所谓族群斗争、统“独”斗争，“台独”已经成为台湾社会难以承受之重。台湾社会真的如李登辉所言需要“出埃及记”吗?“台独”真的是台湾人民的必然选择吗? 认真的回溯历史，显然答案是否定的。

台湾在明郑时期曾以一岛之力抗清，许多明末遗民纷纷归附，反对的是满人变易汉人“衣冠发式”，因此郑成功抗清，具有十分重要的文化意义。而台湾自那时起，已经成为一块被中华文化含蕴的热土。清朝200多年的统治，台湾与大陆特别是福建密不可分，两岸地缘相近、人缘相亲、血缘相连，这是任何人也阻断不了的。清末面对外敌的侵略，台湾处于反侵略的最前沿。在中法战争中，台湾做出了巨大贡献。甲午中日战争，中国不幸战败，被迫割让台湾。但台湾人民所表现的民族气节和精神确实是令人感动的。无论是乙未反割台斗争，还是随后持续50年的反殖民斗争，台湾人民从来没有放弃抵抗，也从来没有放弃对中华文化和中华民族的向往。台湾光复，台湾人民所表现出的发自内心的喜悦之情，正是台湾民众赤子之心的真情流露。50年的殖民统治并没有割断台湾人民的祖国意识，可惜的是，随后由于种种复杂原因而导致了“二二八”事件的发生，“二二八”事件的爆发及其后国民政府的残酷镇压严重挫伤了台湾民众的祖国意识。此后两岸的政治对立又不断加深这种情绪，最终产生了台湾民众在国家认同上的异化。在上世纪八九十年代，随着台湾本土化、民主化运动的推进，海外“台独”思想开始与岛内的反对运动相结合。而初生的民进党为了与国民党争夺执政权，开始利用“台湾意识”来对抗国民党的“大中国意识”。李登辉在掌权

后，又开始有意挑拨族群矛盾，并扶植“台独”力量的发展，终于导致民进党在1991年提出“台独”党纲。李登辉本人也开始透过“修宪”等方式一步步推动台湾的“独台”化发展。在内外两种力量的合力推动下，台湾开始往“台独”方向狂飙。

回顾近百年的台湾历史，我们可以很明确地说，“台独”并不是台湾历史的主流，而只是在特殊历史背景下的一个“乱流”（李敖语）。这背后与野心政客的操弄也有很大关系。因此，台湾必须要找回自己方向，从近百年中国大历史的角度来看待自己的历史，从中华民族的复兴中定位自己的位置。

如果台湾社会能够重新回到这个坐标中去，那么两岸的彻底和解可期，台湾社会的安定和谐可期。而也只有这样才是台湾人民的真正归宿。“原乡的血只有流回原乡才能停止沸腾”，台湾历史在近代走了太多的弯道，也到了返回原乡寻找心灵净土的时候了。

从近百年中国大历史的角度定位台湾历史，两岸人民的认同也能够更好的连接。两岸人民都需要反省，反省近百年的中国历史，反省各自的价值，并最终实现彼此心灵的融合。在经过一番历史洗礼之后重新走到一起的两岸人民，必将更加成熟，更加自信，共同去迎接中华民族伟大复兴时刻的到来。

台湾政局

民进党“台独”转型的现状及前景评估

民进党的“台独”党纲，既是岛内政局发展的一个结构性问题，也是两岸关系的根本症结所在。自“台独”党纲出笼（1991年）以来，民进党根据不同的情势做出了相应调整，也即所谓“台独”转型。这种转型以民进党于1999年5月召开的八届二次全代会上通过“台湾前途决议文”为标志，意味着民进党为寻求执政而实行的“台独”转型达至了阶段性的目标，它对民进党在2000年“总统”大选中成为执政党起到了极为重要的作用。但是“台湾前途决议文”并没有否定“台独”党纲，而只是为了寻求执政而做出的权宜之计。因此，民进党的“台独”党纲作为岛内政局动荡的根源以及两岸关系发展的根本症结，其危机并没有得到消除，这就要求民进党在作为执政党的新的历史条件下继续其“台独”转型。一般称作民进党的“二次转型”①。“二次转型”到今天还没有取得突破性的进展，但是迫使民进党进行“台独”转型的外在压力正在增加。这些外在压力能否最终迫使民进党彻底完成“台独”转型，确实需要我们加以密切的注意。本文希望对此做出分析。

一、“台独”意识形态对于民进党的意义和价值

要分析民进党抛弃“台独”党纲的可能性，首先必须要明了“台独”意识形态对于民进党的意义及价值之所在。此点我们可以从以下几个方面来

---

① 倪永杰先生《民进党二次转型初探》比较详细地讨论了民进党二次转型的动因、主要内容及受挫原因问题，可具体参看。《民进党二次转型初探》，《华东理工大学学报》（社会科学版），2003年第3期，第111—115页。

认识：

其一，“台独”意识形态是民进党的“神主牌”。民进党是党外运动的产物，而党外运动是以反对国民党专制统治为目标的各种社会力量的结合体。当然，20世纪70年代以来的党外运动，台湾本土力量占据了主导地位。由于台湾自甲午中日战争以来的特殊历史经历，特别是国民党对于台湾统治的种种失误，使得本土力量在反对国民党统治的同时，容易产生分裂意识。因此，民进党的“台独”基因在党外运动时期就已经形成，它有着深刻的历史原因。这种基因随着台湾社会的逐步开放，也逐步孕育、成长。在民进党成立之初，它还不敢打出“台独”招牌，但是随着党禁的开放，戒严的解除，民进党的“台独”倾向越来越明显。在此过程中，民进党还不断净化自身体制，也即迫使不赞同“台独”意识的人退党或者边缘化，林正杰、费希平就是其显例。最终，1991年10月民进党“五全”大会通过“建立主权独立自主的台湾共和国基本纲领”案，民进党至此完全蜕变成为“台独”党①。“台独”意识形态也正式确立了作为民进党“神主牌”的地位。

由此可见，“台独”党纲成为民进党的核心价值，并不是一时的权宜之计。而是基于历史及社会现实而凝结成的“远大理想”。“台独”党纲是民进党的“党魂”，这一点是不容置疑的。民进党可以对实现“台独”的方式有所变通，但是实现“台独”的理想是不会轻易改变的。明乎此，我们就可以对民进党实施彻底转型，抛弃“台独”理念的可能性有一个大致的估计了。

其二，“台独”意识形态成为民进党的理想，是基于台湾社会自甲午战

---

① 徐博东教授认为，民进党逐步演化为“台独”党大致经历了四个阶段：“住民自决论”阶段；“有条件主张态度论”阶段；“事实主权独立论”阶段；“台湾共和国”阶段。具体参见《论民进党的质变——过程、原因及其影响》，收入徐博东著《透析台湾民进党》，台海出版社，2003年出版，第41—74页。

争以来的独特历史经历而形成的“台湾主体性意识”①。因此，它是有一定的社会基础的。这种社会基础是民进党选择“台独”意识形态的最深层原因，只要台湾社会还存在这种民意基础，民进党的“台独”理念就不可能被抛弃。明乎此，就可以明了，民进党进行“台独”转型的最根本压力在于台湾社会，只有台湾社会的民意基础发生了根本改变，才能最终迫使民进党放弃“台独”理念。任何期待民进党主动放弃其“台独”理念的想法都是不现实的。

其三，在台湾独特的政党政治现实中，“台独”意识形态是民进党与其他政党进行区隔的根本特征，也可以说是其立党之本。民进党如果放弃了自己的“台独”意识形态，它必然会因为失去自己的政党特色而丧失动员群众的能力。因此，“台独”是民进党的一种沉重但却必需的历史资产，它不可能轻易抛弃。更何况，民进党的“台独”分裂活动与一些国际反华势力正可以成为同路人，它可以借此吸引国际反华势力的支持，这对于民进党获取国际的支持是相当重要的。

可见，“台独”意识形态对于民进党来说是关乎其立党根本的核心价值观，而并不是可有可无的政治招牌。从“台独”党纲出笼至今，虽然民进党身份已经从在野党变成“执政党”，其政党转型也走过了漫长的路，但它仍然没有如外界期待的抛弃“台独”党纲，完成彻底转型。这个结果是必然的。

二、“台独”意识形态是民进党当前所要面对的主要问题

“台独”意识形态作为民进党的核心价值观，要其主动予以放弃是不可能的。那么，是不是民进党就不可能实现彻底转型了呢？当然不是。任何

① 笔者认为，所谓“台湾主体性意识”是台湾特殊的历史经历与现实政治相互纠缠、共同作用的结果，台湾由于在近代经历了50年的殖民统治，并且随后又经历了“二二八”事件及20世纪50年代初白色恐怖统治的巨大挫折，使得台湾民众产生了十分复杂的历史心态。而在台湾社会转型的过程中，这种历史心态被某些政治势力加以塑造、利用，从而形成了具有某种独立倾向的“台湾主体性意识”。

政党都是发展变化的，都不可能是一成不变的。只要实现政党转变的主客观条件具备，任何一个政党都可能进行自我扬弃。

民进党作为台湾社会孕育产生的一个现代政党，就其阶级属性而言是代表台湾新兴的中产阶级；就其政党目标而言，是为了打破国民党一党专政，并夺取执政权；就其政党理念而言，是为了实现“台独”建国。不难发现这三者之间是存在矛盾的：代表新兴资产阶级的民进党要寻求执政权，这是由经济自由化而导致政治民主化的必然要求，但是民进党不仅要夺取现政权，而且要否定现行“国体”，也即民进党的最终目标是要建立一个新的国家。这在一个正常的民主社会中是很荒唐的，但是由于台湾独特的社会结构，也即省籍、族群问题的存在，使得民进党既要以民主化的要求实现政党执政，又要否定现行“国体”，建立“台湾共和国”①。这是民进党所必须面临的结构性矛盾。

在民进党向国民党进行夺权斗争的过程中，由于民进党可以满足新兴中产阶级要求实现民主化，分享执政权的要求，因此二者可以抛开在统“独”问题上的分歧（统“独”问题不属于阶级范畴，中产阶级在族群、统“独”问题上必定会有不同的认识）而通力合作，以完成实现执政的目标。此一阶段，阶级问题是主要矛盾，族群问题可以暂时让位于阶级问题。民进党只要做出部分的让步就可以暂时弥补台湾社会内部在族群问题上的分歧，而共同致力于争夺执政权的斗争。因此，民进党在 1999 年 5 月 8 日八届二全大会上通过了“台湾前途决议文”，对“台独”党纲做出了部分的修正，首次承认“中华民国”②，这可以看成是民进党为了实现执政而对自己的“台独”理念做出的策略性妥协。实质上，民进党作为“台独”党的性质没有任何改变，但是这种调整对于民进党 2000 年大选的胜利起到了关键性的作

① 按照美国学者鲁斯托（Dankwart A. Rustow）的观点，发展中国家进行民主转型的唯一前提条件是“国家统一”。因为只有一个国家的全体人民对其所从属的政治体制具有高度的认同感，这样才能保证一个国家在“当时多数”（temporary majorities）统治的民主制度下“国家领土疆界的稳固和国民构成的延续性”。见 Dankwart A. Rustow：“Transitions to Democracy：Towatd a Dynamic Model”，in Lisa Anderson（ed.），*Transitions to Democracy*，Columbia University Press，New York，1999，p26. 而台湾恰恰在国家认同问题上存在着先天不足，这是造成台湾民主化过程中种种乱象的重要根源。这种困境同样体现在民进党自相矛盾的政党定位中。

② （台湾）《联合报》，2001 年 10 月 21 日。

用。可见，这种策略性的调整是成功的。

对于“台湾前途决议文”的出笼，外界曾有很多期待，认为这是民进党“一次”转型（从1991年“台独”党纲出笼到1999年“台湾前途决议文”的发表）的阶段性成果。人们期待，民进党继续实现所谓“二次转型”，也即抛弃“台独”党纲，彻底完成转型。民进党成为执政党之后，虽然也采取了一些措施，特别是在2001年10月20日民进党召开九届二次全代会，会议通过了“开创台湾经济新局决议文”和“提升全代会决议文位阶案”。将“台湾前途决议文”等同于且优先于“台独”党纲，取代“台独”党纲作为指导两岸关系政策的基本原则。对于这两项举措，林劲教授评价道：“以决议文形式对‘台独党纲’进行修饰和包装仅仅是折衷的、治标的暂时解决方法，只有务实地、前瞻地处理涉及国家认同与台湾前途走向的‘台独党纲’问题，才能达到治本的最终解套，这正表明民进党的政党转型进入瓶颈而未能持续。①”。

民进党要搁置“台独”党纲，说明它对于“台独”理念在现实中还缺少实现的条件这一事实是明白的。作为“执政党”，它的政策不仅要受岛内政治现实的制约，特别是陈水扁自上台以来一直没有摆脱少数政府的困境，受着蓝营势力的巨大制约。同时，民进党政策也要受国际以及两岸关系的巨大约束。相较于在野党时期，民进党的选择空间反而缩小。“台独”党纲随着民进党的执政，已经成为民进党所必须要解决的首要问题。

首先，就岛内而言，民进党及其所代表的中产阶级实现政党执政的目标已经完成，也即阶级矛盾已经下降为次要矛盾，原先被暂时掩盖的族群矛盾开始上升为主要矛盾。由于族群问题是超阶级的，民进党在进行阶级斗争的过程中的支持者面临族群问题时可能进行重新选择。而民进党作为执政党，它已经不可能像以前一样以被压迫者的身份向泛蓝阵营做斗争，族群议题在民进党寻求支持者的过程中显得越来越重要。但是民进党在面对这一问题的时候，不是积极地检讨自己的“台独”政策，以将台湾社会业已形成的族群撕裂的伤口弥合，而是不断地利用这一议题，挑动民众在族群、统“独”

---

① 林劲：《评析民进党执政之后政党转型的两项举措》，《台湾研究集刊》，2002年第3期，第58页。

问题上做非理性的选择。这种情绪挑逗得越厉害，民进党越能够从民众的非理智情绪化选择中获利。因此我们看到，在民进党上台后的历次大选中，操弄族群、统“独”议题始终是其一贯的手法。在2004年的“总统”大选中，这两项议题被发挥到极致，民进党将这场大选解释成“台湾—中国”的决战，并策略性的推动“二二八手护台湾”大游行以及“公投绑大选”，将族群、统“独”议题炒作到无以复加的地步。但是，操弄族群、统“独”议题的结果是使得台湾社会严重撕裂，整个社会都被拖入蓝、绿阵营对决的陷阱。与此同时，台湾社会的道德价值观被严重扭曲，政治的立场取代了是非的判断，其后果相当严重。

其次，就国际舆论和两岸关系而言，民进党“台独”党纲与国际舆论和海峡两岸主流民意对“一个中国”原则认知存在着巨大差距。世界上只有一个中国，这是国际社会普遍遵守的原则，民进党“台独”理念显然与此相冲突。为了化解国际及大陆的疑虑，陈水扁在2000年上台之初许下“四不一没有”的承诺①，并且随后又提升“台湾前途决议文”的位阶，以淡化“台独”党纲的存在。但是这些举措并未能如愿以偿，无法为“台独”党纲根本解套。因为党纲作为一个政党的灵魂，它对于政党的指导地位不容置疑。民进党企图通过淡化“台独”党纲的形式来蒙混过关，这显然是不切实际的。“台独”党纲涉及台湾前途及两岸关系的走向，事关台湾主权归属，这是一个关系到中华民族根本利益的大是大非问题。在这个问题上，仅仅以“搁置”的方式是无法过关的，民进党必须做出明确地回答，必须放弃其“台独”党纲，才能为两岸关系的死结根本解套。

而事实上，民进党执政六年多来的大陆政策，其主轴即是要在坚持所谓“台湾主体性”的基础上实现两岸关系的“正常化”，以使台湾成为一个“正常的国家”②。这显然是与大陆坚持的“一个中国原则”的基本立场背道而驰的，大陆政府当然不可能接受这种政策。这就是为什么陈水扁说他当

---

① 陈水扁在2000年5月20日就职演说中承诺，“本人保证在任期之内，不会宣布独立，不会更改国号，不会推动两国论入宪，不会推动改变现状的统独公投，也没有废除国统纲领和国统会的问题。”这即是所谓“四不一没有”的承诺。

② 此是台湾前“陆委会”副主委陈明通先生对陈水扁当局大陆政策的概括。陈明通：《我国（实指台湾地区）大陆政策的检讨与前瞻》，未刊论文。

政以后伸出了十几枝橄榄枝，但仍无济于事的关键所在，姑且不论这些橄榄枝是不是真诚的，即使其中包含了部分诚意，但是由于"台独"党纲的存在，大陆又怎么接受这些"橄榄枝"？很明显，大陆政府不可能在民进党保留"台独"党纲的前提下与其实现关系正常化，因为这样做无异于要求大陆接受"台独"。在这个原则问题上，大陆不可能让步。胡锦涛总书记多次表明，只要承认一个中国，承认"九二共识"，不管什么人、什么政党，也不管他们过去说过什么、做过什么，我们都愿意同他们谈发展两岸关系、促进祖国和平统一的问题①。可见，只要民进党放弃"台独"党纲，回到"一个中国"原则上来，两岸关系的僵局就可以解套。解铃还须系铃人，这一问题的解决，还必须要民进党自己进行判断并做出选择。

三、民进党"台独"意识形态所面临的诸多困境

民进党执政六年多来，一直无法摆脱"台独"情结的纠缠，相反，却以"台独"意识形态领政，造成岛内的诸多乱象。本来，民进党对于上台执政的准备就不足，执政水平低下，但民进党不是思考如何提高自己的执政水平，而是继续操弄族群、统"独"等议题，造成台湾社会的分裂与对立，以达到打击对手，维护统治的目的。意识形态领政的结果，就是造成岛内政治风气恶化，政党恶斗不休，蓝绿对立严重，整个社会都被撕裂。政治风气的恶劣也造成社会道德水平的下降，政治人物为达到目的不择手段，党同伐异，徇私舞弊，只问立场，不问是非。更为严重的是，民进党由于坚持其"台独"理念，在岛内推行一系列"去中国化"的运动，造成岛内民众在道德伦理和民族认同上的极度混乱，台湾社会一些基本的道德伦理规范正在遭受侵蚀，台湾社会面临极大的道德危机。

在以意识形态领政的同时，民进党对于民生议题却一筹莫展。民进党利

① 胡锦涛总书记在2005年3月4日就新形势下发展两岸关系提出四点意见，在第一点"坚持一个中国的原则绝不动摇"中对此有明确表态。在2005年5月与亲民党主席宋楚瑜先生的会面中又再次重申此一立场。

用手中的政治权力，四处寻租，官商勾结，“掏空台湾”，使大量的公有资产转入私人之手。社会的弊案层出不穷，且涉案的政治人物级别越来越高，其数额之大，情节之恶劣让人叹为观止。而另一方面，整个台湾经济一直处于空转内耗中，六年来几乎都在原地踏步，台湾的经济地位在“亚洲四小龙”中已经敬陪末座，并且面临着被边缘化的危险。而老百姓则是最大的受害者，失业问题居高不下，工资收入水平持续下降，人民的生活品质越来越差，社会的痛苦指数不断升高，自杀成为严重的社会问题。

当年陈水扁以“全民政府，清流共治”为诉求，在台湾人民的无限期待中上台执政，企图靠民进党带领台湾社会向上提升。然而六年之后，人们发现台湾不仅没有向上提升，反而向下沉沦。民进党曾经有过的所有光环都被它自己彻底粉碎。在严酷的现实面前，台湾人民开始重新思考他们的政治选择，台湾社会正在酝酿新的变化。这些变化包括：

其一，民进党所善于操弄的族群议题有逐步淡化的迹象，相较而言，人们更注重民生议题。在 2005 年 12 月进行的县市长“三合一”大选中，民进党企图继续操弄族群和统“独”议题，并且由陈水扁直接跳出来辅选，企图提升选举的层级，但结果仍以民进党惨败而终，仅获得 23 席县市长中的 6 席，而泛蓝阵营获得了 17 席①，这是民进党遭遇的一次重大挫败。挫败的原因除了有“马英九现象”的光环在其中起作用之外，民众对于民进党长期操弄族群、统“独”议题已经产生了免疫力，不再随“扁”起舞，而回归到比较理性的民生问题，这也是在此次选举中呈现出的岛内政治生态的一个重大变化。可以预见的是，如果陈水扁当局不能在民生问题方面做出一些成绩的话，它的支持度会越来越低。但是从后来的现实来看，民进党显然没有接受这次失败的教训，相反，陈水扁还在 2006 年元旦讲话中提出“积极管理、有效开放”的所谓“大陆经贸政策新思维新作为”，企图紧缩两岸经贸政策。随后又在 2 月 27 日宣布终止“国统会”运作，终止“国统纲领”适用。可见陈水扁当局在经历“三合一”大选的挫败后，不仅没有检讨导致其执政困境的“台独”政策根源，反而变本加厉，选择向“激独”

① 其中国民党 14 席，亲民党、新党、无党籍各 1 席。以无党籍身份参选而胜出的台东县长吴俊立因涉嫌贪渎被判刑而遭停职。在补选中，其前妻邝丽贞以国民党籍候选人身份当选。

方向迈进，以转移岛内矛盾焦点，为日益恶化的民生问题解套。但这显然是在饮鸩止渴，其结局是可想而知的。

其二，在2005年国、亲、新三大在野党主席相继访问大陆以后，两岸交流的形势豁然开朗。人们不再担心民进党扣“联共卖台”红帽子，两岸人民的交流日益活跃，这充分说明，岛内民众的基本面是要和平不要对立的。民进党过去肆意制造两岸对立，将台湾人民捆绑在它的战车上当人质的时代已经一去不复返了。两岸人民通过交流，增进彼此了解，降低彼此敌意，这是大势所趋，民进党以后要继续操弄统“独”议题将变得不会那么得心应手。特别是两岸的经贸交流已经密不可分，台湾对大陆市场的依存度逐年提高，2005年台湾对大陆的贸易顺差达到582亿美元①。在这种情况下，大量台湾企业登陆寻求发展，2006年的国共两岸经贸论坛，吸引了岛内众多经济界名流参加，这些企业的总产值超过台湾GDP的48%，这与陈水扁2005年末宣布的“积极管理，有效开放”显然大相径庭。可以预见，两岸交流的大门只会越开越大，两岸人民之间的认识也会越来越深入，民进党要继续操弄岛内民众的统“独”、族群情绪会越来越困难。

其三，民进党在岛内的民意支持度已经大为降低，泛绿基本盘出现松动迹象。另一方面，国民党在2000年政党轮替后进行一系列党务改造，特别是自马英九担任党主席以来，党务改造取得了一定的成效，社会支持度逐步走高，在马英九光环的加持之下，其执政前景看好。而民进党方面却陷在种种结构性矛盾中难以自拔，无法产生一个领袖人物与马英九对抗，这给民进党造成了巨大压力。民进党内自我检讨的声音一直不断，只是限于民进党目前的权力结构无法形成气候，但是这种反省的声音会不断的集聚，也可能最终成为全党的共识。

民进党在岛内因为其“台独”意识形态而造成诸多困境，而在国际和两岸关系上，民进党同样面临无法突破的困境：

首先，大陆决不能容忍“台独”。“一个中国原则”是大陆政策的底线，

① http：//www.stats.gov.cn/tjgbndtjgb/qgndtjgb/t20060227－402307796.htm，中国国家统计局《中华人民共和国2005年国民经济和社会发展统计公报》，其中大陆从台湾进出口额分别为747亿美元和165亿美元。

这个底线不会破。并且自《反分裂国家法》颁布以来，大陆对台工作采用“硬的更硬，软的更软”的策略，在一定程度上掌握了两岸关系的主导权。大陆持续对岛内民众释放出种种善意，这些善意对于瓦解民进党的基本盘，争取岛内民心的支持起到了一定的作用，而民进党无法拒绝这种善意诉求。民进党正面临着岛内要和平、求发展的民意压力以及大陆寻求岛内民意支持的双重压力。这种民意压力将越来越大，最终可能迫使民进党调整自己的大陆政策。

其次，国际政治现实不会允许“台独”成功。美国基于其自身利益不会允许民进党的“台独”活动超越界限导致大陆动武。维持“不独不统”的局面才是美国的利益所在，美国不会让民进党逾越红线。而国际上绝大多数国家都遵循“一个中国”原则，因此，“台独”的国际空间有限。

民进党的“台独”意识形态既造成了岛内社会的动荡不安，又注定无法走出国际，因此民进党正面临着双重的困境。

四、民进党彻底完成“台独”转型的可能性预测

由于“台独”意识形态是民进党的核心价值观，也可以说是民进党的“党魂”，要民进党轻易抛弃“台独”理念是不现实的。民进党一旦被迫放弃“台独”党纲，则意味着它将发生脱胎换骨式的自我革命，自我革命是困难的，也不可能是一蹴而就的。民进党的“台独”转型需要经过一个漫长的调整期，我们可以对之作出大致预测。

其一，民进党进行彻底改革的开端应是在其丢失政权之后，而民进党下台很可能在2008年成为现实。就目前岛内的情势来看，陈水扁当局正面临着空前的执政危机。面对岛内的政经困局，当局一筹莫展。相反，一系列的弊案直逼其家人及“总统府”高层，陈水扁的个人形象遭受严重打击，民调支持率一直在百分之十几左右徘徊，民进党的支持率同样一路下挫。民进党士气低落，已经相继发生前党主席林义雄、“立委”林为洲的退党案，这反映出民进党内确实存在着严重问题，如果情势得不到控制，不能排除民进

党从内部分裂的可能性。特别是在最近（2006年）“台开案”曝光后，由于陈水扁女婿赵建铭涉案，对陈水扁政权造成了致命冲击，随后国民党、亲民党已经在“立法院”提出了“罢免案”，而要求罢免陈水扁的民意支持度同样高涨，陈水扁是否提前下台成为台湾政局一个最大的变数。而民进党似乎要以整个党的名义为陈水扁的政治前途背书，从而使得民进党的前途更加扑朔迷离。可以认为，无论陈水扁下台与否，都将对民进党造成巨大伤害。民进党也许要在这场保“扁”斗争中输掉所有政治资本，这当然也包括两年之后的“总统大选”。重新沦为在野党的民进党不可避免地要经历一场全面反省，“台独”党纲也将是要反省的课题之一。

其二，民进党“台独”党纲的最终废除与否，端看岛内民意的变化。民进党过去以本土政党自居，任意操弄族群、统“独”等议题，将国民党抹黑为外来政权，在岛内实行民粹政治。这种民粹情绪在其最高点的时候确实给泛蓝阵营造成巨大压力，但民粹主义作为一种极端情绪，其来势虽然凶猛，但消退得同样快速。民进党挑起岛内民众的民粹主义情绪之后，确实一度得到极大的政治利益。但是由于操弄过度，其弊端很快就呈现出来，正如舆论指出的：由于民进党消费“台独”过分，反而使“台独”成功的可能性消失了。“台独”运动正走过一个分水岭，我们相信此后岛内的民意会逐渐沉淀下来，理智、冷静地思考两岸问题，思考台湾的前途。如果国民党能够完成自我改革，并在可能到来的执政中给台湾人民一个新的希望；如果两岸能够在一个双方都可以接受的基础上实现关系正常化，让两岸人民自由交流；如果大陆的综合实力进一步上升并能有效排除国际势力的干扰，那么支持“台独”的民意会逐步萎缩。当“台独”失去可能性，而民进党又不能从“台独”主张中获取其政治利益的时候，“台独”党纲也就成了民进党的一块鸡肋，在经历几次选举的挫折后，其最终的废除也就势在必行了。

当然，民进党完成“台独”转型还要突破其本身所固有的一些结构性困境，比如“台独”转型与民进党支持者的矛盾，“台独”转型与民进党体制的矛盾等等①。能不能突破这些困境，也决定着民进党“台独”转型的成败。

（本文作于2006年8月）

① 具体参看徐博东：《民进党“台独”转型之困》，《透析台湾民进党》，台海出版社，2003年版，第213—225页。

论民进党转型的当前困境及未来走向

民进党在遭受失去执政权的严重打击之后，一般被认为会启动改革进程，以重新再出发。但现实的发展却大大出乎人们的预料，党主席选举的纷争，说明民进党难以跳出派系政治的怪圈，特别是党内的基本教义派仍然十分强大，使民进党无法去走中道路线，争取中间选民。而“巴纽案”以及陈水扁家族弊案的彻底暴发，更使民进党的政党形象一损再损，民进党如今甚至有被陈水扁绑架陪葬的危险，说明民进党要清理执政时期形成的贪腐的“历史共业”并没有那么容易。因此，民进党下台至今，仍然拿不出一点像样的改革和反省，反而像鸵鸟一样把头埋在沙子里，不愿面对现实，寻求改革。一个曾经充满活力的政党，落得今天这步田地，真是情何以堪。民进党还具有自我革新的能力吗？它如何能走出当前的困境？它会不会在两岸政策上改弦易辙？它在未来的台湾社会还具有多大的发展空间？这些无疑都是人们十分关心的问题。

一、民进党短期之内无法启动改革进程

民进党在2008年两场重大选举中可谓是一败涂地。不仅失去了“总统”宝座，沦为在野党，而且“立委”也只剩下27席，占“立法院”全部席次的不到四分之一。在23个地方县市中，也只有7个执政县市，这大概相当于20世纪90年代初期民进党的政治势力版图。民进党十多年的努力一夕之间付诸东流，这个打击是十分沉重的。明眼人都看得出来，民进党要卷土重来，就必须要进行彻底的改革，作脱胎换骨式的变化才有希望，点滴的改良是不会有任何效果的。

但改革之路无疑是痛苦而漫长的，民进党目前还没有凝聚足够的改革动

能以冲破党内旧势力的束缚去走中道路线。这种反对力量主要有来自于两个方面：

其一是党内的“台独”基本教义派，像辜宽敏、蔡同荣之流。自2006年以来，陈水扁为了对抗岛内风起云涌的反贪腐风暴，开始带领民进党大幅度的向右转，拥抱深绿势力，民进党内的中道力量遭到严重排挤而被边缘化，而“基本教义派”则趁势坐大。这一趋向虽然在大选失败后有所扭转，但仍然没有根本的转变。因此在民进党新任党主席的选举中，我们看到三位党主席候选人辜宽敏、蔡同荣与蔡英文都属于理念性“台独”人士，虽然蔡英文被誉为“形象清新”，但其深绿的意识形态是毋庸置疑的，而辜宽敏、蔡同荣的深绿背景更自不待言。民进党推出这三位党主席候选人，这本身就说明民进党在败选后已经确定要把巩固“台独”神主牌作为其首要任务。这也决定在未来相当长一段时期内民进党不会检讨其“台独”党纲和大陆政策，民进党的“台独”转型也变得遥遥无期。

其二是民进党内的派系势力，特别是扁系力量。派系政治是民进党与生俱来的痼疾，在野党时期，派系政治曾起到一定的积极作用。但在民进党执政之后，派系政治基本沦为民进党内各政治势力进行利益交换的平台。民进党虽然在2006年游锡堃任党主席期间曾经作出过解散派系的政治决议，但派系政治事实上仍然存在着。在民进党内最近的一些重大选举如中评会、中常会等的选举中，我们都可以看到派系运作的影子。目前扁系力量在民进党内仍然实力强大，一些子弟兵都还身居要津，像马永成、罗文嘉、陈其迈等，陈水扁透过扁系人马操控着民进党的未来发展。即使蔡英文本身也受过陈水扁的知遇之恩，难以断然与陈水扁切割。随着陈水扁家族弊案的愈演愈烈，民进党也经受着政治凌迟，一步步走向毁灭的深渊。

民进党内的权力生态，决定了民进党目前的政治路线，那就是继续坚持“台独”基本路线，继续坚持对抗性的两岸政策，同时最大限度的凝聚“台独”基本盘，以避免民进党的分裂和瓦解，同时以拖待变，等待马英九当局不断犯错。

民进党无法在短时间内启动改革，除了党内的政治生态影响之外，我们觉得还有其他一些原因：

首先，“台独”意识形态是民进党的神主牌，它对于民进党的生存发展具有十分重要的意义。在民进党内派系林立的政治生态中，“台独”是各派系最大的共识，也是民进党团结的最大保障。任何对“台独”神主牌的检讨都将可能造成民进党分裂甚至崩盘的严重后果。如在民进党第一次转型过程中，就是以激进“台独”派的出走并成立建国党为代价的。在当前民进党士气低迷的情况下，无法再承受分裂的严重后果。因此，民进党把巩固“台独”神主牌作为当前最大的任务也是不得已的选择。

其次，严重的党内斗争使民进党陷入分裂危机，迫使民进党不敢轻举妄动。从 2007 年以来，围绕着“立委”和“总统”候选人提名问题，民进党内部产生了十分严重的斗争。首先是党内高层之间的斗争严重，特别是扁谢之间的矛盾异常尖锐，二人有长达 20 年的“扁长情结”。在此次“总统”大选中，二人的关系接近全面摊牌，选后也没有得以修复的迹象，这对民进党的团结造成最大威胁。其次是新潮流系和反新潮流系的斗争也十分严重。新潮流系是民进党内实力最强的派系，一向受到其他派系的忌恨。在游锡堃任党主席期间，他联合党内反新系力量先后通过“解散派系”的决议和“立委”提名人民调排蓝特别条款（简称“排蓝条款”），对新潮流系造成了很大打击。但目前新潮流系仍然具有强大实力，新系与反新系的斗争仍将持续下去，这同样是民进党内团结的一大隐患。除此之外，民进党内还存在着其他许许多多的矛盾，特别是重新沦为在野党之后，民进党可供分配的资源已经大大减少，原先各种潜藏的矛盾都极易爆发。在这种情况下，如何稳住阵脚，防止因内斗而造成党的分裂才是当前最大的任务，对于像路线检讨这样敏感的话题则根本无暇顾及。

第三，在陈水扁执政时期，民进党已经形成了利益共生结构，民进党内各派系都是既得利益者。因此面对陈水扁政权的贪腐问题，民进党难以实现有效切割，更不敢进行清算。民进党已经失去了改革的正当性，而只能死守“台独”神主牌而苦撑待变。

可见，民进党迟迟不能启动改革进程，实在是有其难言之隐。但问题是，如果民进党仅靠拥抱基本盘，就只能做永远的在野党。因此从长远来看，民进党彻底进行改革是无法避免的，民进党对此不能抱有什么侥幸心理。

二、民进党改革所要突破的困境

据最近相关民调显示，民进党的政党支持度由于受到陈水扁家族弊案的影响一路下滑，最低已经掉落至11%。如果民进党不能采取断然的措施与陈水扁切割，这种伤害还将继续。目前民进党企图以拖待变，等待马政府犯错，但民调显示，即使马政府因为做得不好而使民调支持度走低，民进党的民意支持度也并没有相应走高。可见，民进党要在改革问题上蒙混过关是十分困难的。未来随着世界经济形势的好转，马政府的施政也将日益走上正轨，届时民进党的改革将成本极大化，而效果最小化。因为人民将失去对民进党改革的信心和耐心。事实十分清楚，民进党必须要进行改革，而现在就是民进党改革的最好时机。民进党不改革没有希望，只能做永远的在野党。而一旦开始改革，以下这些问题就是无法回避的。

其一，如何检讨和清算陈水扁执政时期的贪腐问题。贪腐问题是民进党下台的最大致命伤，对于这一问题的检讨是无法回避的。但由于民进党是一个利益共生结构，各派系都分享过陈水扁释出的政治利益，因此清算陈水扁也就是要清算民进党本身。要进行自我革命谈何容易，必须要有壮士断腕的勇气。在目前各政治利益相关人物都在台面上的情况下，民进党内部无法产生一种革命力量来进行自我清算。

其二，如何调整其过时的大陆政策，发展出新的两岸论述。民进党执政时期，两岸关系冰封八年，给台湾人民造成了很大伤害。如今两岸关系迅速升温，这一趋势是任何政治势力都不能阻扰的，民进党必须要因应新的形势及时调整其两岸政策。虽然蔡英文在竞选党主席时提出政见表示要发展出新的“本土论述”和“中国论述”，但目前还看不出半点迹象。并且我们从其对于当前两岸交流的批评可以看出，她的新论述不会有什么太大突破，比如她最近表态如果民进党再次执政将否定对于两岸重新谈判至关重要的“九二共识”。我们无法想象，抛开“九二共识”这一创造性的模糊空间，蔡英文能提供什么更富有新意而又为两岸接受的政治设计？可见民进党在大陆政策方面仍然没有摆脱意识形态的制约，还在以一种对抗性的思维来思考两岸问题，这是无法符合当前一日千里的两岸关系新形势的。

其三，如何找回“核心价值”，重塑政党形象。八年执政让民进党失去的比得到的还多，今天的民进党已经没有了当年的活力与斗志，“清廉、勤政、爱乡土”的形象也早已荡然无存，而变成“贪腐、乱政、搞民粹”的负面形象。民进党如何找回“核心价值”，重塑政党形象，以唤起支持者的热情，这也是一大挑战。

其四，如何解决人才的断层问题，重新培养接班人。当前民进党的人才危机也是一大突出问题。从陈水扁以下，包括“三王一后”的政治形象都受到或大或小的折损，光环不再，靠他们断难挽救民进党的形象，但青壮派的接班人又还没有上位，因此目前民进党出现了青黄不接的人才窘境。本来民进党的人才储备是十分充足的，但这些年由于受执政无能和贪污腐败的拖累，民进党从2005年的县市长“三合一”选举以来一路惨败，青壮派力量无法通过选举的洗礼脱颖而出，从而打乱了民进党的接班计划，像罗文嘉、林佳龙、段宜康等都遭受过选举败绩。而有些人才则是因为民进党的内斗而折损的，像人才最为集中的新潮流系就因为受到党内反新系力量的打压而遭受重创。还有些是因为被卷入贪腐弊案而折损，像马永成等。民进党的青壮派还没有接班上位就个个受伤，折损严重，造成民进党严重的人才断层。未来这批青壮派能不能重新站起来是观察民进党重建的一个重要指标，如果他们不能及早出头，民进党的重建之路将大大延长。

可见，今天民进党面临的现实是十分严峻的，民进党要卷土重来必须要克服以上种种危机，而这绝非一朝一夕之功。民进党今天的改革是一场深刻的自我革命，任何枝节的修改都无济于事。民进党能经受这种挑战吗？

三、民进党需及早启动二次转型进程

民进党自1986年成立以来，由于受国际局势及岛内政局的影响，迅速蜕变为“台独党”，并在1991年民进党“五全”大会通过“台独”党纲。其后，民进党为了缓和岛内民众的疑虑，赢得执政权，不得不启动“台独”转型进程。一般被称作第一次“台独”转型。此后民进党在政党形象、组织路线等方面进行了彻底改革。在大陆政策和“台独”论述方面也有很大的转变，1998年民进党举行“中国政策大辩论”，首次形成民进党系统的大陆政策。“台独”论述方面则于1999年通过“台湾前途决议文”，以党的名义承认“中华民国”体制，从而冻结“台独”党纲，这标志着民进党的“台独”转型达成了阶段性的目标，此举对2000年民进党上台执政起到了至关重要的作用。

民进党在拿到执政权之后，其在政党体制改造方面也做了很多工作，如在2002年实现“党政同步”，陈水扁身兼党主席等，有人把这称为民进党的“二次转型”。事实上，民进党的二次转型只是民进党内权力格局的调整，其主要目的是为了方便陈水扁的集权。至于人们真正期待的“台独”转型则始终没有涉及。相反，民进党还利用到手的执政权大肆推行各项“台独”活动，使两岸关系也陷入空前紧张的局面，也造成岛内政局的动荡不安，让台湾人民深受其害。

如果我们回溯民进党的八年执政史，可以发现，事实上民进党的两次执政都是偶然的机会，2000年首次上台执政时奠基于国民党分裂，当时陈水扁的得票率只有39%，民进党是意外获得执政权，但上台后的民进党显然没有谦卑的心态，反而得意忘形，忽略了自身存在的诸多问题，不仅如此，由于民进党执政准备不足，在执政绩效不彰之时，大肆操弄族群政治，以意识形态“治国”，结果造成民进党新的致命伤，并且给台湾社会也带来了巨大伤害。2004年，陈水扁以“两颗子弹”勉强赢得选举，其当选的正当性本来就不足，但这反而使得他误认为只需要操弄意识形态就可以攫取大位，更加不会注意所谓道义、公平等基本社会准则，于是整个扁政权贪污腐败，其规模之大，腐化之快都到了触目惊心的地步。民进党终于陷入万劫不复的危险境地。

可见，民进党凭借台湾社会要求政党轮替的普遍诉求成功得到执政权，但这个提早到来的胜利果实反而提早加速了民进党的腐化和堕落，使民进党得以畸形发展。民进党今天所面对的局面是老病未去，又添新疾，要彻底根治是十分困难的。但民进党切不能因此就讳疾忌医，或者自甘堕落，那样只会被台湾社会提早淘汰。为今之计，民进党只有痛下决心，以置之死地而后生的勇气去进行改革，重新启动“二次转型”进程，才能为自己获得新生。

当然，民进党迫于内忧外患的严峻局面，无法采取激进大改革路线，而只能采取温和的渐进变革路线。但这样做的结果，将增加民进党改革的成本和风险，如果马政府的执政走上正轨，则民进党的改革将难以像现在这样容易唤起民众的认同。目前，民进党正一次次丧失启动改革的最佳契机。本来，在民进党失去政权之初，曾经是很好的改革契机，但最后却不免落入派系政治的窠臼。派系角力的结果，是党主席选举竟然成为与党关系渊源并不深厚的蔡英文等出来参选。这可以说是民进党改革进程的一次挫折。

蔡英文当选党主席，其清廉形象对于民进党贪腐的恶名确实不无助益，但是蔡英文的当选毕竟只是民进党内各派系妥协的结果，其实力并不足以驾驭各派系。正因为如此，我们看到蔡英文在处理陈水扁贪腐问题时才显得那么无力。而民进党不与陈水扁切割的后果，是导致党被扁系势力绑架，沦落为陈水扁的禁卫军，若如此，则民进党的前景堪忧。可见，在处理陈水扁贪腐弊案的问题上，民进党又一次失去启动改革的良机。

可以预见，2009 年县市长选举将是民进党启动改革的又一次契机，这场选举对于民进党的重要性不言而喻，但在陈水扁的贪腐弊案已经成为全民公敌的情况下，民进党要赢得选举就必须在此一问题上作出表态，这将促使民进党直接面对如何与陈水扁彻底切割的问题。如果处理得当，民进党不仅将通过这场选举站稳脚跟，同时也可以顺势与陈水扁为代表的党内腐朽势力进行切割，则民进党的改革进程将正式启动。

（本文作于 2008 年 10 月）

民进党的转型之路能走多远?

就在民进党举办(2009)“5·17 游行”诉求“反倾中”的主张后,民进党籍高雄市长陈菊却不顾“独派”压力,以推销世运为名,相继访问了北京、上海。陈菊此行,有媒体称之为“破冰之旅”,开创了民进党与大陆交往的诸多先河,突破了民进党长期以来“逢中必反”的大陆政策迷思。它不仅使“5·17 游行”的“反倾中”主旨完全破功,还引起了民进党内新一波检讨大陆政策的声浪。民进党的路线转型问题又一次浮上台面。那么,此次民进党的转型之路能走多远?

一、务实派求转型,党中央不急于辩论

民进党下台后,其党籍县市长访问大陆陈菊并不是第一人。去年云林县长苏治芬、嘉义县长陈明文就先后到访过大陆。陈菊此次登陆之所以造成这么大的冲击,其一是因为她是民进党目前行政级别最高的地方首长,此前还没有相当级别的民进党人士登陆。其二是因为登陆的时间点敏感,是在民进党刚刚举办“5·17 游行”之后,给外界形成民进党“自打耳光”的感觉,从而凸显出民进党“呛马反中”政策的荒谬和难以为继。因此,陈菊登陆从一开始就给民进党的大陆政策造成了很大冲击,民进党内的务实派纷纷要求重新检讨党的大陆政策,像民进党中常委、嘉义县长陈明文就公开呼吁,要“重启中国政策大辩论”。吕秀莲也表示民进党的“中国政策”要“与时俱进”,不能还留在美丽岛时代的思维中。民进党籍前“立委”李文忠也积极要求进行大陆政策大辩论。同为民进党中常委、台南市长许添财则宣布要于6月到访厦门。这些民进党内的要角虽然有各自的派系背景,但都要求要检讨大陆政策,可见民进党内检讨大陆政策的主流意见在逐步形成。也许正因为如此,台湾舆论界对民进党的路线调整充满期待,希望民进党能重新调

整其僵化过时的大陆政策，以符合两岸和平发展的趋势和潮流。

对于陈菊的登陆，民调显示有五成六的民众表示支持，台湾舆论也大都表示肯定。“独派”方面，则有“台联党”主席黄昆辉表示对此“很难适应”，独派社团“南社”反应最为强烈，威胁年底选举要给陈菊以颜色。民进党内的基本教义派除台北市党部主委黄庆林表示反对外，大都表示沉默。有人则抓住陈菊在访问大陆期间提到“马总统”而大做文章，认为陈菊“宣示了台湾主权”，多少有些阿Q精神胜利法的意味。这表示“独派”面对陈菊登陆显得进退失据，不知如何拿捏批评的尺度和分寸。毕竟陈菊是民进党内的实力派人物，且其“台独”的资历和立场连“独派”也难以怀疑。

由于民进党的大陆政策长期以来一直受“独派”的牵制和操控，从而形成了民进党“反中、恐中、仇中”的对抗性大陆政策。这一失败的大陆政策和其“台独”意识形态是造成民进党八年执政失败的根源，给台湾人民带来了无法弥补的损失。如何检讨大陆政策和“台独”党纲是民进党能否重新再起的关键。民进党下台后，人们一直期待蔡英文能够带领民进党内的务实派发展出一套新的大陆政策论述，但至今仍无法看到任何实质性的进展。虽然蔡英文曾投书媒体，阐述她的“新中国论述”，但却没有引起民进党内的普遍注意和讨论，更遑论形成新的政策。

不仅如此，民进党在现实政治中为了形成对马英九当局的有效制衡，不惜发动街头抗争，强力杯葛马英九推动两岸关系和解的进程。民进党采取此种策略也是不得不然，一方面，目前民进党手中资源有限，作为在野党，其地方执政版图在23个县市中只剩下7个县市，党籍“立委”也只剩下27席，不到“立法院”的四分之一。这有限的资源使得民进党走体制内的“议会路线”已经难以有效制衡国民党，只能直接诉诸民意，采用街头路线来进行政治动员，制衡国民党执政。而另一方面，随着马英九大陆政策的调整，两岸关系大为缓和，和平发展已经成为两岸关系的主题，并日益深入人心。这对于民进党的未来发展来说无异于釜底抽薪，有可能使其支持群众逐步流失，而造成政治能量的萎缩。对此民进党束手无策，只能采用暴力冲突的方式加以阻扰。

而对内而言，由于受到基本教义派的强大制衡，蔡英文也不敢主动检讨极具争议性的大陆政策。基本教义派虽然人数不多，但能量很大，他们以

“台独”的正统自居，掌握着“台独”的道德制高点。从民进党的历史来看，路线调整可能往往引起民进党的分裂，如上世纪90年代中期民进党转型就是以“建国党”的出走为代价的。目前民进党内忧外患，属于体质最弱的时期，自然不敢轻易启动路线辩论，进行任何实质性的路线调整，以避免民进党的分裂危机，使民进党一夕崩盘。

此次陈菊登陆引发民进党内重新检讨大陆政策的声浪，但蔡英文对此同样采取了回避的策略。一方面，她对于陈菊以及其他县市长的登陆表示默认，表示将开放民进党公职人员访问大陆。另一方面又颁布“民进党公职赴中国交流注意要点”，对交流做出种种限制。对于要求辩论大陆政策的声音，蔡英文则表示大陆政策并非重要和有急迫性，回避进行大陆政策辩论所可能造成的后果。可见，蔡英文在“急独派”和“务实派”之间采取平衡策略。短期之内，民进党不会调整其大陆政策。

二、民进党路线调整任重道远

民进党短期内无法启动路线转型从本质上说是由民进党内的权力结构和政治生态决定的。

首先，民进党的“台独”意识形态以及由此产生的一套对抗性的大陆政策在短期内不可能调整。“台独”党纲是民进党的神主牌，它对于民进党的生存发展具有十分重要的意义。在民进党内派系林立的政治生态中，“台独”是各派系最大的共识，也是民进党团结的最大保障，任何对“台独”神主牌的检讨都将可能造成民进党分裂甚至崩盘的严重后果。因此，民进党不到万不得已，不可能检讨其“台独”党纲。民进党的大陆政策总体而言是服务于其“台独”意识形态的。民进党在其执政过程中，一直操作“台湾—中国”，把二者割裂开来，以培养所谓的“台湾主体意识”。这种二分法和对抗意识是民进党大陆政策的核心思想，多年来民进党食髓知味，不断操作两岸的对立，制造冲突和紧张，图谋以此凝聚“台独”的民意，实现“台独”图谋。这一套操作思维，民进党不会轻易放弃。在“台独”意识形态没有被民进党放弃之前，任何大陆政策改变都只可能是权宜之计，不会有根本性的变革。

其次，民进党的权力结构不利于民进党实现转型。当前民进党的权力结构还是所谓派系政治，虽然民进党在2006年游锡堃任党主席期间曾经作出过解散派系的政治决议，但派系政治事实上仍然存在着。目前就实力而言，新潮流系以及苏（贞昌）系及蔡英文所组成的三角同盟在民进党内居于主导地位，但扁系（“正义连线”）及谢系实力不容小觑。陈水扁因为弊案而宣布退出民进党，扁系也因此遭受重创，实力削弱不少，但扁系作为民进党曾经的第一大派系，实力如旧。特别是在“立法院”党团中，陈水扁下台之前安插的亲信仍然占据主导地位。特别是陈水扁得到“独派”的支持，“独派”与陈水扁各自利用，共同对抗民进党内的改革力量，其实力相当可观。“5·17游行”前，“独派”宣布在高雄另办游行活动，公开与民进党中央分庭抗礼，迫使蔡英文、苏贞昌主动与陈水扁言和。由此可见陈水扁现在的活动能量仍然很大。陈水扁为了从司法弊案中脱困，对民进党采取捆绑策略，不让民进党与自己切割，蔡英文虽采取“柔性切割”，但于事无补。在这样一个权力结构中，民进党要进行像样的路线辩论，根本是不可能的。

第三，民进党内无法产生一个改革的主导力量和领袖。民进党转型必须要用一个强势的领袖及派系力量。上世纪90年代中期民进党的转型，许信良、施明德等人的强势领导起了关键作用。许、施当年的权力基础和个人魅力都是蔡英文无法比拟的。蔡英文本来就与民进党渊源不深，虽然有苏、新系的支持，但她对民进党的影响毕竟有限。靠蔡英文来主导推动民进党的转型本来就是不现实的。在很大程度而言，蔡英文只是一个过渡型的政治人物，她不会去触动民进党转型这样的敏感话题。民进党的转型还有赖于民进党内的实力派政治领袖出来主导。

第四，民进党目前还心存幻想，不能面对现实，深自检讨，认识其失败的根本原因。民进党的失败，其根本原因是其“台独”意识形态和大陆政策造成的。但民进党检讨其败选的原因，大都归结于陈水扁的贪腐和民进党的内斗，而不承认是民进党的路线政策本身出了问题。相反，他们认为经过民进党八年执政，“台湾主体意识”已经成为台湾的主流思想，这正是“台独”的成功。更何况，2008年大选民进党还有42%的选票，在民进党做得那么烂的情况下还有这个支持率，这更说明不是“台独”本身的问题。这种思考方式，使民进党无法真正认清其失败下台的根源。民进党要真正认识到其失败的根源，还需要连续在重大选举中惨败几次，才可能面对现实，检讨其路线问题。

因此，期望民进党短期之内实现转型是不现实的，这必定是一个漫长的过程，毕竟要使民进党认识到“台独”迷梦的虚无和不切实际不会是一朝一夕之功。就像“台独”运动的兴起一样，它的消亡也同样有一个过程。

（本文作于2009年5月）

民进党的发展现状与未来走向

自2008年3月台湾实现政党再次轮替以来，岛内形势发生了巨大的变化。一个基本的趋势就是马英九当局执政失败导致支持群众流失严重，民调支持度长期在低位徘徊，而民进党在蔡英文的带领下，逐步走出了陈水扁弊案的阴影，并取得了一系列选举的胜利，其重新崛起的势头十分迅猛。岛内政局已经演变为“绿攻蓝守”的态势，马英九连任之路险象环生，而绿营一路咄咄逼人，并企图在2012年大选中重新夺回执政权。这一态势值得引起我们高度注意。本文试图深入分析民进党的发展现状及其存在的问题，并对其未来发展趋势进行预测。

一、民进党发展的基本状况

目前民进党的发展状况可以从以下几个方面来概括：

其一，就派系和权力结构而言。新潮流系及其所支持的蔡英文已经主导了民进党的发展，成为民进党内的当权派。新潮流系在陈水扁执政后期曾经受到党内其他派系的强力围剿，但在民进党重新再起的过程中，新潮流策略性的支持蔡英文，并与苏贞昌系进行结盟，从而成为民进党内实力最大的派系。在2010年5月民进党党主席选举中，蔡英文以90%的高得票率当选，可见蔡英文的领导权威已经基本稳固，党内无人再能撼动其领导地位。而在2010年7月18日民进党举行的第十四届一次全体党员代表大会上，蔡英文及新潮流系成为民进党新一轮权力改组的最大赢家。在10席票选中常委中新潮流独得3席，其他派系各获一席，扁（陈水扁）系甚至全军覆没，成为权力改组中的最大输家。在30席中执委中，苏（贞昌）系5席，新潮流系6席，绿色友谊连线4席，谢（长廷）系3席，陈菊系统3席，扁系1席，新潮流系同样是最大赢家。通过新一轮的权力改组，新潮流系及蔡英文，外加苏系已经绝对控制了民进党的权力核心。谢系、游系、公妈派等被边缘化，扁系全军覆没，成为最大输家。新潮流系在民进党中的强势地位还从此次“五都”选举候选人提名中可以看出来，“五都”之中，高雄的陈菊和台南的赖清德都是新潮流系，新北的蔡英文及台北的苏贞昌也是新潮流的结盟对象。可见新潮流目前的强势地位。当然，目前新潮流内部也在进行新的分化组合。新潮流在民进党宣布解散派系后曾经进行了重组，形成了所谓南流和北流之别。南流以陈菊为首，北流则以吴乃仁、洪奇昌、段宜康等为首。在7月的全代会上，陈菊似乎有自立门户的趋势。另外，苏贞昌与蔡英文为了争夺2012年的出线权，也已经发生了裂痕，“苏蔡心结”成为一个公开的秘密。预计在“五都”选举之后，民进党内还会有一波权力变动。

其二，就党的发展路线而言。由于以新潮流系为首的务实“台独”派已经占据主流，而以扁系为首的激进“台独派”被边缘化，因此目前民进党的发展路线也是以务实理性的“台独”路线为主。民进党下台之初，由于手中的行政资源有限，为了有效地制衡国民党，一度欲走街头路线，但结果发现走不通。加之随后民进党取得了一系列选举的胜利，民进党看到了在体制内重新夺取执政权的希望，因此放弃了街头路线，而走议会路线。目前，民进党在蔡英文的主导下，正在积极地调整民进党的各项政策，最为明显的就是草拟“十年政纲”，企图为民进党提出一整套完全的政策论述。

其三，就民进党的两岸政策而言。民进党在两岸政策方面也在进行一系列调整。自2010年3月以来，蔡英文多次在公开的场合说“不排除在不预设前提的情况下，与中国进行直接并实质的沟通，传达台湾人民的观点”。2010年6月，民进党发言人蔡其昌声称，已委托民间智库与学者“规划设计一套两岸交流与对话的平台，未来将透过这个平台与大陆进行对话交流。”9月，蔡英文在接受《苹果日报》专访时称：两岸最重要的是稳定，民进党若重新执政，将会延续前朝政策，不会“横柴入灶”。蔡英文及民进党的这些放话一方面有策略的成分，另一方面也有其实际的需要。它反映民进党已经开始意识到进行两岸对话交流的重要性，也意识到目前两岸交流的局面已经无法逆转，民进党未来即使上台执政，也难以改变这一趋势。当然，民进党的大陆政策转变从来都伴随着严重的党内斗争与路线冲突，蔡英文个人的表态，并不能代表民进党已经转变了大陆政策。事实上民进党目前进行大陆政策转型的条件并没有成熟。

其四，就党内的世代交替而言。世代交替是民进党所面临的一大问题。早在 2005 年，民进党在当年的“三合一”选举中遭受惨败，一大批代表民进党参选的中生代政治人物铩羽而归，这导致民进党的世代交替无法顺利实现。民进党下台后，以新潮流系为首的一批新生代人物逐步在民进党内崭露头角，但他们普遍都缺乏选战的历练，领导的权威性难以确立。但随着近两年民进党在一系列大小选战中的胜利，一大批幕僚世代开始走上前台。特别是在 2009 年底的三合一选举中，像郑文灿、蔡其昌等都有不俗的表现。在县市议员一级的选举中，更是有众多的年轻世代当选。这说明民进党透过选战已经开始顺利推动世代交替问题。目前这一趋势难以逆转。一个最明显的例子是，在 2010 年 5 月民进党主席的改选中，以尤清为首的公妈派不甘心被过早的轮替掉，企图起来挑战蔡英文的权威，结果遭到年轻世代的残酷围剿，最后仅得到 10% 的选票支持。民进党世代交替的逐步推进，对于民进党的未来发展将产生深远影响。

其五，就社会基础和支持群众而言。目前，民进党被重创的政党形象有所恢复，据民调显示，目前民进党与国民党的政党支持度已经十分接近。民进党的基本支持群众已经回流，一些特定的族群如青年学生等已经转向支持民进党，而在 2008 年大选中，这个族群支持的是马英九。在年底的“五都”选举中，苏贞昌、蔡英文都把吸引年轻人及妇女的选票作为主攻方向，如果他们的策略成功，对于 2012 年的大选是一个重大变数。历史经验证明，这些特定族群的支持倾向有着社会风向标的意义，因此需要引起特别注意。就阶级基础而言，民进党传统上更能够获得中小企业主、知识分子等中产阶级的支持，但陈水扁执政后期，民进党与大财团关系密切，知识分子也因为贪腐而疏远民进党。目前中小企业主、知识分子等又开始转向民进党。这些说明，民进党的社会基础和支持群众又在逐步回归，其结果将引起蓝绿政治势力此消彼长的变化。

二、民进党发展的社会空间及其局限

应当说，目前民进党已经彻底走出谷底，向上发展的势头相当迅猛。不仅能取得一系列选举的胜利，在台湾民众中的形象也在逐步改善，并重新唤起选民的信任。这种发展趋势对于马英九的连任之路是一个极大挑战。那么，为什么民进党能够在这么短的时间内迅速重新崛起呢？这主要有如下两个方面的原因：

其一，马英九执政的失败是民进党崛起的重要社会背景。马英九上台之后，恰逢世界金融危机，台湾经济也被波及，其承诺的选举政见纷纷跳票，“拼经济”没有起色，“633”成为天边彩虹，“爱台十二大建设”也无法推动，民生问题严重。这导致民众的失望和不满。再加之马当局的执政绩效不彰，启用刘兆玄等一批文人施政，缺乏与基层的沟通，结果状况百出。在2009年的“八八风灾”、“美国进口牛肉”等事件中应对不当，民怨沸腾，被选民认定是“无能”的总统。这些事件对马英九的政治威望是一个严重打击。两岸政策算是一个执政亮点，但是由于马英九在执行的过程中出现许多问题，使基层老百姓没有感受到两岸交流的好处，反而造成台湾社会对台湾“主权”流失的忧虑，并被民进党打成“倾中卖台”，其成绩大打折扣。此外，马英九宣称要做全民“总统”，过度讨好绿营，对陈水扁的弊案处理不力，还启用一批具有绿色背景的政治人物，结果绿营群众不买账，蓝营群众看着心寒，里外不是人。马英九对国民党地方派系的改革引来基层的强烈反弹，对国民党元老如连战、吴伯雄、宋楚瑜等的排挤也导致蓝营高层间的隔阂。这一系列原因造成蓝营士气涣散，选举连战连败，遭遇罕见的九连败。正是由于马英九执政的失败，使得原有的支持选民失望，投票的热情和意愿下降。而绿营选民则从中看到了重新夺取政权的希望，因此能暂时放下内部的派系恶斗的恩怨，迅速的集结起来。蓝绿气势发生了此消彼长的变化。这是在一系列选举中篮营失败的重要原因。从选票结构的统计分析来看，蓝营流失的选民并没有投到绿营，蓝绿的基本结构并没有发生转变。因此，能否重新找回蓝营选民的支持，对于马英九的连任之路至关重要。

其二，台湾政治生态中的两党制已经成形，这决定民进党不可能泡沫化。民进党所代表的价值是台湾其他政党无法替代的。比如，对于台湾社会至关重要的安全议题与两岸开放议题，民进党作为本土政党，在操作“主权”、安全等议题时更能够获得普通民众的信任。而国民党在两岸开放政策方面有更大的操作空间。这两个政党各自代表着部分民意。当前马英九当局在两岸开放方面大踏步前进，这给民进党操作“主权”与安全议题提供了空间。台湾社会对于两岸开放会否导致台湾“主权”的流失产生疑虑，这部分民意会自然向民进党靠拢，从而为民进党提供了政治舞台。只要台湾社会的这种政治结构不改变，台湾的主流民意就会在“两岸开放”与“台湾主权”为两端的光谱之间摇摆，当岛内经济不景气时，主流民意向“两岸开放”方向移动，当两岸关系发展过快，台湾对大陆的依存度增加时，主流民意便会向“台湾主体性”方向移动。这两大政党不可能包揽任何一个政治议题，也注定它们谁也无法吃掉谁。

民进党虽然能够迅速重新崛起，并取得一系列选举的胜利。但其实民进党自身所存在的结构性矛盾并没有得到根本解决，其发展前景还存在许多变数。主要有如下一些方面：

其一，民进党的历史包袱太过沉重，民进党执政八年所带给台湾人民的痛苦并不会那么轻易地消失。民进党迄今为止并没有进行有效的改革，台湾社会还没有准备好接受民进党在目前状况下重新执政。

其二，民进党如何重建清廉的形象，摆脱陈水扁执政的负资产。民进党的贪腐劣迹斑斑，要重新取得选民的信任，重建“清廉、勤政、爱乡土”的形象并非一朝一夕之功。

其三，民进党如何提出新的政策纲领，实现政党转型，特别是如何调整其僵化的大陆政策，以争取中间选民的认同。蔡英文领导下的民进党虽然在政党转型方面做出了很大努力，但仍然没有取得大的突破。这一方面是由于深绿势力的牵制，一方面也是由于民进党自身转型动力不足。但在两岸交流已经是大势所趋的情况下，民进党必须要在大陆政策方面做出切实的转变，才能真正取信于民，否则如果民进党企图蒙混过关，其上台之后两岸必将陷入新一轮对抗，对台湾老百姓而言绝对是一个梦魇。

其四，民进党内的派系整合也还存在很大变数。民进党的派系恶斗是一个顽疾，目前新潮流一系独大的局面其实背后隐藏着很大危机。由于民进党的发展势头良好，其重新夺取执政权的希望很大，党内各派系的争权夺利将加剧。其中最大的矛盾将来自于新潮流支持的蔡英文与苏贞昌势力之间的斗争。而谢长廷系、甚至扁系自然也不甘心被边缘化，企图伺机反扑。民进党内派系恶斗的危机并没有解除。我们预计，随着年底“五都”选举结果的出炉，民进党将有新一波的权力格局调整。

以上这些结构性的矛盾是民进党要更进一步发展所必须突破的关口，未来民进党如何因应，值得持续观察。

三、民进党的发展前景

民进党目前信心很足，在一连串选举胜利的刺激下，以及马英九执政不利的大背景下，民进党看到了 2012 年拿下执政权的希望。目前民进党的如意算盘是，在 2010 年年底的“五都”选举中能够拿下 3 至 4 席，然后再顺势拿下 2012 年大选。因此，年底的“五都”选举是“总统”大选的前哨战，也是蓝绿决战的关键点。其成败关系甚大。

对于“五都”选举的结果，我们试简要分析如下。

总体而言，这场选战对国民党不利，这主要是因为：其一，大环境不利。马英九执政状况不佳，严重拖累蓝营选情。其二，选民结构对国民党不利。县市合并升格后，南部“二都”绿大于蓝的选民结构更加稳定。国民党未战先败“两都”，只能寄望守住台北、新北、台中“三都”。这导致蓝营从一开始就处于不利的地位。其三，政治情势对蓝营不利。自马英九执政以来，国民党在各种选举中连连败北，蓝营基本盘开始松动，士气低迷，而绿营士气高涨，台湾政局“绿攻蓝守”的态势明显。

具体而言，南部“二都”由于基本结构的限制，绿营实力雄厚，国民党要翻盘不可能。高雄虽然民进党分裂，并且陈菊最近有水灾应对失据的问题，但其民调支持度仍然远高于黄昭顺和杨秋兴的民调支持度。除非杨、黄二人操作弃保效应，但这种可能性很小，因此陈菊当选的可能性最大。台南国民党候选人太弱，又是民进党的大本营，国民党必然大输。台中胡志强比较得民心，一般认为胡的选情比较稳定。但是民进党推出的苏嘉全爆发力很强，最后即使输也不会太难看。因此这场选举的关键战场在台北和新北二市。

新北市朱立伦对蔡英文，朱立伦占有一定优势，就最近联合报的民调显示，朱立伦已经领先蔡英文10%。我们判断新北市朱立伦能够胜选。

台北市郝龙斌对苏贞昌，由于郝受政绩不彰的拖累，目前二者的民调差距始终无法拉开，在台北市蓝大于绿的政治生态下，这对于郝龙斌是十分危险的。

因此，这场选举最后的结果可能是绿三蓝二的局面。这个结果对于国民党方面而言，金溥聪将要下台为败选负责，马英九的亲信至此完全离他而去（此前刘兆玄、苏起已相继离职）。马英九失去其最信赖的人，其原先孤立封闭狭小的决策圈子将被迫扩大，甚至于会作出“权力下放”的举动，以换取党内其他派系力量的支持和配合。这对于国民党而言并非坏事，反而有利于国民党的团结。当然马英九还可以代表国民党出战2012，如果能够成功找回支持群众的热情，其连任的可能性还是很高的。

蓝二绿三的结果对于民进党而言则是一个胜利，将增加其争夺2012年的信心与实力。“苏蔡配”代表民进党出战2012将没有悬念。这个组合将对马英九的连任之路构成极大压力。由于2009年年底的“三合一”选举民进党在得票率方面仅落后国民党两个百分点，加上此次“五都”选举的高得票率，民进党在总得票率方面将逼近甚至超过国民党。就以往几次县市长选举得票率与“总统”选举结果的关联来看，凡是县市长选举能够在得票率上过半的一方，基本都能在即将到来的“总统”选举中获胜。民进党在得票率方面的大幅成长，将极大地增强其争夺2012年“总统”大选的信心。

虽然“五都”选举民进党取胜的可能性很大，但是绿三蓝二的格局并不一定意味着2012年能够“变天”。我们判断，民进党要在2012年拿回执政权还是有相当困难的。这主要是因为：

首先，民进党自身的结构性矛盾无法在短时期内有太大改观。如两岸政策调整、内部派系整合、重塑政党形象等都不是一朝一夕之功。

其次，蓝营的支持群众在事关政权轮替的选举中会激发出危机意识。目前看来，蓝绿政治板块并没有发生大的移动，蓝营流失的选民并没有转移到绿营。因此，未来如何争取这些流失选民重新归队，这是马英九能否争取连任的关键。

其三，民进党内的现有政治人物中并不具备真正能挑战马英九的超级明星。民进党台面上的政治人物（主要是“四大天王”和蔡英文）还没有足够的政治实力提前取代马英九。苏贞昌搭配蔡英文出来与马英九组合竞争，并不占什么优势。苏贞昌是即将“过气”的美丽岛律世代的政治人物，这一批政治人物已经随着陈水扁的没落而没落，很难再走向政治舞台中心。而蔡英文与马英九的政治特质近似，选民没有可能选择蔡英文而放弃马英九。再加之马英九有执政优势，这些都有利于马英九寻求连任。

其四，美国在目前情况下不可能支持民进党过早重返执政。大陆更是不会接受没有实现政党转型的民进党重新上台执政。

因此，民进党要在 2012 年重返执政十分困难，但到 2016 年则大有希望。

（本文作于 2010 年 9 月）

2008年以来民进党大陆政策转型的总体分析

自2008年下台以来，蔡英文及其领导下的民进党在大陆政策方面做出了一系列调整，引起了岛内外舆论的普遍注意。那么民进党进行大陆政策调整的目的和动机是什么？其大陆政策的本质和局限性何在？其未来的发展趋向如何？本文将在系统梳理民进党下台以来大陆政策调整的基本脉络的基础上，对以上这些问题做出回答。

一、民进党大陆政策调整的基本脉络

综合分析民进党下台以来大陆政策调整的基本脉络，可以大致划分为以下三个阶段：2008年5月—2009年底；2010年1月—2011年4月；2011年5月迄今。

第一个阶段（2008年5月—2009年底）是民进党大陆政策调整的迷茫期。又可以划分为两个时期：前期从2008年5月到该年年底，是暴力对抗时期；后期从2008年10月到2009年底，为迷茫彷徨期。

民进党下台之初，不仅丧失了执政权，党籍"立委"席次也只剩下27席，不足"立法院"席次的1/4，加之陈水扁家族弊案的爆发使民进党形象大损，民进党可谓一败涂地。在这种情况下，民进党已经很难有效制衡国民党，于是转而采取"街头运动"路线，对于马英九的两岸开放政策采取非理性的杯葛策略。从"8·30"到"10·25"，民进党举办了一系列街头游行示威活动。特别是2008年11月初陈云林访台与江丙坤举行第二次"陈江会谈"期间，民进党发动支持群众制造了"台北围城"事件，影响极其恶劣。此外，民进党在"立法院"内虽然力量弱小，但也全力反对两岸交流相关法案的通过。这些情况说明，此时的民进党根本不存在进行理性检讨大陆政策的条件，而只能沿用“逢中必反”的大陆政策旧思维。

民进党的一系列暴力抗争行动，引起了台湾社会的不安，并遭到舆论的广泛批评。而民进党也无力改变两岸关系和平发展的大趋势，非理性的对抗反而造成民进党在两岸关系方面被日益边缘化。在这种困境下，民进党不得不改变策略，在11月的“台北围城”事件后，蔡英文定调未来民进党会采取“以议会路线为优先，街头运动为互补”的行动路线①，但党内歧见很多。

进入2009年，民进党继续坚持“街头运动路线”，蔡英文还宣布2009年为“社会运动年”，并企图结合社会力量进行长期抗争。为此，民进党调整组织结构，专门增设“社会运动部”，同时筹划举办所谓“民间国是会议”②。5月17—18日，民进党又发动所谓“呛马保台”游行活动，不过过程较为平顺，未发生暴力事件。

随着两岸大交流局面的展开，民进党僵化保守的大陆政策面临左支右绌的窘境。一方面民进党中央制定种种规定限制党员参与两岸交流，民进党创党元老许荣淑、范振宗等在7月参加“国共论坛”之后竟然被民进党中央开除党籍。但另一方面民进党对于党籍县市长纷纷登陆则采取模棱两可的态度，如高雄市长陈菊就在该年5月底以“行销世运会”名义访问大陆。这说明民进党中央的政策与实际情况严重脱节。6—7月间，民进党内再次掀起要进行大陆政策辩论的声浪。在强大的内外压力下，8月2日，蔡英文首度表示，将展开“深刻且大规模的中国政策讨论”，对大陆问题“不再回避”③，但此后并未有任何实质性的讨论。12月5日，民进党在“三合一”选举中取得了超出预期的成绩，在2010年初的“立委”补选中再次大胜。这些胜利使民进党看到了重新执政的希望，此后逐步加快了大陆政策调整的步伐。

第二阶段（2010年1月—2011年4月）是民进党大陆政策调整的积极探索期。这一阶段主要围绕“十年政纲”的撰写和ECFA的攻防来进行。

---

① 《蔡英文：保护主权团结人民为前提朝野对话》，（台湾）“中央社”，2008年11月9日电。

② 《民进党拟增社运部519全面体检马政府》，（台湾）“中央社”，2009年2月1日电。

③ 徐博东、郭庆全编著：《近十年来民进党大陆政策大事记》（下），海峡出版社，2011年5月出版，第512页。

2010年元旦，蔡英文在《做一个令人信任的政党：写给2010年的民进党》一文中首次提出，2010年要提出民进党的“十年政纲”，全面阐述民进党的路线和政策。这标志着民进党已经站稳脚跟，开始进入建设性的政策讨论期。在另一方面，随着两岸ECFA谈判的推进，民进党把反对ECFA的签订作为其重要的政策目标。ECFA与“十年政纲”成为民进党“两个最大的政治工程”①。

民进党虽然宣称要检讨路线政策，但人们所期待的“十年政纲”中“两岸政策”部分从一开始就设定了前提，即“不会碰触国家定位与两岸定位问题”，认为这些问题已在“台湾前途决议文”中处理②。换言之，民进党的大陆政策调整不会碰触“台独”议题，也不会回应“一个中国”原则问题。这决定民进党大陆政策调整只是权宜性、策略性的，不会有任何实质的改变。

从4月开始，民进党围绕“十年政纲”的撰写展开了一系列与社会对话座谈会，从而正式启动了民进党大陆政策调整的进程。5月2日，蔡英文首次抛出“不排除在不预设政治前提的情况下，与中国进行直接并实质的对话”③。6月9日，民进党中常会决议委托民间智库和学者规划一个“两岸交流平台”。此后，一些特定智库的学者开始积极赴大陆参与各类交流活动。人们对于民进党的政策转型充满期待，但事实上“十年政纲”的撰写并不顺利。8月11日民进党中常会正式讨论了“十年政纲”并通过公布了“多元族群篇”，社会原本预期9月底民进党党庆前会陆续公布其他内容，但因为“两岸关系”部分难产，公布时期一再拖延，事实上直到2011年8月“十年政纲”才正式完整的公布出来。

民进党与国民党展开的关于ECFA的攻防是另一个战场。由于ECFA属于两岸关键的经济议题，通过民进党对于ECFA的态度可以很明确地反映其两岸经贸政策。最初，民进党对于ECFA的反对是十分激烈的，要求将ECFA诉诸公投，并发动了一系列群众运动进行反抗。4月25日，蔡英文与

① 《近十年来民进党大陆政策大事记》（下），第535页。3月29日，蔡英文谈话。

② 《近十年来民进党大陆政策大事记》（下），第538页。4月8日，民进党政策会副执行长刘建忻谈话。

③ 《近十年来民进党大陆政策大事记》（下），第543页。5月2日，蔡英文谈话。

马英九针对 ECFA 举行电视辩论，舆论普遍认为马英九表现较好。[①] 由于 ECFA签订得到台湾主流民意的支持，民进党不得不放低反对 ECFA 的调门，此后民进党的主攻方向转向了年底的“五都”选举。为了化解外界对民进党反 ECFA 的疑虑，9 月 17 日，蔡英文在接受《苹果日报》专访时称，民进党若重新执政将会延续前朝政策，不会“横柴入灶”[②]。此后，民进党对于 ECFA 的态度一直闪烁其辞，但总体的态度是要“概括承受”。这说明，民进党在两岸经济政策方面不得不面对现实，接受两岸经济合作的现状。

“五都”选举的结果，民进党并没有得到预期的目标，党内一度传出要蔡英文下台负责的声音。但蔡英文却在选后第三天（11 月 30 日）接受海外媒体采访，阐述她的两岸政策主张，表示将捐出 2000 万元（新台币）选举结余款在党内成立专门智库，“功能设定在强化中国政策转型，以及提升与大陆直接交往的能量”[③]。在蔡英文表态后，许多绿营背景的基金会纷纷加强了对于大陆政策的研究，民进党内掀起了一股“大陆热”[④]。

12 月底，国、民两党围绕是否承认“九二共识”展开了激烈的攻防。马当局发言人罗志强就两岸议题“三问小英”，要蔡英文回答是否支持“台独”？要用什么基础取代“九二共识”发展两岸关系？若重新执政，要不要延续两岸经济合作架构协议？[⑤] 蔡英文只能被动表示，“没有所谓九二共识”。马政府的这一轮攻势，逼出了民进党大陆政策的底线。

进入 2011 年，随着民进党内 2012 年大选候选人提名的展开，各有意参选的政治人物纷纷推出自己的大陆政策。比如谢长廷的“宪法各表”、吕秀莲的“九六共识”、苏贞昌的“台湾共识”等。2 月 23 日，蔡英文主导筹设的智库“新境界文教基金会”正式成立，她在揭牌仪式中发表讲话，提出“和而不同”、“和而求同”的大陆政策论述。但所有这些论述都跳不出“台独”的基本框架。

---

① 台北，联合新闻网，4 月 25 日。

② “再执政，延续前朝两岸政策”，《苹果日报》专访，2010 年 9 月 18 日。

③ 《近十年来民进党大陆政策大事记》（下），第 537 页。11 月 30 日，蔡英文谈话。

④ “放眼 2012‘大选’民进党智库兴起大陆议题研究”，华夏经纬网，http://www.huaxia.com/xw/twxw/2010/12/2222330.html。

⑤ “府党问小英是否支持九二共识”，（台湾）“中央社”，2010 年 12 月 27 日。

第三阶段（2011 年 5 月迄今）是民进党大陆政策逐步定型期。5 月 4 日，蔡英文正式获得民进党 2012 年台湾地区领导人选举参选人资格，这表明民进党将继续沿着蔡英文主导的路线前进。8 月 23 日，民进党推出“十年政纲”之“两岸篇”，这个“两岸篇”被分解为“两岸经贸篇”和“国家安全篇”。历经两年多而诞生的“十年政纲”之“两岸篇”是民进党未来相当一段时期内两岸政策的基调。“十年政纲”在“主权问题”和两岸关系定位上并没有任何新的解释，还是本着“台湾前途决议文”的立场。但蔡英文却明确否定“九二共识”的存在，并主张两岸要“超越历史”，建立“可长可久的互动架构”。对于台湾内部的分歧，她主张“透过民主机制”，寻求建立一个“台湾共识”，并以此作为“与中国对话的基础”。“十年政纲”否定两岸业已存在的“九二共识”，坚持“一边一国”的“台独”基本立场，却企图去寻求莫须有的“台湾共识”，其空想性是显而易见的。因而从一开始就受到外界的广泛批评。

9 月下旬和 10 月初，蔡英文带着“十年政纲”的政策主张先后访问了美国、日本。但她的两岸政策似乎并没有说服美国人，就在蔡英文访美的当天，一位不具名的美国白宫资深官员就透过英国《金融时报》表达了对于蔡英文处理两岸问题能力的质疑①。

为了化解外界对其两岸政策的疑虑，蔡英文又抛出一些新的两岸论述。如 10 月 8 日，她在一次演讲中表示“中华民国政府已非外来政府”，认为“中华民国就是台湾”、“台湾就是中华民国”②。而早在 2010 年 5 月，蔡英文还说“中华民国是流亡政府”。1 月 23 日，蔡英文对台湾工商企业界人士表示，一旦她胜选，在长达 4 个月的“政权交接期”中，会积极寻求与对岸对话的机会。12 月 2 日晚，在“总统”辩论会举办前夕蔡英文又紧急召开记者会，声明胜选后将成立“两岸对话工作小组”，并表示“一中各表”可以纳入“台湾共识”一并讨论③。蔡英文的这些表态，证明为了胜选考虑，她不得不在台湾“主权”论述上有所松动，对于大陆也释出更多善意。

---

① 《美官员：奥巴马政府担心蔡英文当选会与大陆紧张》，环球网，2011 年 9 月 16 日。

② 《蔡英文：中华民国就是台湾》，（台湾）“中央社”，2011 年 10 月 8 日。

③ 《蔡：胜选成立两岸对话工作小组》，（台湾）“中央社”，2011 年 12 月 2 日。

但她的底线是否认“九二共识”，坚持两岸“一边一国”。从这里我们也可以看出蔡英文大陆政策调整的极限。

二、民进党大陆政策调整的目的及局限

以上我们回顾了民进党下台以来大陆政策调整的基本脉络。不难发现，民进党进行大陆政策调整主要出于以下几个目的：

首先，是为了应对中国大陆迅速崛起所带来的挑战。这是民进党思考调整其大陆政策最大的外部因素。蔡英文在许多重要场合的讲话中一再提到“中国的崛起、并成为区域强权”，以及“台湾所面临的生存挑战”，充分说明了民进党面对此一状况的焦虑与不安。这种压力迫使民进党必须要制定切实有效的两岸政策，以打开与大陆的交流之门。在民进党重新走向执政的过程中，这是一个无法绕开的议题。

其次，是为了与国民党进行政治斗争并抢夺两岸政策主导权。在岛内蓝绿阵营高度对立的情况下，与国民党进行政治斗争是民进党最大的现实需要。民进党为了反对马英九不惜采取一切手段，如街头运动、议会杯葛、舆论宣传等。不仅反对马英九的两岸政策作为，还给马英九贴上了“倾中卖台”的标签。总之，民进党的目的就是“逢马必反”，尽一切努力去消解破坏马英九在两岸政策上所取得的成绩。在另一方面，民进党又积极进行大陆政策论述，希望能构建一套有别于国民党的两岸关系模式。蔡英文提出“台湾共识”的概念，应当看做是这种努力。民进党不愿意被国民党代表，希望能够与大陆直接对话。为了打开与大陆沟通之门，民进党采取了一些举措，包括筹设智库等。蔡英文也多次表达希望能在“不预设政治前提的情况下，与中国进行直接并实质的对话”的意愿①。

第三，是为了弱化“台独”形象，争取中间选民支持，以赢得选举利益。台湾是一个选举社会，任何政治利益都需透过选举取得。在民进党下台之初，由于政治资源有限，民进党被迫采取“街头路线”。但暴力事件容易造成社会的不安，对民进党形象是一个很大损伤。因此民进党一度在“街

① 《近十年来民进党大陆政策大事记》（下），第543页，蔡英文谈话。

头路线”与“议会路线”之间十分彷徨。2009 年底“三合一”选举结果使民进党站稳了脚跟，此后又取得了一系列选举的胜利，这些胜利使民进党看到了重新执政的希望。民进党开始有意塑造理性务实的政党形象，更多地注重其政策论述，如撰写“十年政纲”等。在这一过程中，大陆政策的重塑也是一个重要方面。事实上，民进党大陆政策的调整与选举的需要有着十分密切的关系。为了能胜选，民进党往往会极力去弱化“台独”形象，以争取中间选民的支持。如在“五都”选举中，蔡英文就能够宣示“延续前朝政策”。在 2012 年“大选”中，蔡英文也相继抛出“中华民国就是台湾、台湾就是中华民国”、“一中各表可疑纳入台湾共识一并讨论”等言论，在一定程度上是对其“台独”立场的修正。

可见，民进党进行大陆政策转型是多方面因素促成的。总体而言，民进党进行大陆政策调整最大的外部压力在于中国大陆的崛起以及两岸关系和平发展局面的形成；最主要的内部因素是为了与国民党进行政治斗争并争夺两岸政策的主导权；最直接的因素则是为了赢取选票利益，获得执政权。因此，民进党进行大陆政策调整，既有其战略上的需要，也有其策略上的考虑。民进党大陆政策调整的幅度以及方向，主要看内外情势的发展，它是多种合力综合博弈的结果。

就目前的情况来看，大陆综合国力的崛起及两岸关系和平发展是促使民进党大陆政策调整最为积极有利的因素。而岛内蓝绿政治情势的发展和民进党自身的政治生态问题则是限制民进党两岸政策调整的负面因素。

就岛内蓝绿斗争的政治情势而言，由于马英九执政不利，导致民进党在没有进行深刻政策检讨的情况下就迅速卷土重来，这使民进党进行“台独”转型的动力大为降低。

就民进党内的政治生态而言，也还不存在进行“台独”转型的氛围。首先，“台独”党纲作为民进党的神主牌，对于维系民进党的团结和发展有着重要意义。在民进党派系林立的政治生态中，“台独”是各派系最大的共识，也是民进党团结的最大保障，任何对“台独”神主牌的检讨都可能造成民进党分裂甚至崩盘的严重后果。因此，不到万不得已，民进党不可能检讨其“台独”党纲。

其次，“台独”作为民进党的意识形态，其背后存在一定的社会基础。

只要这个社会基础没有松动，民进党就不会抛弃其“台独”立场，而只可能根据现实需要去加以包装，于是有所谓“激进台独”、“务实台独”之别，但“台独”的本质并没有变，只是实现“台独”的方式不同而已。应该指出的是，两岸关系和平发展，两岸交流的日益深入对于松动“台独”的社会基础是有很大好处的。

第三，民进党内的“基本教义派”力量依然很大，对民进党内的“务实台独派”形成强大牵制。近年来，以蔡英文为首的“务实台独派”为了与国民党进行政治斗争以及获取选票利益，对“台独”论述做出一定修正，如承认“中华民国政府”的合法性，扩大本土论述的包容性等等，“基本教义派”虽然不满意，但在胜选的考量下也只能暂时容忍。不过这种容忍也是有底线的，如果蔡英文突破“台独”的底线，则一定会引起“基本教义派”的激烈反弹。

因此，目前情况下民进党的大陆政策调整主要还是策略性的调整。在胜选的压力下，民进党会尽量弱化“台独”的表现方式，但不会从根本上检讨其“台独”立场。特别是近年来民进党在“台独”立场没有太大改变的情况下就卷土重来，使民进党产生了很多错误认知，更加降低了民进党实施“台独”转型的动力。这些都使得当前民进党的大陆政策调整具有很大的局限性。

三、现阶段民进党大陆政策的本质及其前景

自2008年5月蔡英文担任民进党主席以来，在其领导下民进党不仅迅速恢复了政治实力，也逐步形成了一套新的政策论述，包括两岸政策论述。基于蔡英文目前在民进党内的地位，可以预计，在未来较长时期内这套政策论述都将作为民进党的指导思想。因此，完整理解蔡英文的大陆政策主张还是具有很大现实意义的。

关于蔡英文的大陆政策，台湾研究界已经有很多研究成果①。基本上学

① 比较有代表性的文章有严安林《蔡英文的两岸政策论述及其困境》，载《中国评论》，2011年6月号。邵宗海《剖析蔡英文的“中国政策”》，载《中国评论》，2011年11月号。

者们都认为，蔡英文的“台独”主张并没有变，还是“一边一国”的思维。其实民进党当初在制定“十年政纲”时就已经明确说明：“不会碰触国家定位与两岸定位问题”，认为这些问题已在“台湾前途决议文”中处理。① 因此说民进党没有放弃“台独”立场，这个判断并没有错。但是不可否认，现阶段民进党的大陆政策掺和进了一些新因素，而这些新因素可能会使民进党的两岸政策呈现出不同的方式和作为，这是需要我们特别注意的。那么，蔡英文大陆政策的本质内涵究竟如何呢？有一些什么样的新因素值得注意？

首先，在台湾“主权”定位上坚持台湾是一个“主权独立国家”的立场。明确承认“中华民国政府”的合法性，明确喊出“中华民国就是台湾”，这较“台湾前途决议文”在“中华民国”的问题上欲说还休的态度更进了一步。但同时蔡英文又刻意否认“中华民国”与中国大陆的历史及法律连接，因此她说，“不要一中底下的‘中华民国’”②。

其次，在两岸关系定位上否认“九二共识”，主张由 2300 万台湾人公投决定台湾前途。蔡英文否认“九二共识”的态度是十分坚决的，这是其多年来的一贯立场。早在陈水扁执政时期，她就曾以“陆委会主委”身份强势反对陈水扁有意承认“九二共识”和恢复“国统会”的意图。由台湾 2300 万人“公投”决定台湾前途，这一立场在民进党内颇有影响力，像许信良、洪奇昌等人都持这种看法。公投决定台湾前途具有一定的欺骗性，但相较于赤裸裸的“台独建国”诉求来说毕竟是一个进步。此外，蔡英文还主张在两岸事务上必须要引入民主程序来加以监督。

第三，坚持所谓“台湾主体性”，同时扩大台湾本土论述的包容性。蔡英文主张在“台湾性”的基础上建构“共同的新的国家、新的台湾的认同”，处理好族群认同问题③。同时尽力扩大台湾本土论述的包容性，扬弃传统狭隘的福佬沙文主义，而建构多元族群的融合。为了消弭台湾内部在国家认同问题上的分歧，她主张用台湾来包容“中华民国”。同时她还提出“台湾共识”说，主张透过民主程序建立一个“台湾共识”，并以此作为与

---

① 《近十年来民进党大陆政策大事记》（下），第538页。4月8日，民进党政策会副执行长刘建忻谈话。

② 《蔡英文：不要“一中”底下的“中华民国”》，“中评社”台北 2011 年 10 月 17 日电。

③ 《蔡英文：中华民国是流亡政府》，《自由时报》，2010 年 5 月 26 日。

大陆交往的基础。

其四，主张在保持台湾“主体性”的前提下积极与大陆交往。蔡英文主张两岸要发展“和而不同”、“和而求同”的关系。所谓“不同”，就是两岸“在历史记忆、信仰价值、政治制度、社会认同方面都不一样”；所谓“求同”，就是要共同追求和平与繁荣①。在“十年政纲”之“国家安全战略篇”中也明确提出“经由战略互利寻求稳定机制”、“建构两岸和平稳定互动架构”等政策主张。民进党希望能在保持台湾“主权独立”现状的基础上与中国大陆建立和平稳定的互动关系。

其五，主张在国际关系架构下来定位和发展两岸关系。面对中国大陆崛起，民进党希望能透过国际因素来平衡大陆的影响力，这是民进党现阶段思考两岸关系时的基本方向。蔡英文主张要“先走向世界”，然后“跟着世界一起走向中国”，并认为这是民进党与国民党两岸政策最大的不同。她指责马英九的两岸经贸政策是把台湾经济的前途锁在中国，最后会导致台湾“主体性”的流失。

总之，现阶段民进党的大陆政策的主旨，对岛内而言是要“透过民主机制凝聚台湾共识”；对大陆而言是要在坚持台湾“主权”独立现状不变的情况下寻求建立和平稳定的两岸关系；对国际而言，是要借助美日等力量以平衡中国大陆的影响力。这个看上去十分“完美”的理论构想，实质是经不起推敲的，只是一座空中楼阁。

首先，要“透过民主机制凝聚台湾共识”不仅不可能，而且十分危险。在目前蓝绿恶斗的社会生态下，蓝绿阵营之间根本不存在理性讨论问题的空间。蓝绿恶斗的根源在于国家认同的分歧，问题的根本在于民进党的“台独”立场，不愿意认同“中华民国”体制，而企图片面追求所谓台湾“主权独立”。在这种情况下要在什么基础上去建立台湾共识呢？是要蓝营认同绿营的“台独”主张，还是要绿营回归蓝营的“中华民国”体制？显然后者更合理。那么绿营放弃“台独”立场就自然获得“台湾共识”。现在蔡英文主张“透过民主机制凝聚台湾共识”，所谓“民主机制”无非是全民“公投”或者通过立法机构“修宪”或“制宪”，这都属于重大“台独”事变，

① “中评社”台北2011年2月23日电。蔡英文在民进党智库成立仪式上的讲话。

其结果就是两岸的战争。可见，所谓透过“民主机制凝聚台湾共识”在实践中是根本走不通的。

其次，要在坚持“台独”立场的基础上建立两岸的和平稳定架构不可能。众所周知，两岸的根本分歧在于对台湾的“主权定位”，大陆坚持“一个中国”的立场不可能退让。两岸分裂的现状是国共内战的延续，脱离了这个前提去讨论台湾“主权”问题无异于“台独”。“两岸同属一个中国”是目前情况下对于两岸关系最好的定位，认同“九二共识”是两岸“求同存异、共创双赢”的最好方式，舍此之外别无他途。蔡英文否认“九二共识”，而主张以一个虚无缥缈的“台湾共识”作为两岸对话的基础，并企图以此为基础建立两岸和平稳定架构，这是根本不可能的。

第三，企图“在国际关系架构下来定位和发展两岸关系”也是不可能的。蔡英文的所谓“从世界走向中国”，无非是希望借用美日等国际力量来平衡中国大陆崛起的影响力。且不说中国大陆会否接受民进党的这一“如意算盘”，就从国际政治的现实而言，这也是一个一厢情愿的空想。台湾作为美国遏制中国的一枚棋子，根本不可能主导国际关系的走向，而只能被动服从美国的利益。美国为了自己的国家利益随时可以牺牲台湾，这在历史上是有先例的。民进党要让台湾充当美日国家利益的马前卒，能够真正保证台湾的利益吗？恐怕最后只能落人笑柄。

可见，民进党目前形成的这一套大陆政策虽然有一些新因素，但由于其“台独”的本质没有变，注定也无法在现实中加以落实。民进党如果无法从根本上扬弃“台独”立场，在两岸关系上是没有前途的。民进党的“台独”转型之路还很漫长。

（本文作于2012年3月）

现阶段民进党大陆政策主要幕僚群体研究[①]

自2009年底“三合一”选举以来，民进党明显加快了大陆政策调整的步伐。一方面以“十年政纲”的撰述为核心，推动新的政策论述；一方面试图透过“民间智库及学者”，打开与大陆交流之门。应当说，民进党的这一系列大陆政策“攻势”给我们提出了新的挑战。因应之道，除了要对现阶段民进党大陆政策进行全面系统的定性分析之外，也要加强对于民进党大陆政策幕僚群体的研究。特别是在当前无法与民进党进行党对党交流的情况下，加强对民进党大陆政策智库群体的研究，甚至与民进党的相关智库或者特定个人进行接触，对于推动对民进党工作的新局面有着重要意义。

一、民进党大陆政策幕僚群体的构成及派系背景

民进党内对于大陆政策一向存在分歧和争议，并且这种分歧和争议往往又伴随着残酷的权力斗争，大陆政策在很多时候都被当作派系斗争的工具。各派系为了抢夺党内大陆政策的话语权和主导权，必须要强化各自的大陆政策论述，并培养和网罗相关人才，从而逐步形成了民进党内形形色色的大陆政策幕僚群体。

在民进党未执政之前，民进党的大陆政策主要由美丽岛系和新潮流系主导，因而这一时期民进党大陆政策方面的人才主要集中于这两大派系。前者如许信良、张俊宏、陈忠信、王拓、郭正亮、颜建发等，后者如邱义仁、吴乃仁、林浊水、洪奇昌、邱太三、颜万进等。双方在大陆政策上互有攻防，

---

① 本文与徐博东教授合作完成。

极大地影响了民进党大陆政策的发展。如1991年“台独”党纲的出笼与新潮流系的林浊水有很大关系，而在此后民进党为了淡化“台独”色彩而进行了长期的政党转型，在这一过程中美丽岛系特别是许信良发挥了重要作用。新、美两系还曾在1997年爆发“中国政策大论战”，达成了“强本西进”的大陆政策共识，并直接导致了1999年民进党“台湾前途决议文”的出台，使民进党成功转化为内造政党，事实上承认了“中华民国体制”，“台独”色彩得以淡化。这一时期民进党的大陆政策，实际上是这两大派系相互斗争后妥协下的产物，而在此过程中，原本主张“街头运动”的“急独派”新潮流系逐步向“务实独派”转变。

1999年，许信良为了参选“总统”而宣布退出民进党，美丽岛系因而解体，但美丽岛系的大陆政策人才并没有消失。如陈忠信就一直在扁当局的两岸政策方面扮演着重要角色。民进党下台后，他又被蔡英文延揽为民进党“中国事务小组”召集人，是蔡英文大陆政策方面的核心智囊人物。王拓在美丽岛系解体后逐步转向了新潮流系（但始终未加入新系），蔡英文担任民进党主席之初，曾延揽他为民进党秘书长。许信良在2008年重回民进党，其主要目的是想改造民进党，他对于推动民进党的大陆政策转型起到了一定作用。前美丽岛系的大陆政策人才在蔡英文所主导下的民进党内受到重用，这也是一个值得注意的现象。

在2000年陈水扁上台执政后，新潮流系成为其在大陆政策方面的主要依靠力量，像邱义仁、吴乃仁、邱太三、洪奇昌、颜万进等人都扮演着重要角色。其中担任“国安会秘书长”的邱义仁为扁政权两岸政策方面的核心人士，邱太三曾任“陆委会”副主委，洪奇昌曾任海基会董事长，颜万进曾任海基会秘书长。新潮流系之所以能扮演如此重要的角色，这与该派系长期以来格外重视培养大陆政策人才有关，目前除老一辈之外，后起之秀也已崭露头角，像梁文杰、刘子琦、张国城、邱志伟等都经常与大陆学者交往，对大陆政策有较深涉入。因此，虽然新潮流系长期垄断大陆政策引起党内其他派系的不满和反弹，但面对新潮流系整体的人才梯队，其他派系也无可奈何。可以肯定，未来在相当长的时间内，新潮流系仍将在民进党的大陆政策方面扮演关键角色。

在新潮流系之外，其他派系也有一些大陆政策方面的人才，如郭正亮、赖怡忠、董立文等。郭正亮原属于美丽岛系，担任过民进党中央政策会执行长，美丽岛系解体后投靠扁系，曾负责撰写2000年陈水扁竞选纲领的两岸政策部分。蔡英文出任党主席后，郭正亮曾任民进党“因应ECFA小组”的成员兼发言人。赖怡忠、董立文在“扁朝”时期都曾担任过民进党“中国事务部主任”。值得一提的是，董立文属于苏系人马，是苏系阵营中少见的两岸政策人才。此外，学者背景出身的蔡英文、陈明通等，长期主管陈水扁当局的“陆委会”，深受陈水扁倚重。蔡英文担任扁当局“陆委会”主委达五年之久，而陈明通也长期在“陆委会”担任要职，在陈水扁执政后期，并曾受命起草“第二共和宪法草案”。蔡英文与陈明通在意识形态上“台独”色彩浓厚，这也是蔡英文目前在大陆政策方面重用陈明通的一个重要原因。

民进党其他派系在大陆政策方面其实都有自己的立场和观点，如谢系主张两岸“宪法一中”；游锡堃主张推动“制宪建国”，建立“正常国家”；苏贞昌在两岸政策方面缺乏人才，因此他只能谈“台湾前途决议文”的老调；吕秀莲则主张用所谓“九六共识”取代“九二共识”，即认为台湾1996年“总统”直选后已经是个“主权独立的国家”。但相较于新潮流系，这些派系缺乏两岸政策的系统论述和执行能力，既缺乏人才，也缺乏与大陆沟通的实践经验。但需要指出的是，就大陆政策的制定而言，并非新潮流系一直占据主导地位，在某些时候非新系反而占据了主动。最明显的例子，如在陈水扁执政前期推动“新中间路线”，当时谢长廷担任党主席，二人在两岸政策方面配合默契，在某些大陆政策的制定方面谢甚至扮演过关键角色。而在2006年红衫军街头运动之后，陈水扁开始执行急进的“台独”路线，新潮流系受到排挤，在党务系统方面由游锡堃所代表的“台独”基本教义派主导，推出了“台湾正常国家决议文”。可见，在民进党大陆政策制定方面，派系的政治博弈是至为关键的影响因素。

在占台湾选民40%左右的民进党的支持群众中，“台独”基本教义派约占8%—15%。“台独”基本教义派在组织上由以李登辉为精神领袖的“台联党”代表，这部分力量对民进党的大陆政策起着十分重要的牵制作用。“台独”基本教义派是“台独”理论的策源地，他们擅长进行“台独”理论论述。

以上是民进党（包括“台联党”）各派系在大陆政策博弈方面的一些基本情况。围绕着派系竞争和角力，各大派系及政治派别又会根据不同时空环境的政治需要，以及自身实力的强弱而成立所谓智库组织。这些智库名目繁多，成员互有重叠，但其背后都有特定的派系支持。曾有学者把民进党的各类智库区分为政党型智库、学者型智库、专业型智库、运动型智库，而其实真正细究起来，所有绿营的现有智库无不具有强烈的派系色彩，真正独立的智库组织并不存在。

下面我们对目前民进党内的各类智库及其派系背景作一简要介绍。

“台湾智库”：台湾智库是陈水扁于 2001 年成立的。其成立的目的，主要是陈水扁为自己延揽人才，同时提供决策咨询。台湾智库阵容十分庞大，网罗了大批绿营精英，下设 8 大论坛（财经论坛、科技论坛、农业论坛、政府改革论坛、大陆论坛、亚太论坛、WTO 论坛、社会发展论坛）。陈水扁自称“台湾智库”属于体制内智库，与李登辉主导的“群策会”互别苗头。民进党下台后，该智库的运作一度陷入低迷，但后来得到蔡英文的支持，成为推动民进党两岸政策调整的重要咨询机构。台湾智库现任董事长陈博志，财经专业背景，蔡英文的两岸经济政策颇为借重陈。智库执行长郑丽君（女，1969 年生）也被蔡英文揽为心腹。台湾智库有一大批两岸政策方面的人才，如陈明通、苏进强、林佳龙、赖怡忠、张国城等。该智库曾一度被视为蔡英文大陆政策的首席智库。

“台湾产经建研社”：它是海基会前董事长、新潮流系大佬洪奇昌于 2002 年成立的，属于新潮流系的次级团体。洪奇昌长期热心于两岸事务，曾多次到大陆参访交流，与大陆涉台研究机构来往密切。

“台湾新社会智库”：它是在民进党决议解散派系之后，新系所成立的一个招牌机构，由吴乃仁担任董事长。新潮流系打着这个招牌继续进行派系活动，事实上就是新潮流系本身。智库之下设有“两岸国际组”，由陈文政负责，并办有《新社会评论》杂志，由梁文杰负责。

此外，具有派系色彩的智库还有“台湾管理学会”（游锡堃于 2001 年成立）、“台湾维新基金会”（谢长廷于 2008 年成立）、“国家展望文教基金会”（吕秀莲于 1998 年成立，2011 年 3 月吕宣布于基金会下设“大陆研究中心”。此外，吕秀莲还主办有《玉山周报》）。

“新境界文教基金会”（民进党智库）：它是隶属于民进党中央的一个基金会。2010年底“五都”选举结束后，蔡英文用选举结余款2000万元在“新境界文教基金会”之下设立民进党智库。2011年2月23日正式成立，下设“安全与战略研究中心”、“经济与社会研究中心”。智库执行长为吴乃仁，副执行长为萧美琴，“扁朝”时期主管过大陆事务的重要官员如陈忠信、吴钊燮、陈明通、邱太三等都列名其中，可视为目前民进党内最重要的大陆政策智库。蔡英文宣称，民进党成立智库的主要目的是“强化处理大陆问题的能量”。这是蔡英文欲打开与大陆对话管道的一个重要举措，也是蔡英文推动民进党大陆政策转型的重要一环。

“两岸关系小组”：最近媒体报导，陈菊在高雄市府成立了“两岸关系小组”。陈菊自任召集人，3名副市长任副召集人，各局处首长为委员，另聘有5名专家学者，包括邱太三、陈明通、童振源等。“两岸工作小组”将定期召开会议。这个“小组”可视为陈菊个人的大陆政策智库组织，反映了陈菊在政治上的企图心，其后续发展值得注意。

“群策会”、“台湾教授协会”、“台湾社”等四大本土社团、“新台湾国策智库”：以上这些智库团体都属于“台独”基本教义派阵营。这些社团虽然不属于民进党内的智库，但掌握着“台独”论述的话语权，对民进党的大陆政策颇具影响力。

“群策会”是李登辉下台后于2000年12月成立的，其主要目的在于所谓“提升台湾民主，强化台湾主体意识”。

“台湾教授协会”、“台湾社”等四大本土社团都是有名的“独派”组织，其成员以高级知识分子为主。台湾教授协会成立于1990年。台湾北社、中社、南社、东社合称台湾四大本土社团，先后成立于2001年前后。

“新台湾国策智库”成立于2010年1月，董事长是“急独派”大佬辜宽敏，副董事长为“独派”要角吴荣义、陈师孟，执行长为罗致政。“新台湾国策智库”的“独派”色彩十分浓厚，辜宽敏成立该智库用以牵制蔡英文民进党大陆政策转型的意图十分明显。但令人意外的是，该智库的实际负责人罗致政却被蔡英文延揽为心腹，并曾委以穿梭两岸、牵线搭桥的重任，其背后透露出的讯息耐人寻味。再者，值得注意的是该智库利用新一届“立委”选举的机会，最近连续两波推出所谓“我们这一代”联机，大肆网罗绿营的年轻人才参选“立委”，以图扩大其影响力。除罗致政和现任“立委”刘建国外，绿营名嘴何博文、台北市议员简余晏、“台联党”前主席黄主文的儿子黄适卓、陈水扁的恩师李鸿禧的儿子李俊俋、民进党前“立委”蔡启芳的儿子蔡易余、南投县议员赖燕雪等都列名其中。

二、蔡英文大陆政策决策及运行的基本布局

那么，蔡英文作为民进党的新共主，她是怎样利用这些幕僚人才，而又是怎样布局她的大陆政策的呢?

众所周知，蔡英文与民进党的渊源并不深。她之所以能在短期之内确立民进党新共主的地位，除了时势造就之外，一个重要的原因就是她巧妙地利用了民进党内各派系之间的矛盾，并形成了各派系之间的恐怖平衡，而她却能超然于外，扮演仲裁者的角色，从中渔利。这说明，蔡英文确实是个玩弄权力平衡的政治高手。如她最初与新系、苏系结盟，从而巩固了自己在民进党内的地位；随后她又与谢系结盟，在党内初选中击败苏贞昌，当上了2012 民进党的“总统”候选人；为赢得大选，最近她又开始拉拢扁系成员为其所用。这些政治手腕的操作都极为高明。

在大陆政策的布局方面，蔡英文同样考虑的是在各派系之间玩弄平衡游戏。比如，恢复设立“中国事务小组”是由新潮流系段宜康率先提出来的，蔡英文虽然接受此建议，却交由前美丽岛系的陈忠信来负责“中国事务小组”。“十年政纲”作为其重要的政策纲领，两岸关系部分却委任陈明通、吴钊燮撰写。事实上新潮流系对此是很介意的，新潮流系某位要角在私下提到“十年政纲”时就曾很不以为然地说：“几个书生关起门来写出来的东西能有什么意义?”当然，目前新潮流系在蔡英文的两岸政策布局中仍扮演着重要角色，民进党智库（新境界文教基金会）执行长吴乃仁、副执行长萧美琴都是新潮流系的要角，可见蔡对新系的倚重。至于“急独派”在蔡英文大陆政策布局中占据何种地位?蔡英文在民进党智库（新境界文教基金会）未成立时，曾说要委托“民间智库及学者”构建民进党与大陆的交流平台，种种迹象表明，当时她所说的“民间智库及学者”正是“新台湾国策智库”的罗致政等人。前一段时间罗致政勤跑两岸，并多次就民进党与

大陆构建交流平台的议题频频发言，其作为蔡英文委托者的身份十分明显。不过，后来蔡英文参选新北市长时，罗致政出任蔡竞选总部的发言人，最近又被征召参选“立委”，可见罗在两岸关系方面的使命现已淡出。这从一个侧面说明，民进党智库（新境界文教基金会）成立之后，已经不需要再借助别的管道，只有民进党智库（新境界文教基金会）才是蔡英文和民进党中央认定的嫡系的两岸沟通的合法管道。

最近，辜宽敏等人已经明确表示将全力支持蔡英文，但这并不表明以“新台湾国策智库”为首的“台独”基本教义派对民进党大陆政策的制衡功能已经不复存在。一旦他们认定民进党的两岸政策调整“走过了头”，仍将会群起反弹，鸣鼓而攻之。

为进一步说明问题，我们可以推定民进党各大陆政策智囊人物在蔡英文大陆政策制定过程中所扮演的角色。

其一，在政策论述方面，陈明通、吴钊燮所起的作用似乎最大，特别是陈明通，他的许多“台独”理论都被蔡英文所接受。例如，陈明通在民进党举行的一次“十年政纲”座谈会议中提出了关于制定两岸政策所应遵循的五点基本方针：“第一，在全球网络中，重新定位与中国的关系；第二，台湾与中国维持稳定关系，并与周边国家合作，共同维持台海的稳定；第三，台湾应强化与中国及周边国家的对话与交往；第四，台湾内部对中国政策的制订、执行与互动，必须透明化并遵循民主程序，让全民参与监督；第五，坚持台湾是一个主权独立国家，任何有关独立现状的更动，必须经由台湾人民全体以公民投票的方式决定。”蔡英文近期以来的相关言论表明，这五点原则已经成为其大陆政策的核心论述。可见，陈明通在两岸政策方面的论述深受蔡英文的认同。此外，有“台独理论大师”之称的林浊水和海基会前董事长洪奇昌的有关论述与主张，对蔡的影响也不可小视。如林的“稳健‘台独’论”和洪的“政经分离论”，显然都已被蔡英文所认同和接受。

其二，在具体的政策制定及形成过程中，蔡英文则在各派系之间寻找平衡。比如，在关于“修宪”、“制宪”的问题上，新系龙头吴乃仁曾向大陆学者私下表示，民进党如果重新执政不会再碰触此一敏感议题，而当辜宽敏等“急独派”人士公然叫嚣民进党若重新执政要完成“制宪”任务时，蔡英文却将上述两种意见“折中”，表示未来会依民意而推动“修宪”。再比如绿营内部对于ECFA的争议，“急独派”要求民进党执政后要废除ECFA，民进党内各派系则大多主张采取“拿来主义”，全盘接收马政府的两岸谈判成果，而蔡英文原本宣称执政后会继续“前朝”政策，最后却又提出将会把ECFA送交“立法院”逐项审议，修改对台湾不利的条款。可见，蔡英文的大陆政策仍难以摆脱绿营各派系的牵制，是各派观点折中后的产物，其本人并没有特别的坚持。这也正是其大陆政策到目前为止仍模糊不清、举棋不定、迟迟无法出台的一个重要原因。

其三，在大陆政策的具体实务上（包括开启与大陆交往、沟通的管道等），可以预料蔡英文在这方面会更多地借重新潮流。就民进党内各派系而言，大陆政策方面的经验、人才和人脉，无疑新潮流系最为丰沛，蔡英文急于打开与大陆沟通对话的大门，担此重任的当然非新系莫属。这也正是蔡为什么要选择新潮流要角吴乃仁、萧美琴出掌民进党智库（新境界文教基金会）的重要原因。

三、几点结论

基于上述分析，我们有如下几点结论：

其一，蔡英文的大陆政策受“急独派”牵制很大，这一点可能是民进党历任党主席中最严重的。蔡英文与“急独派”关系密切，这首先和她与李登辉的特殊关系有关。这种关系既有利于她赢得“急独派”的支持，但同时也决定了她难以摆脱“急独派”的牵制。这种关系无疑对未来蔡英文处理两岸问题是一个严峻的挑战。

其二，蔡英文急欲打开与大陆对话交流的大门，这种想法是真实的，并不完全是为了选举所设计的权谋。为此她作了种种铺垫和试探，如派出亲信幕僚或批准一些民进党重要人士（包括执政的民进党籍县市长）赴大陆交流参访，以及成立民进党智库等。

其三，蔡英文的大陆政策是比较开放和多元的，它折中了绿营内部的各种意见，各派系的观点都得到了一定程度的体现。这种决策模式与陈水扁执政时期的独断专行有很大的不同。

其四，蔡英文的大陆政策虽然受到“急独派”的很大牵制，它折中了绿营内部的各种意见，但对其影响力最大的仍然是新潮流系。如目前民进党内占主流地位的所谓“稳健台独”路线和“政经分离”的大陆政策主张，就分别是新潮流系的两位大佬林浊水、洪奇昌多年来所鼓吹的理念和主张。而掌控民进党智库（新境界文教基金会）的也是新潮流的吴乃仁和萧美琴。

（本文作于2011年6月）

民进党的世代交替问题及其前景

自民进党下台以来，世代交替问题一直是一个观察民进党走向的重要观测点。其中牵涉到民进党内权力的新老交替、派系结构的变化、蔡英文作为民进党“共主”地位的确立等一系列重要问题，对民进党的影响至深且巨。民进党的世代交替主要体现在拥有党内中生代支持的蔡英文与代表美丽岛律师世代的苏贞昌之间的权力争夺。目前，这场竞争还没有最后落幕，虽然蔡英文因为取得2012年民进党候选人资格而一度占据主场优势，但也因为她的选举失利而让苏贞昌有了东山再起的机会。因此苏蔡之争并非二人的权力竞争，而是反映了党内两个世代的权力斗争。从长远来看，世代交替是必然，但完成世代交替的时机、方式、结果等却会因为蔡苏二人政治命运的升降沉浮而有所不同。

因此，民进党内这一场以世代交替为名的政治斗争，其过程十分复杂曲折，需要加以深入分析。其影响也需要加以认真评估，特别是对于走上权力中心的民进党新世代进行综合分析，对于我们正确认识民进党的未来发展走向有着重要的理论和现实意义。本文将对这些问题做出初步的分析。

一、民进党世代交替的基本脉络

民进党的世代交替其实是一个老问题。迄今为止，民进党已经走过了三个世代，即美丽岛世代、美丽岛律师世代、新世代。而新世代又可细分为学运世代和幕僚世代。美丽岛世代的代表人物是许信良、施明德等，这一批政治人物在20世纪90年代后期已经被残酷的交替掉了，取而代之的是以陈水扁、吕秀莲、谢长廷、苏贞昌、游锡堃等为代表的美丽岛律师世代。美丽岛律师世代收割了美丽岛世代的政治资源，在2000年大选中取得执政权。而美丽岛世代被赶出民进党的权力核心，像许信良、施明德等政治人物在民进党内的遭际都让人心寒，这也充分证明民进党斗争哲学的残酷性。

美丽岛律师世代没有美丽岛世代的政治操守和理念，大多是政治投机分子，这在陈水扁身上表现得最为明显。陈水扁上台之后，对内大肆操弄族群政治，搞大福佬沙文主义，并处心积虑的建构所谓“台湾主体性”；对外则大搞“烽火外交”，企图制造“两个中国”或“一中一台”，并执行对抗性的两岸政策，肆意制造两岸的紧张对立。同时，陈水扁及托庇其下的各类政客大肆贪污腐败，其贪腐的行径及程度可谓触目惊心。美丽岛律师世代执政八年就将民进党20年所累积的政治资源消耗殆尽，这其实注定这一世代难逃下台后被清算的命运。这也是以蔡英文为首的年轻世代能够提早进入权力核心的历史大背景。

其实，在陈水扁执政后期，民进党也曾试图进行有计划的世代交替，最大的表现就是2005年台湾县市长“三合一”选举，陈水扁推出大量具有扁系色彩的年轻政治人物参选，如罗文嘉、邱太三、李文忠、林佳龙、陈其迈等等，但最后却全军覆没。这次失败使得民进党的新老交替遭遇严重挫折，也标志着以陈水扁为核心进行世代轮替的努力破产，而这批年轻政治人物则成为陈水扁贪腐政治的陪葬品，但这也为幕僚世代的迅速崛起提供了政治前提。

随着民进党的下台，以及陈水扁因为贪腐弊案而锒铛入狱，民进党的形象一夕之间土崩瓦解。牵连所及，整个美丽岛律师世代都难以幸免，政治光环受到或大或小的损害，以至于一时找不到一个恰当的人物出来担任民进党的党主席。正是在这种背景下，民进党内的年轻世代开始串联，逐步打破派系的禁忌，而合谋拱蔡英文出来选民进党主席。当时与蔡英文竞争的是“台独”大佬辜宽敏，主要是公妈派及其他老派的政治人物在支持。这场党主席选举从一开始就充满着世代交替的政治意味。选举的结果，代表年轻世代的蔡英文顺利胜出，这也标志着在第一个回合新世代就取得了胜利。但这个时候，蔡英文的权威并没有树立。人们包括民进党内部更多的是从派系平衡的角度来看待蔡英文的角色，认为她是一个派系平衡的产物，是一个过渡性的政治人物。这一点笔者2009年在岛内访问时曾问过新潮流的几位核心政治人物，作为蔡英文的主要支持力量，新潮流也不隐晦这一看法。

在蔡英文担任党主席之初，她确实能做的有限。她与民进党渊源不深，又无自己的嫡系力量，只能在各派系的平衡中勉强维持局面。但情势的发展很快超出了所有人的预计。这种情势主要是由于马英九执政的种种失误，而使民进党迅速地从谷底攀升，并重新崛起。其分水岭是2009年的“八八风灾”，这次风灾使马英九的民调支持度遭受重创，一度跌落到19%。在随后的一系列选举中，特别是该年底的“三合一”选举中，民进党取得了惊人的好成绩，好几个地方都险些翻盘成功，这使民进党看到了重新执政的希望。在接下来的几次“立委”补选中，民进党又取得了一系列选举的胜利。整个台湾的蓝绿政治情势开始发生逆转，蓝降绿升的态势明显。这一系列战功，首先受益的是蔡英文，因为她是民进党的主席。凭借这些战功，她的地位也开始逐步巩固。

所有人的都低估了蔡英文的政治能量，事实上蔡英文并不甘心做一个派系平衡的角色。蔡英文清楚她的支持力量来自于哪里——这就是民进党内的年轻世代。年轻世代想尽早出头，但他们由于大都依庇于某个派系头目，因此不便于主动向派系头目发起挑战。蔡英文作为党主席，具有天生的合法性外衣，这个身份便于对抗派系头目的压力。于是这些年轻世代与蔡英文一拍即合，结成了一个利益共生体。在这里，蔡英文找到了自己的支持力量，而年轻世代群获得了早日出头的政治机会。民进党是一个崇尚战功的政治团体，为了尽早树立这些年轻世代的政治权威，蔡英文利用自己所掌握的党机器，大量的在选战中启用年轻世代，最为明显的是2009年底的“三合一”选举，民进党推出大量政治新人，并取得了不俗的战绩，像林右昌、郑文灿等都是如此。这批人凭借战功也迅速累积起了政治能量。一个以蔡英文为首的年轻世代政治集团开始迅速崛起，并逐步掌握了民进党的政治实权。2010年5月，民进党举行党主席选举，蔡英文以超过90%的选票当选，而她的对手——代表公妈派的尤清只获得了不到10%的选票。只经过一年多时间，民进党内世代交替的进程已经不可阻遏。当年8月民进党召开全代会，虽然各派系头目纷纷想办法企图重回权力中心，但后来的事实证明都是徒劳。

美丽岛律师世代的政治人物在民进党失去执政权之后，他们身上背负了太多的原罪，已经不可能重返权力的中心了。所谓“四大天王”之中，谢长廷背负着自己“败选就退出政坛”的紧箍咒，吕秀莲有心而无力，游锡堃也无实力。这里面唯一还有能力也有意愿的是苏贞昌。所以苏蔡之争不可避免，并在2010年的“五都”之战中全面爆发出来。

“五都”选举之中，苏贞昌抢先出手，宣布参选台北市长，而迫使蔡英文参选新北市。两人由此交恶。选举的结果，苏贞昌在一片看好声中而大输17万票。蔡英文则获得100万票以上的好成绩，创下民进党在新北市的得票纪录，仅输朱立伦8万多票。这场选举重伤了苏贞昌的政治能量。虽然公妈派在选后企图检讨蔡英文败选的政治责任，但面对年轻世代强势“护驾”，也只能知难而退。

苏蔡之争最为直接的一次冲突，是围绕民进党“总统”候选人提名战而展开的。在这场斗争中，蔡英文一开始就获得了各派系的支持，营造出派系共主的气氛。苏贞昌独木难支，最后虽然只以些微差距败下阵来，但整个民进党已经形成了以蔡英文为共主的政治格局。面对蔡英文的来势汹汹，苏贞昌只能选择退避三舍，暂时沉潜，以待时机。如果蔡英文在2012年的大选中获胜，也许苏贞昌永远也等不到这个机会了，民进党的世代交替也将随着这场选战的落幕而最终完成，但蔡英文却在一片看好声中以80万票的差距落选。这个结果，使得蔡英文受伤不轻，她的权威和能力第一次受到党内外的强烈质疑。

选后蔡英文即宣布辞去党主席，暂时退出了民进党的权力核心。蔡英文的蛰伏，使得党内中生代变得群龙无首，这股凝聚起来的力量现在面临溃散的危险。因为中生代中没有任何一个人的力量能够和苏贞昌对抗，谁也无法阻止苏贞昌的卷土重来。而如果苏贞昌掌握了党的权力核心，民进党将进行新一轮的权力洗牌，这种权力重组将以派系斗争的形式展开，而党内中生代将被迫重新站队。因此，即将到来的民进党主席选举，将是一个观测民进党世代交替能否继续推进的重要节点，对民进党未来的权力格局将产生深远影响。

二、民进党新世代的构成及其政治特点

以上我们大致清理了民进党世代交替的基本脉络。就世代而言，民进党已经走过了三代，即美丽岛世代、美丽岛律师世代、新世代。美丽岛律师世代取代美丽岛世代发生在上世纪90年代末，虽然方式残酷但结果还是比较

成功的。但新世代取代美丽岛律师世代的过程并不顺利。这里有必要对新世代做一个清晰的定义。

我们这里所讲的新世代，确切地说是指学运世代和幕僚世代。学运世代崛起于上世纪 90 年代野百合学运，像周奕成、罗文嘉、马永成、段宜康、李文忠、林佳龙、郑文灿、陈其迈等都是代表人物，他们出名较早，又大多依庇于某一政治人物或势力。学运世代与美丽岛律师世代事实上是一个利益共同体，像陈水扁的上台，罗文嘉、马永成等学运世代居功至伟。但这种利益共同体也使得他们成为陈水扁贪腐集团的共犯而被社会清算，其所付出的政治代价极为惨痛。目前学运世代较为活跃者已经屈指可数，只有段宜康、郑文灿、陈其迈等还有一定的政治能量，其余大部分都已经被消耗掉，从而使民进党的发展出现了可怕的人才断层。这种负面影响在短期内难以消除。

当前民进党内新世代的主角是所谓幕僚世代，像林右昌、刘建忻、张宏陆、吴秉睿、赵天麟、阮昭雄、洪耀福、梁文杰等，他们都出身于幕僚，或者部属。严格说来，幕僚世代较学运世代晚半个世代，相较于学运世代，幕僚世代具有如下一些特点：

其一，幕僚世代缺乏完整的政治历练，缺乏大气魄、大格局。学运世代的一批人本来已经具有完整的政治历练，但由于他们与美丽岛律师世代走太近而被消耗掉。仓促走上前台的幕僚世代还来不及经历完整的行政历练，从政资历一般较浅，他们既没有美丽岛世代的大视野、大格局，也没有律师世代善于把握社会主流民意脉动，更没有学运世代的论述和策略能力。基本而言，他们还没有形成自己独特的政治风格，更没有提出自己的政治主张。幕僚世代要真正成熟，担当起大任还需要相当长时期的政治磨炼。

其二，政策执行力强，有较强的选举操作能力。幕僚世代大都长期跟随某一派系头目，对于政策的执行力较强。同时作为幕僚，其选举、文字等方面的能力都较佳，像赵天麟的口才能力、梁文杰的文字能力等都较为出色。这批人的选举爆发力不容小觑。

其三，意识形态色彩较弱，较为理性务实，有一定的可塑性。这一点与学运世代相类似。相较于美丽岛世代和律师世代，新世代没有政治包袱和历史悲情，较能理性务实地看待台湾的政治现实，这也使得幕僚世代的世界观和两岸观具有一定的可塑性。

其四，幕僚世代的反叛性不强，难以彻底摆脱派系政治的羁绊。幕僚世代具有顺从、遵循政治伦理的特色，这使得他们不可能直接去对抗他们所托庇的派系头目。这决定幕僚世代不可能形成一个独立的政治团队，也不可能跳出派系政治的窠臼。在这一点上，幕僚世代还不如学运世代。

其五，提不出明确的政见，也没有鲜明的政治风格。作为一个政治团体还稍嫌稚嫩，难以承担大任。

其六，政治形象较为清新。由于从政经历较浅，还没有太多的政治污点。这一点对于急于走出贪腐阴影的民进党来说显得特别重要。

相较于学运世代而言，幕僚世代的独立性不强，理想性缺乏，也无法提出鲜明的政见。这使得幕僚世代在短期内并无法真正主导民进党的发展。民进党的政策论述、发展前景还必须依赖于学运世代甚至更老辈的政治人物。这是民进党在相当长一段时期内难以改变的现状。幕僚世代作为一个整体虽然已经站到了民进党权力舞台的中央，但他们的准备及历练都明显不足。对于急于谷底爬升的民进党来说，远水解不了近渴，因此蔡英文只能启用学运世代甚至陈水扁时期的一些政治人物来进行政策论述和制定。像蔡英文主导成立的民进党智库，其主要班底还是陈水扁的旧部，像吴乃仁、吴钊燮、陈明通、陈忠信、萧美琴等等，都是陈水扁时期的核心幕僚。由他们制定的政策论述，不会有太多新意，这也决定了蔡英文所谓改革的局限性。可见，新一波民进党的世代交替其实是很不充分的，无论在组织上，还是在思想上都是如此。未来幕僚世代能不能提出新的有突破性的政策论述，将是决定民进党新世代交替成败的关键。

不管怎样，民进党的世代交替已经是一个无法扭转的事实，虽然过程曲折，但结果是确定的。并且，目前新世代已经在民进党内占据了有利的政治地位，像最新民进党籍的“立委”席次，年轻世代占据了相当分量，如陈其迈、段宜康、萧美琴、吴秉叡、蔡其昌、李昆泽、邱志伟、赵天麟、林佳龙等，都属于民进党内的新世代代表人物。因此，作为一个群体，民进党新世代的崛起已经是无可争辩的事实。

三、当前民进党世代交替的基本特征及其前景

在美丽岛世代与美丽岛律师世代实现世代交替的过程中，律师世代通过自己的努力逐步累积政治能量，并最终取代了美丽岛世代。交替过程比较残酷，这从许信良、施明德、张俊宏等美丽岛世代人士在民进党内的命运就可以看出来。

与上一波世代交替不同，新一波世代交替（即民进党新世代与律师世代的交替）具有如下一些特点：

首先，民进党以幕僚世代为主体的这一波世代交替具有很大的妥协性和不彻底性。其妥协性主要表现在摆不脱与派系头目的依庇格局，短时期内无法独立的承担政治责任；不彻底性则体现在幕僚世代在政策准备、行政历练等方面准备不足，无法真正主导民进党的发展。这个主导权目前看来，还在民进党的传统政治人物手中。

其次，新一波世代交替承担着民进党价值重建和政党形象重塑的历史重任。在上一波世代交替中，美丽岛律师世代承接了美丽岛受难者们的道德光环，因此他们在道德形象上是享受者，他们在当权后则变成了挥霍者。由于陈水扁八年执政，消耗掉了民进党长期累积起来的“清廉、勤政、爱乡土”政党形象，民进党必须要重新建立其政党形象。因此，重建党的形象，这一道德责任成为民进党新世代无法绕过的历史课题。

由于美丽岛律师世代及学运世代大多受到了陈水扁贪腐弊案的牵连，已经难以承担这种道德责任，民进党的道德重建只能选择政治资历尚浅的幕僚世代，利用他们的清新面孔重新唤回民众对于该党的信任，重新博取台湾民众对民进党在政治价值上的认同。因此，民进党在下台以后的历次选举提名中，都十分注意候选人的清新形象，特别是要有清廉的政治记录。事实证明，民进党的这种提名模式对于改变政党形象是有效的。但幕僚世代的政治人格和政治历练能否承担得起这种道德重建责任，这是需要观察的。目前看来并不乐观。

其三，新一波世代交替有突破民进党传统派系政治的趋势，但目前他们

的政治软弱性使他们无法走出派系政治的窠臼。由于新一波世代交替是在蔡英文的领导下催生的，而蔡英文并非传统的派系人物，这使得新生代在世代交替问题上能够突破传统派系政治的成见而合作。如果这一次蔡英文能够在“大选”中获胜，则未来民进党内只有蔡系，其他派系将式微，民进党将可能突破传统的派系政治结构而成长为一个正常的现代政党。目前显然这一发展前景并不乐观。在蔡英文主导民进党时期，新世代选择支持蔡英文，但由于新世代大都来自于各派系头目的推荐，这决定幕僚世代难以摆脱派系头目的羁绊，而蔡英文也难以形成自己独立的派系势力。在这一点上，作为民进党共主的蔡英文与陈水扁有着很大的不同。新世代通过双重效忠，使得蔡英文与各派系头目达成了一个基本的权力平衡。由于新世代先天的政治缺陷，使他们难以跳出派系政治的窠臼，因此，这一波世代交替注定是不彻底的。

新一波世代交替的不彻底性，使得传统派系政治极可能因为苏贞昌当选为民进党主席而又卷土重来，民进党的政党转型之路将更为艰难。但如果未来民进党内的反苏力量能够集结而成功阻止苏贞昌的主席之路，而寻找一个新的代理人出来扮演派系平衡的角色，那么民进党的世代交替将比较平顺。因此，即将到来的民进党主席选举具有十分重要的意义，其结果如何值得密切关注。现在一种观点认为，只要苏贞昌出来选主席则如探囊取物，其实并没有那么乐观。这里面除了谢苏心结外，新世代如何决策也十分关键。如果苏贞昌执意参选，他所要面临的最大问题是，他能驾驭得了新世代吗？也可能这是苏当选党主席的最大挑战吧。

（本文作于2012年3月）

“王马之争”及对台湾政局的影响

随着马英九因“特别费”问题被起诉，以及马辞去党主席并宣布参加2008年“总统”大选，国民党内部围绕着“总统候选人”提名问题，拥马（英九）派和拥王（金平）派之间的斗争渐趋激烈化，大有重演2000年“总统”大选导致国民党走向分裂之势。王马之争已经成为影响泛蓝阵营政治命运的关键问题，其未来走向如何值得我们高度关注并加以审慎分析。

一、“王马之争”的实质及当前的竞争态势

“王马之争”，论者一般认为是从2005年国民党党主席选举延伸而来。在那场选举中，王马阵营互不相让，并互有言词中伤，选举结果王金平以27%的得票率惨败。王马二人由此结下心结。此后，王金平一直拒绝出任国民党第一副主席，而马英九也似乎没有拿出足够的诚意去寻求与王金平的和解。王马心结在媒体的屡次炒作之下也愈结愈深。

为什么王马之间会因为一场选举而结下不解的心结？王马心结为什么迟迟得不到化解而渐渐演变成国民党内部的分裂危机？很显然，王马之争不是简单的个人意气之争，其背后蕴藏着更深刻的政治和社会因素。我们认为可以从以下几个方面来加以理解。

首先，从个人层面而言，王马心结是由于王马二人迥异的行政风格和个人气质造成的。马英九的个人气质，一般认为是形象清新、清正廉洁、温和理性，不结党营私。这种形象是马英九在长期从政经历中逐步建立起来并得到社会大众认可的。在国民党的传统政治文化中，马英九的政治风格确实算一个异类。而王金平的从政经历与马英九迥异，作为一位出身农家的孩子，能够凭借自己的努力，在国民党的官场文化中如鱼得水，左右逢源，并早早的成为台湾政坛的一颗政治明星，这表明王金平对于台湾政治的判断力和适

应力确实有超人之处。王金平是一位典型的传统型国民党政治人物，他的政治风格一向以处事圆润、广结善缘著称，是一位深谙国民党传统政治文化的政治人物。可见，王马恰恰是两种不同类型的政治人物，他们的政治风格具有天生的对立性。他们的合作只有在彼此能以坦诚、包容和理性的基础上才能达成。但是，具有政治“洁癖”的马英九显然缺少足够的肚量去“包容”王的政治风格，也无法真正做到与王坦诚相待。特别是在党主席选举中，马阵营公然指责王金平是“黑金”中心，这对于在国民党传统政治文化中浸淫日久的王金平来说无疑是在揭破一个最敏感的私处，难怪王一直对此耿耿于怀。

其次，就国民党内部的政治生态而言，马、王分别代表了国民党内的改革势力和传统势力，二人的斗争也是这两股政治势力斗争的集中体现。国民党在经过两次“总统”大选失败的冲击之后，基层要求改革的呼声逐步高涨，他们将改革的希望寄托在形象清新、清正廉洁的马英九身上。马英九不自觉地成为了国民党改革派力量的代表人物。相反，王金平在那场党主席选战中仍然采取传统的政治操作模式，走上层路线，争取派系力量和地方桩脚的支持，虽然他也成功争取到了众多国民党大佬和地方桩脚的支持，但这种上层路线并不能有效地动员社会基层力量。这表明，在经历了两次“总统”大选失败的冲击之后，国民党基层群众与整个国民党党机器已经严重脱节，国民党的基层动员力已经受到极大地削弱。在这种情况下，王金平仍然采取其惯用的政治操作模式，其局限性是显而易见的。王的败选也在情理之中。可见，王的败选从根本上来说是整个国民党机器特别是上层的保守势力被党的基层民众所打败。它凸现的是国民党的动员危机。但是身陷在权力斗争中的国民党政治人物有几人真正意识到这一危机呢？政治人物信奉的是实力原则，在自己的政治能量被消耗干以前，哪个政治人物能够主动退出战场？

而对于马英九而言，虽然他代表了改革的力量，但是这个身份是群众强加给他的。马英九能不能符合选民要求改革的期待，真正的考验还在后面。如果马英九无法满足选民的期待，选民同样可能背离他而去。这就是为什么马英九对“倒扁运动”的处理失当会令那么多蓝营支持者失望愤怒。而对于王金平来说，他没有马英九那么大的基层改革压力，他可以静静在一边看着马英九冲锋陷阵，并可以不失时机地收编那些马势力圈之外的政治人物，以积蓄自己的能量。甚至有一天，当马英九在改革的雷区遭遇不测时，以王金平在国民党内的实力，必然是他来收拾残局。王将不费吹灰之力取代马英九而获得泛蓝共主的地位。所以当马英九因“特别费案”被起诉之后，王金平不仅不为马背书，还主动点名马是“连续犯”，可能被判重刑。并传出王宴请检察官陈聪明，虽然不知所谈内容如何，但不能排除王是想从检察官口中探知马被起诉的可能性。台联“立委”罗志明明确地说，王金平已请教过大法官、法界人士，认定前国民党主席马英九的“特别费案”一、二审都会判有罪，到时马连参选资格都没有①。可见此事不虚。王金平的一切作为表明，他欲取马英九而代之。可以想见，如果马英九真被重罪判刑，将意味着国民党内的改革势力受到极大打击，而以王金平为代表的传统政治势力将再次成为国民党内的主导力量。这对国民党而言，其后果是相当严重的。

第三，王马之争还牵涉到比较复杂的省籍矛盾问题。由于马英九是所谓外省人，而王金平是本省人，因此，王马之争也绕不开省籍和族群问题的纠缠。马英九的主要支持者分布在北部，而王金平的支持者主要在南部，二人本来具有极大的互补性，但在王马相争的情势下，这反而成为王金平向马英九叫板的一个重要资本。王金平的本土身份使他在国民党内甚至在台湾政坛都处于一个相当微妙的地位。在国民党内，他以此聚集了一大批本土派“立委”，这支力量是国民党无论如何也不能忽视的。更为严重的是，王金平与李登辉过从甚密，当年李登辉在国民党内的一部分势力也是被王金平收编了的。王李二人的特殊关系对于国民党是一个极大的危险，他们二人从内外将国民党裂解的可能性不是没有。台湾大学石之瑜教授已经对此加以论述，他指出，李登辉前段时间在“台独”立场上的退却只是在调整姿态，为接收即将分裂的国民党做准备。② 此种观点值得我们深切注意。王金平一向在统“独”立场上暧昧不明，如果他接收国民党，会将国民党带向何方，确实是一个难以预测的问题。另外，陈水扁也多次企图通过拉拢王金平来分裂国民党，而王金平在这个问题上立场也并不十分坚定。王金平作为国民党

① 《马王配？绿委：王金平有十足把握让马选不下去》，凤凰网，2007年3月8日。

② 石之瑜：《陈水扁不必再挨子弹，将迎春畅笑?》，中国评论新闻网，2007年3月8日。

内的本土力量，成为“独派”势力用以分化瓦解泛蓝的棋子，这一态势本身就值得我们深思和警惕。如何加以应对，确实应早作筹谋。

在省籍矛盾这一层面上，马英九对王金平而言处于绝对劣势。省籍问题一直被认为是马英九的最大软肋，在这一问题上，马英九有求于王金平。如果马王能合作，对于淡化马英九在省籍问题上的“原罪”确实大有好处。但目前看来这种可能性并不大。

以上我们从三个方面论述了王马之争的实质问题，王马之争正是在以上三个层面展开。就目前王马之争的态势而言，马英九在个人气质和群众支持度方面都无疑占有优势。但王金平的本省人身份使他获得了一个战略制高点，这是他挑战马英九的最大政治资源。从最近民进党的一系列政治作为来看，省籍、族群矛盾仍然是民进党在将来进行政治动员和斗争的主要手段，作为外省人的马英九在这一议题上很难全身而退。在这一问题上，王金平无疑可以替马英九解套，起码可以弱化民进党的族群攻势，但目前王金平似乎还不愿意这样做，反而放话说“中南部人不会投外省人的票”。作为党内同志，王主动攻击马的省籍问题，这是十分不寻常的举动。

事实上，自从马英九被起诉以来，王金平的政治动作陡然变得毒辣而具有攻击性，迥异于他以往圆润沉稳的政治风格。王金平似乎赌定马英九会在“特别费案”中落马，因此出手毫不顾忌而丝毫不留余地。如他主动向媒体说“自己比马英九优势多”，并说马英九是“连续犯案，会被判 10 年以上重刑”，以及他关于“中南部人不会投外省人票”的谈话，招招都冲着马英九的命门，欲制马于死地之心已昭然若揭。当前许多人还在期待“马王配”，埋怨马英九为什么不降低姿态邀请王金平搭档参选 2008，殊不知此时的主动权已经不在马英九，而在王金平，正如王金平在否定吴伯雄提出的“马王配”或“王马配”的构想时所言，是否同意搭档，主动权不在邀请人，而在被邀请人。最近王金平在接受媒体采访时公然说出“要配就是‘王马配’，否则要协调干什么?”王的这些宣示清楚表明他目前的姿态是多么的高，“马王配”根本不是他的考虑，他的目的是要代表泛蓝阵营问鼎 2008 年“总统”大位。

面对王的挑战，马英九将如何应对？目前看来，他的处境相当不妙。“特别费案”被起诉，成为时刻悬挂在他头顶上的一柄利剑，随时可能让他的“总统”大梦突然破灭。而这柄利剑何时降落，完全操纵在陈水扁当局手中。命运尚且不能自主，马纵有雄心万丈，也是徒呼奈何！目前他只能期待那柄剑早早落下或者永远不落，或者出现其他奇迹，让他得以幸免于难。以拖待变是他目前最好的策略，所谓作“困兽之斗”，或许还能有一线生机。对于王金平的挑战，马英九也只能采取守势。当然王金平在此时也不敢相迫太急，毕竟马英九还拥有高人气，操之太急会让泛蓝群众把满腔怒气宣泄到王的头上，这个结果是王无论如何也承担不起的。所以，王金平除了期待马的“特别费案”早日被判有罪之外，他也无法再做太多。王马之争目前已经进入了一个十分关键而微妙的时刻，在这个关头，耐心与运气将是判断谁能最后胜出的关键。

二、“王马之争”的未来走向及对台湾政局的影响

如上所言，王马之争目前陷入了一种比较微妙的态势，马英九因为“特别费案”被起诉而被民进党掐住了命运的咽喉，这对于想要取马英九而代之的王金平来说无疑是一个千载难逢的大好时机。但民进党何时收紧套在马英九脖子上的绞索，也非王所能主导和控制。民进党诚然可以以“特别费案”置马英九于死地，但是正如苏贞昌所言，“特别费”是一项“历史共业”，“不能恶意株连”，目前民进党“四大天王”都有“特别费案”在身，如果马英九被宣判有罪，对于民进党的杀伤力同样巨大，投鼠忌器，民进党也不敢轻易扣动马英九“特别费案”的扳机。这样，马英九、民进党、王金平三方之间形成了一种奇特的相互牵制的三角关系。民进党用“特别费案”困住了马英九，而民进党由于顾忌“特别费案”对自己阵营的杀伤力，也不敢轻举妄动。在这种情况下，民进党有两项可供操作的策略：一方面借助“特别费案”的舆论炒作慢慢消耗马英九的人气并消磨其斗志；另一方面则是借国民党内部久已存在的王马之争，挑动王金平的夺权野心，以激化王马矛盾，从而达到借刀杀人的目的。而对于王金平来说，他同样希望借民进党之手，彻底打垮马英九，使自己能取代马而成为泛蓝共主，以问鼎2008年“总统”大位。但是王金平在这场三角角力中注定只是一个配角，

或者说一枚棋子。在这个三角中，他手中的筹码最少，他根本无法控制这场角逐的进程，他的机会就在于民进党最终能将马英九置于死地。但是，民进党既然能置马于死地，难道还能让王金平渔翁得利？所以，目前这场角逐的主角其实还是民进党和马英九，双方已经在做生死之搏，而王金平只是这场角逐中的一个配角。

现在的问题是：民进党想利用王金平这枚棋子从内部攻破马英九的防线，这一伎俩究竟在多大程度上能够得逞？在这一问题上，王金平成为了关键因素。正如我们在第一节分析的，马英九和王金平分别代表了国民党内的改革力量和传统力量。虽然王的政治实力明显不如马，但是王作为本省人，他的支持者又主要在南部县市，这些都是马英九的政治软肋，因此王也拥有向马要价的本钱。再加之马英九目前被“特别费案”绑住手脚，而王却左右逢源，是台湾各种政治势力都要讨好拉拢的对象，他的处境比马要超然得多。既然如此，他又何必过早达成“马王配”，让自己和马英九站在一起承受民进党一波波凶险无比的政治攻势？

因此我们可以认为，如果马英九不能释出最大的善意，或者给王足够的政治承诺，如果泛蓝阵营上下没有对于王金平足够的压力，泛蓝阵营所期待的“马王配”不会轻易成形，即使成形，那也是到了最后关头，马王都没有后退的空间了，方才可能达成。而这还要求在整个协调过程中，马王双方不误判形势。目前看来，这种危险性不是没有。

马英九在被起诉之前，他对于王金平姿态是比较高的。他自以为拥有高人气，并且一向以清廉自居的他对王金平的政治风格也抱持十分的戒心。因此，迟迟不愿表态与王金平搭配参选2008。在马被起诉之后，事情发生了极大变化。

按照国民党中常会在2006年7月修订通过的《中国国民党党员参加公职人员选举提名办法》和《本党党员违反党纪处分规程》的相关条文规定：任何党员一经起诉即停止党权，并丧失选举提名登记资格（即所谓“排黑条款”）。其实马英九在被起诉后已经失去了代表国民党参选2008的资格。虽然国民党中常会随后以“排黑条款”与“党纲”相冲突为由，宣布“排黑条款”失效并回归党章原意，即“经法院判决有罪者，无论判决是否确定，一律丧失提名登记资格”。这一修正使马英九暂时摆脱了被“停权”的窘境，但同时也对马英九本人及国民党造成了巨大伤害。首先，反“黑金”是国民党进行政治革新的一项重要内容，当初“排黑条款”也是在马英九的极力坚持下通过的。现在为了马英九一人而修改“排黑条款”，既让国民党的改革努力大打折扣，也使马英九的政治形象严重受损。其次，此一举措对此前因“排黑条款”而被处分的党内其他同志像基隆市长许财利（已殁）、新竹县长郑永金、党籍“立委”张昌财、参选台北县议员的钟小平等十分不公，这些人及他们的支持者们必将质疑党中央的公正性，基层的反弹到底有多大，目前尚待评估。第三，修改“排黑条款”为马英九解套，将加深王马心结，增加了国民党内部整合的难度。王金平已明确表示只愿意接受党内协调，而不愿参加党内初选，因为他怀疑党内初选的公正性。这对于国民党中央的公正性和权威性是一个不小的挑战。

对于马英九来说，为了获得党内提名资格，继续掌握党机器就显得相当重要。按照《中国国民党党章》第43条规定：“党员……经法院判决有罪者，无论判决是否确定，一律丧失参与党内初选资格，并不得由本党提名。”因此马英九一旦被一审宣判有罪，他将丧失被提名资格，否则只能修改党章。如果说“排黑条款”因与党章抵触而可以被中常会宣布废止的话，那么党章的修改则需提交全代会（全台代表大会）审议通过，操作起来将要复杂得多。可以想见，马英九要获得国民党的提名权，将是一件高难度的政治工程。在这一过程中，一个对马英九绝对忠诚的党是基本的前提和保障。在国民党主席补选中，王（金平）、马（英九）、连（战）、吴（伯雄）之间进行了激烈地政治交锋，根据媒体的相关报道可知，马英九不仅拒绝连战的协调（以王金平选党主席换取王退出“总统”选举，据说这一协调得到王的认可），甚至不同意王金平让连战出来选党主席的主张，最后让一直参与协调的代理主席吴伯雄“公亲变事主”，宣布参选党主席。由于吴伯雄与吴敦义组成的“双吴体制”一向被认为是马英九控制国民党机器的一个重要人事布局，可见吴的参选与马英九的授意有很大关系。吴的参选，意味着由连战出面协调王马的努力破局，此后王马之间进行协调的空间已经不大。

本来，吴伯雄参选之前释出消息称，他已成功协调王马彼此承诺无论谁成为“总统”候选人都要首先邀请对方为第一搭档，也即“马王配”或

“王马配”成形。但王金平次日就加以否认，称他能接受“优先邀请对手相互搭配的建议”，但不一定会接受别人的邀请。这表明他要的是“王马配”，而不是马阵营构想的“马王配”。在这种情况下，吴伯雄随后宣布参选党主席。在马阵营看来，如果王金平未宣示放弃选“总统”，则不能同意他去选党主席，甚至对连战回锅当党主席也不支持。因为马阵营很清楚，王的最终目的是要选“总统”。“马王配”破局，则马阵营必须保证党机器控制在自己手中。① 目前看来，如果不出意外，吴伯雄应当会赢得这场党主席选举，而马英九也可以继续透过“双吴体制”操控党机器，为他问鼎2008年“总统”大位铺平道路。

可以预见，未来如果马英九一审被判有罪，在“双吴体制”控制下的国民党将不惜修改党章替他解套。由于此前国民党中常会已经宣布将原本应于7、8月份召开的全代会提前到6月初举行，而国民党“总统”候选人党内初选投票日定在5月26日，这使得国民党可以在最短的时间内对党内初选的结果做出反应。这包括，其一，如果马英九顺利赢得初选，可以尽快在全代会上正式确定马英九的候选人身份；如果马此前被一审判罪，则可以透过全代会修改党章替马解套。面对民进党疯狂的“斩马”行动，国民党已经决定不惜用全党的命运来放手一搏。这是一场极其危险的豪赌，国民党赌上了党的命运，而民进党赌的则是台湾司法的命运。

马英九和国民党想与民进党作性命之搏，在这场生死较量中，王金平注定只能是一个配角。当然，正如我们在前面分析的，王可以充当关键的平衡角色，他手中的政治砝码加诸任何一方都可能使天平朝向那一方发生倾斜。因此，民进党一直想拉拢王金平以分化国民党。而对于马英九来说，王金平虽不足以成其事，却可以败其事。因此，他还必须耐心地接受王金平的讨价还价。从公开的资讯分析可知，目前马英九愿意释出的筹码包括像“立法院长”、党主席、甚至“副总统”等，但王金平却并不满意。因为这些职位虽然“位高”，但“权不重”，对于在“立法院”呆了30年的王金平来说并没有太大吸引力。王金平现在仍未放弃“总统”大梦，他还不能确定马英

① 相关报道可见《破局不在有无传话　关键还在马英九》，香港《中国评论新闻》，2007年3月12日。

九究竟会不会一审判罪，以及判罪后国民党内部修改党章替马解套的意愿有多强。因此笔者估计6月初国民党全代会召开之后，马王争夺“总统”候选人资格的斗争才会告一段落。在这期间，王金平的基本行动策略是：其一，他会继续拱连战出来协调，借连战来给马英九施加更大的压力，但他也知道“协调不会有任何结果”。其二，目前他倾向于不参加党内初选，因为他知道即使参选胜算也不大，还要白白损失200万保证金。其三，他会根据马英九“特别费案”审判的具体情况而做出不同的政治选择，包括如果法院作出有利于马英九的判决，要不要接受“马王配”，以及其他政治交换条件；如果马英九被判10年以上重罪，要不要争取国民党的征召，甚至不排除最后宣布独立参选的可能性。目前他要做的就是耐心等待审判结果。最近，传出他要访问大陆的消息，如果成行，对于他将是一个不小的加分。他起码可以通过这次访问达到如下目的：其一，化解蓝营对他“蓝皮绿骨”的疑虑，赢得泛蓝群众对他的信任。其二，对岛内民众打大陆牌。目前民进党是不能来，马英九是不敢来，这张牌只有王金平能打。可以预见，当王金平与大陆高层见面，并取得一定的访问成果后，必将极大地提升他在岛内的民意支持度。其三，王金平访问大陆后，将造成大陆支持王金平的印象，这对于马英九是一个不小的打击。看来，王金平已经准备把王马之争的主战场从岛内拉向大陆。对此，我方一定要慎重评估。

王马之间的较量还将继续下去，其结局如何目前尚难预料。王金平想得渔人之利，也许他能如愿，但没有马英九的国民党还能与民进党打一场像样的选战吗？也许马英九最终能冲破“特别费案”的陷阱，到那时，王金平还能从马英九那要到什么呢？有人担心，王马之争会最终导致国民党分裂，从而重演2000年国民党分裂败选的历史悲剧。这种可能性究竟有多大呢？按常理而言，这种可能性并不大。就马英九来说，他目前控制着党机器，当然不可能脱离国民党参选。就王金平来说，这种可能性也不大。因为，其一，在“立委”选举实行“单一选区两票制”后，两党制已经基本成为定局。国民党和民进党主导的蓝绿阵营的斗争将是台湾未来相当长一段时期内的基本政治格局。任何所谓“第三势力”的生存空间都不大。在这种政治生态下，王金平离开国民党，无异于政治自杀，相信也没有多少人愿意跟随他出走。其二，王金平的政治实力毕竟有限，他不可能与当年具有高民意支持度的宋楚瑜相比。更何况离开国民党后的宋楚瑜现在已经被彻底消耗掉了。前车之鉴，王金平能不引以为戒？其三，王金平只有在国民党内才能实现利益最大化。离开国民党，他将什么也不是。他的本土身份，只有国民党还需要这么个门面，民进党或“台联”党谁稀罕？他的政治风格也只能在国民党内才能找到知音，并因此能聚集一些政治能量。走出国民党，他还能有什么政治资源呢？王马之争这对矛盾只能在国民党内存在并不断演变，超出这个外壳，这对矛盾也就没有存在的基础了。当然，王金平也有可能经受不住李登辉或者民进党的诱惑，最终离党出走。那样对国民党和王金平而言是一个两败俱伤的结局。王金平愿意选择这种玉石俱焚的结局吗？以王金平的政治风格和政治处境而言应当不会，当然也不能完全排除。但如果走到那一步，则意味着国民党内的本土势力要与绿营实现大合流，整个台湾政局都将彻底改观。这种局面，已经超出笔者所要讨论的范围了。

当然，目前马王都必须正视国民党基层要求二人合作的民意呼声。二人谁都承担不起分裂国民党的罪名，这是马英九还不得不和王金平继续上演冗长而又令人生厌的“协调”大戏的最大压力。当然，王金平也同样要面对这种压力，这会使他不至于肆无忌惮，漫天要价。

王马之争的最终结果也许是一场喜剧。虽然索然无味，却也不会腥风血雨。只是看客会觉得“歹戏拖棚”，因此生出几分厌烦。目前国民党的关键还在于如何应对与民进党的这场生死之战。因为民进党的“圈马”战术已经将马英九死死困住，要让马英九冲出陷阱，只有国民党给予他最大的支持，甚至要国民党牺牲政治形象，比如在马被起诉之后修改党章替马解套。国民党需要凝聚党内共识，并争取蓝营基层群众的理解和支持，同仇敌忾，以哀兵之势同民进党做殊死决战，或许能最终取胜。只要能赢得 2008 年“总统”大选，则马英九得救，国民党得救，台湾也得救了。否则，国民党将就此一蹶不振，未来 10 至 20 年都不能再有执政的可能。

到那时，什么王马之争，只不过是一个人们茶余饭后的笑料谈资而已！

（本文作于 2007 年 4 月）

马英九大陆政策的基本内涵及其制约因素

2008年3月，马英九以高票当选为台湾地区最高领导人，台湾再次实现政党轮替。马英九在当选后，把两岸政策作为优先处理的课题，做出了一系列有利于两岸和解的重大政策调整，使两岸关系在短短几个月的时间内发生了根本性的转变。有鉴于台湾当局十多年来一直执行一条对抗性的大陆政策，马英九当前所做出的大陆政策调整可以看做是一场革命，将对台湾社会的政治生态造成重大冲击，也会对两岸关系的未来发展带来深远影响。

一、马英九大陆政策的基本内涵

综合分析，马英九的大陆政策主要包括如下几个方面的内容：

其一，主张在“九二共识，一中各表”的基础恢复两岸两会协商机制。明确反对“两国论”或“法理台独”，将两岸关系定位为地区与地区的关系，即“一国两区”。

“九二共识”是两岸关系的里程碑，也是两岸协商谈判的政治基础。“九二共识”的精神实质是在坚持“一个中国”原则的基础上，对于“一个中国”的内涵求同存异。这一共识是客观存在的，不容否认的，它对于两岸关系的发展至关重要。但李登辉、陈水扁等分裂势力却视“九二共识”为追求“台独”的最大绊脚石，拒不承认“九二共识”，致使两岸协商谈判中断达十年之久。两岸关系危机四伏，冲突不断。

两岸要重启协商谈判，就必须要回到“九二共识”的原则基础上来。而马英九恰恰在这一问题上的立场是十分坚定地。他一贯承认“九二共识”，甚至对媒体表示，他可能是世界上讲“九二共识”最多的人。在马英九的就职演说中，也多次提到“九二共识”，主张在“九二共识”的基础上，两岸尽早恢复协商。因此两岸很容易的在“九二共识”的基础上找到了协商谈判的政治基础，两岸的协商谈判之门自然打开。这也是两岸关系在马英九上任以来短时间内能够取得重大突破的根本原因。“九二共识，一中各表”是马英九大陆政策的基本出发点，也是与李登辉、陈水扁时期大陆政策的基本歧异点。由此而出发所制定的大陆政策，必将造成两岸关系新的面貌。

其二，主张两岸暂时“维持现状”，在“不统、不独、不武”的基础上追求台海和平。“维持现状”是马英九大陆政策的核心理念。对于两岸关系的最终前途，他主张两岸在取得台湾人民同意的前提下的有条件的“终极统一”，但对于现阶段的两岸关系他主张维持现状。维持现状就是超越统“独”，“不要去追求‘台独’或者是追求统一”。他认为“绝大多数台湾民众都希望维持现状”，因此，台湾应当“把时间都花在内部的经济发展民生问题上”，“而不要整天去谈‘统’、‘独’问题”，两岸应当“维持现状、统独休兵、务实开放”。现阶段不要去碰触统“独”议题，因为“台湾跟中国大陆都还没准备好”。“国民党反对任何‘现状的片面改变’，反对所有非和平、违宪的现状改变手段”。他建议，两岸应协商出一个可行的和平协议，并以此作为指引未来数十年间两岸和平互动的基本框架。

“维持现状”、“不统不独不武”是马英九企图引领台湾社会摆脱过去十多年来两岸关系陷入统“独”斗争泥沼而难以自拔的困境而提出的一个折中性方案。其核心是要“搁置争议，共创双赢”，打开两岸关系的死结，为台湾寻找一条活路。“不统不独不武”的关键是“不独不武”，即台湾不“独”，大陆不武，追求两岸的和平共荣。

其三，提出两岸“外交休兵”，积极寻求大陆的谅解与合作，务实争取台湾的“国际空间”。同时重视巩固与美日等大国的同盟关系。马英九认为，“台湾的‘外交’困境不能只以外交手段解决”，而“应从两岸关系的改善着手，台湾才能务实地争取更多国际空间”。他赞同“大陆政策是外交政策的上位政策”的主张，把与两岸关系的改善作为台湾获取“国际空间”的前提条件。

马英九的“外交”路线有别于陈水扁的“烽火外交”政策，在一定程度上避免了两岸在国际上进行不必要的恶性竞争，有利于两岸建立互信，协商解决台湾的“国际空间”问题。

其四，推动两岸以“九二共识”为基础进行政治对话。恢复两会协商谈判机制，同时辅之以国共交流平台，建立多层次的两岸沟通管道。马英九认为，政治谈判是化解两岸政治僵局的重要步骤，也是改善两岸关系的必由之路。马英九在当选后，抓住各种有利时机，积极促进两岸高层的会面，先是2008年4月12日博鳌论坛的“胡萧会”。以萧万长当时“副总统当选人”的特殊身份，“胡萧会”得以举行就意味着两岸关系的重大突破，萧万长并且提出了“正视现实、开创未来、搁置争议、追求双赢”16字箴言。4月29日，胡锦涛总书记在接见国民党荣誉主席连战一行的时候提出“建立互信、搁置争议、求同存异、共创双赢”16字箴言，作为对此前萧万长提出的16字箴言的回应。这两个16字箴言，在马英九的5·20就职演说中都有明确提及，它们将作为未来推动两岸关系发展的基本方针。5月28日，胡锦涛与吴伯雄举行会面。“胡吴会”是稍前“胡连会”的继续，说明国共两党对国共交流平台的重视，这一平台在未来两会协商管道外仍然将扮演重要作用。

在这一系列高层对话的基础上，两岸两会复谈之门迅速打开。6月11日至14日，海协会与海基会在北京举行第一次“陈江会谈”，重启中断近十年之久的两会协商谈判。双方并就签署两岸周末包机和大陆居民赴台旅游两项协议。这种效率在两岸谈判的历史上是未曾有过的，为两岸制度性协商机制的建立奠定了良好基础。11月3日至7日，海协会会长陈云林率团赴台访问，在台北举行第二次“陈江会”。虽然这次会谈遭到绿营支持群众的强力阻扰，但两会协商仍然成功举行，并签署了空运、海运、邮政合作和食品安全等四项协议。基本实现了两岸直接“三通”，取得了两岸关系史上的重大突破。

按照“先易后难、先经后政、循序渐进”的原则，未来两会将围绕“深化两岸经济合作、实现两岸经济关系正常化”这一主轴展开，面对国际金融危机的严峻现实，两岸如何携手应对金融风暴的冲击是一个迫切问题，金融合作将是两岸下一步协商谈判的重点。陈云林表示，“两会今后一个时期应重点协商推动建立两岸金融合作问题，协商推进两岸经济关系正常化、紧密化问题，以逐步构建两岸经济合作制度化框架。同时，两会也应积极协商加强文化交流、社会交流等议题。”而海基会在最新提出的业务重点计划报告中也列入“建立两岸交流持续、两岸金融合作、两岸投资合作、两岸产业合作、两岸渔业合作、两岸文教交流”等六项议题。预计明年两会将围绕这些议题展开协商。

至于未来两岸谈判的中期目标，需要面对签订两岸“和平协议”、“建立军事互信机制”等问题。这是马英九的政策主张，也是中共十七大报告中明确写入的两岸谈判议题。这些目标的达成对于确立两岸和平发展的制度化框架无疑具有重要作用。但基于两岸的政治现实，短期内还无法启动如此高难度的政治议题。两岸目前需要逐步累积善意，先打开两岸交流合作的新局面，为最终签订和平协定创造条件。

其五，积极推动两岸“三通”进程，扩大两岸经济交流合作，并最终建立两岸共同市场。从李登辉时期的“戒急用忍”策略，到陈水扁时期的“积极开放、有效管理”（2006 年后改为“有效管理、积极开放”），无不对两岸经济交流加以限制。技术性阻扰两岸“三通”，对台湾企业投资大陆采取种种限制措施，使两岸经贸的正常交流被人为阻隔，这也导致台资外流，台湾经济“边缘化”和产业“空洞化”的危机。事实上，由于大陆经济的崛起，台湾经济已经与大陆紧密相连，要人为割断这种联系显然是不现实的。尽快实现两岸“三通”，加强两岸经贸交流是台湾产业界的普遍要求。马英九在上台后，迅速对台湾经贸政策做出调整，包括取消投资大陆 40% 上限，开放大陆观光客入台，开放陆资入岛，人民币在岛内自由兑换以及签订类似 APEC 的两岸综合性经贸协议等。特别是明确提出两岸“三通”时间表。当然，这些政策的达成还需要大陆的配合，于是海协会与海基会迅速就相关经济议题展开谈判，目前有些议题已经超前完成，如“三通”议题就已基本实现，其他如金融合作也将进行谈判，相信会有好的结果。两岸经济合作的最终目的是要建立“两岸共同市场”，这是萧万长最先提出的政策理念，并写进了 2005 年胡连会公报中。“两岸共同市场”也是马萧在竞选期间提出的主要经济政见，这一政策的核心内涵是参考欧盟模式，结合两岸的实际情况，强调开放式的经济整合，实现两岸互惠互利、共存共荣。它对于两岸的和平发展是有利的。未来两岸经贸的融合将进一步加深，这是毫无疑问的。

其六，积极推动两岸交流，特别是文教交流。两岸民间交流对于两岸人民化解敌意、增进了解无疑是十分重要的，它有助于扩大两岸和平发展的民意基础。目前随着大陆观光客入台协议的签订、两岸“三通”的基本完成，未来两岸人民的交流将更为便捷和紧密。此外，马英九还主张承认大陆若干重点大学的学历，允许陆生入台就读等。这些政策都有利于扩大两岸人民的交流。

其七，认同“两岸人民同属中华民族”，认同中华文化。马英九有着极强的民族气节，这是人所共知的事实。在他的就职演说辞中，他明确提出“两岸人民同属中华民族”，这与陈水扁当局大搞“去中国化”和“文化台独”截然不同，它反映了两人在文化认同、民族认同上的两种倾向。这是马英九大陆政策上最值得称道的地方，也是两岸目前所能找到的最大公约数。这一共识在2008年5月28日胡锦涛与吴伯雄的会面中得到再次确认，两人都不约而同地强调在四川地震救灾过程中两岸同胞体现出的“中华民族情感”，更在会谈中十多次提及“中华民族”这一概念。这对于增强两岸交流的善意有着十分重要的意义。

马英九在就任后所推行的一系列大陆政策开放措施，使两岸关系在短时间内就发生了巨大而深刻的变化，可谓是一日千里。两岸关系之所以会在马英九上台后发生如此巨大的变化，这首先是两岸以及国际局势大环境的改变。随着中国大陆的迅速崛起，两岸力量的对比差距越来越大，大陆主导台海局势的能力越来越强。台湾要继续执行与大陆的全面对抗政策已经难以为继，无能为力，必须要全盘更张，台湾才能重新找回自己的位置。其次，自2005年4月连宋等访问大陆以来，两岸交流的形势骤然打开，民进党当局已经无法阻扰两岸人民的交流，两岸关系的和平发展受到了越来越多台湾民众的认可，加强两岸交流已经成为大势所趋。这种趋势是任何政治人物都不能阻挡的。第三，国际局势有利于两岸关系缓和。由于民进党当局的对抗性大陆政策，使两岸关系时刻面临全面摊牌的危机。从而对东亚安全乃至世界和平造成严重威胁，美日等国际势力深知中国政府在台湾问题上的决心和能力，不敢轻易冒险触发这个火药桶，因此形成了美日等国纷纷主动遏制“台独”势力的局面。“台独”势力注定无法突破中国政府在国际上维持的“一个中国”原则政策底线。第四，马英九的大陆政策本身与大陆当前的对台政策存在相当大程度的交集，双方形成了很大的善意和共识。双方都承认“九二共识”；都承认两岸同属“中华民族”；都主张在一段时期内维持台海现状；都追求两岸关系的和平发展。在这些大原则上双方取得了原则共识，这使得在具体事务上的谈判来得比较容易。因为抛开主权的争议，两岸人民事实上是存在着很大的共同利益的，是一个“两岸命运共同体”。两岸暂时搁置主权的争议，培养和扩大两岸的共同利益，这是符合两岸人民根本利益的，也是符合中华民族根本利益的。

二、阻碍马英九大陆政策调整的制约因素

虽然两岸关系在马英九上任后取得了举世瞩目的巨大成就，但两岸关系的发展仍然存在着很大隐忧。两岸关系要实现彻底和解，并最终建立两岸永久的和平机制，并非是一蹴而就的。就两岸关系发展的近期及远期前景而言，主要存在着如下一些制约性因素。这些因素如果处理不当，还可能阻碍两岸关系的和平发展进程，甚至出现暂时逆转。

其一，如何应对和化解岛内绿营政治势力对发展两岸关系的阻扰和制约。民进党基于其“台独”意识形态而拒不承认“九二共识”，并将两岸关系定位为“一边一国”，严重违背大陆“一个中国”原则的政策底线，这使得两岸失去了进行政治对话的政治基础，两岸陷入严重的“独”与“反独”的全面对抗。相应地，民进党的大陆政策也是为其“台独”意识形态服务的。民进党的“台独”立场成为两岸关系的死结，两岸关系就官方层面基本陷入停滞。不仅如此，民进党为了选举利益，还常常用两岸的对立来挑动台湾民众的历史悲情，制造族群矛盾以赢取选票，两岸关系成为其选举政策的工具。因此有论者指出，在民进党执政时期根本没有两岸关系，而只有两岸议题。八年来，两岸关系冲突不断，危机四伏，走入了死胡同。台湾社会深受其害，为民进党对抗性大陆政策付出了沉重的代价。也因此遭到台湾人民的唾弃，成为民进党下台的一个重要原因。

民进党虽然在野，但并没有彻底反省其“台独”路线和大陆政策，相反却不惜采取暴力阻扰当前两岸关系全面和解的进程，给马英九的大陆政策造成很大困扰。毕竟民进党虽然败选，却仍然拥有544万多张选票，这是一

股不小的民意，马英九在推动两岸关系的时候不得不考虑这部分民意的压力。为了最大限度地寻求岛内共识，马英九启用原“台联党立委”赖幸媛出任“陆委会主委”，就是一大举措，不过却因此引起蓝营民众的反弹和大陆的疑虑。可见，面对岛内蓝绿对立的政治生态，要寻找岛内共识并非易事。应当承认，目前岛内部分绿营群众对于两岸关系的快速和解是十分抵触的，这从2008年11月份台北第二次“陈江会”期间绿营群众的暴力对抗可以看出来。未来民进党已经扬言要重回街头运动，如果真如此，台湾社会将陷入新的动荡不安，对于两岸关系的正常发展也会产生很大阻扰。当然，如果民进党重回街头运动，那么其重回执政之路将遥遥无期，甚至有泡沫化之虞。因此，街头运动对于民进党而言是一柄双刃剑。面对当前两岸关系迅速改善的大势，民进党应当严肃思考其大陆政策该如何转型，以符合两岸关系的实际。而不是抱残守缺，继续用对抗性思维思考两岸关系。因为那样将会使民进党在两岸关系上被日益边缘化，除此之外它什么都得不到。

其二，如何引导和缓和岛内已经客观存在的“台湾主体意识”对发展两岸关系的疑虑和不安。从80年代以来，特别是经过李登辉和陈水扁执政时期的刻意操作和培养，台湾社会已经形成了所谓的“台湾主体意识”，“台湾主体意识”虽然不能等同于“台独意识”，但也绝非一般意义的乡土意识，它有其特定的意涵和形成背景。它是李登辉执政时期精心构造的一种新的“台湾意识”，陈水扁执政时期又继续加以深化巩固，目前这一意识已经成为台湾社会的主流认同。“台湾主体意识”本质上是一种“国族认同意识”，即认同台湾是一个“国家”，台湾的前途和利益应当由2300万台湾人民来决定。“台湾主体意识”并不排斥两岸交流，但又担心在两岸交往的过程中，台湾主权和尊严的流失，因此对于两岸的交流持有很强的戒心。这种群体心态在当前两岸关系大幅改善的情况下已经显示出来，许多人对两岸关系的大幅改善感到不安，这也是造成马英九民调支持度大幅下降的一个重要原因。马英九必须要证明他既能改善两岸关系，为台湾人民带来利益，又要保证不能造成台湾主权的流失，如何在这二者之间取得平衡，确实是一个很大的挑战。

其三，如何化解美日等国际势力的疑虑。美日是介入台湾问题较深的国家，特别是美国，是影响台湾问题解决的关键外部因素。美国基于其东亚安全利益，长期以来把台湾作为遏制中国的桥头堡，但又不想冒与中国全面摊牌的风险，因此在台海两岸执行一条平衡战略，反对任何一方单方面改变现状，以保证美国在台海两岸获取最大利益。马英九虽然保证“维持现状”，但美国对于台海现状有其自身的解读，两岸未来的和解会不会冲击美国所定义的“台海现状”而招致美国的干预？这确实是一个值得关注的问题。虽然从目前看来，美国对于两岸的和解是持一种欢迎态度的，但其实私下也正在观察其后续的发展及效应。目前美国刚刚实现政党轮替，民进党的奥巴马上台，未来美国的台海政策究竟如何，目前还很难判断。

日本同样是影响台湾问题的重要国际因素。日本与台湾有着复杂的历史和现实利益纠葛，历史上日本曾在台湾实行过50年的殖民统治，而现实中日本与台湾地区的经济联系十分紧密，台湾海峡是日本重要的战略运输航线，日本与台湾地区的“台独”势力有着千丝万缕的联系。近年来，日本对台湾问题的介入越来越深。早在2003年6月，日本参众两院通过“有事三法案”，就将台湾海峡列入“有事”的范畴。2005年2月，美日修改《日美防卫合作新指针》，把“台湾海峡的安全问题”作为两国的“共同战略目标”。而民进党执政时期也一直推行“联日制中”的策略，加强与日本的联系。

日本对于马英九有着很大的疑虑，特别是马英九“保钓”的民族主义立场，使得日本担心马英九当选后过分“亲中”，损害日本的利益，虽然马英九在选前曾前往日本访问说明其“维持现状”的立场，但并不能从根本上化解日本的疑虑。2009年6月初发生的“保钓”事件，对于台日关系造成了很大的冲击。未来日本面对两岸的和解会如何调整其台海政策也值得关注。

其四，如何务实面对两岸潜藏的结构性矛盾分歧，并努力扩大彼此的共同利益。马英九的当选，极大地改善了两岸关系的气氛，加速了两岸和解的进程，但两岸潜藏的结构性矛盾在短时间内仍然难以化解，比如两岸对于“台湾主权”问题的争议，台湾谋求“国际空间”的努力与大陆“一个中国”原则的冲突，两岸在制度上的差异与竞争等，这些矛盾都难以在短时间内得到解决。需要两岸建立高度的互信，本着“求同存异”“搁置争议”的精神，通过对话来化解歧见，努力扩大彼此的共同利益，以达到“共创双赢”的目的，构建两岸的生命共同体，这同样是一个高难度的挑战。

（本文作于2009年3月）

蓝绿阵营的发展态势及对两岸关系的影响

去年年底（2009 年 12 月 5 日）的“三合一”选举及今年年初（2010 年 1 月 7 日）“立委”补选以来，台湾政局发生了巨大变化，国民党在这两场选举中都遭到失败，而民进党则取得相对胜利。在县市长选举中国民党丢掉具有指标意义的宜兰县，得票率相较于上届（2005）选举大幅降低，而民进党则大幅上涨（国民党两次县市长选举得票率分别为 52.18% 和 47.88%；民进党分别为 39.50% 和 45.32%）。在“立委”补选中，民进党更是 3 席全拿。即将于 2 月 27 日举行的另外 4 席“立委”补选，目前民调显示民进党普遍领先，一般认为国民党还会继续遭受失败。即将到来的 2010 年底的“五都”选举，目前看来形势对民进党也比较有利。可见，国民党正在遭受一系列溃败式战略性选举失败，其后果是相当严重的。马英九能不能顺利连任，目前已经成为需要严重关切的问题。台湾政局自 2008 年 3 月实现政党轮替以来，为什么在短短一年多的时间内就会发生如此大的逆转？以高票当选的马英九为什么会在短时间内从蓝营的超级明星沦落为蓝营选举的负资产？这其中的原因如何？马英九还能逆转这一颓势吗？他会如何调整其内外政策？这种政策调整会对台湾政局和两岸关系带来何种影响？

从另一方面而言，气势逐步上升的民进党未来发展的形势究竟如何？刚刚摆脱扁案阴影的民进党在没有进行真正像样改革的情况下真的就能在 2012 年重新执政？蔡英文能够带领民进党完成改革重新再起吗？民进党会如何调整其内外政策特别是大陆政策？这些问题同样是需要我们认真思考的问题。

总之，目前台湾政局正在发生了剧烈的变化，不可避免的将给两岸关系带来影响，甚至会关系到两岸关系和平发展的局面能不能有效维持和继续推进的问题。

一、马英九当局执政状况及其前景

1. 马英九当局的执政困境及其根源

到目前为止，我们可以判断，马英九当局的执政基本上是失败的。在岛内，马英九个人及其执政团队的民调满意度屡创新低（最新是23%），马英九已经被贴上无能的标签，人民怨声载道，批马成为一种社会风尚。在国际上，马英九当局推行所谓“和中、亲美、友日”的平衡战略，并自诩台湾成为了“和平的缔造者”，但三方（包括我方）对马英九当局的质疑从来没有停止过，这背后潜藏着极大的危机。

为什么马英九当局的执政会迅速走向失败？岛内媒体和马当局自身都有检讨，综合起来主要有如下几个方面的原因：

（1）国际大环境不好（马上台后连续遭遇石油危机、金融危机、H1N1流感、“八八风灾”等天灾人祸）。

（2）国民党人才断层严重，马英九只能启用李（登辉）陈（水扁）时期的人，一大批绿营或者“蓝皮绿骨”的人被留在马政府内，从而导致政令不一，施政混乱。

（3）马政府沟通能力严重不足，包括“朝野”之间的沟通，与党籍“立委”、派系人物的沟通，与人民的沟通都严重不足。

（4）国民党上层的权力制衡，连（战）、宋（楚瑜）、王（金平）等都与马英九存在或大或小的心结。另外，地方派系对马英九改革路线的反弹很大。

（5）马英九上台后，过分“讨好”绿营选民，在诸如陈聪明的留任问题以及其他一些人事案的任命问题上都没有考虑蓝营选民的感受，致使蓝营民众疏离。

（6）两岸交流走得太快，没有把握好节奏，造成民众对“主权流失”的猜疑。另外，两岸交流的好处也被特定行业和阶层的人享有，底层百姓并没有享受到多少实惠。

（7）马英九及其执政团队的执行力存在严重不足。比如“美国进口牛肉风波”、“八八风灾”的救济工作、ECFA的争议问题、流感疫苗问题等等，这些都暴露出马英九团队的执行力存在很大问题。决策过程粗糙，执行过程也状况百出。

（8）除以上这些因素外，我们认为还有一个更根本的原因，也即马当局的内外政策脱离了台湾的政治现实。马英九当局的内外政策，从根本上说是寻求各种平衡和妥协。在国际上是寻求在中美日三者之间的平衡，在岛内是寻求蓝绿阵营之间的平衡。这种平衡政策脱离了台湾的客观政治环境。就国际环境而言，台湾处于中美日等国际强权角力的风暴中心，在国际强权的挤压下，台湾的自主性是十分脆弱的。马英九要在中美日三角关系中推行平衡战略，这显然已经超出了台湾的能力范围。现实状况正是如此，马当局试图推行“和中、亲美、友日”的对外政策，但马英九的两岸和解政策从一开始就遭受到美日的质疑，美国一再提醒马英九的两岸和解政策不能损害美国的利益，而日本在马英九上台后迄今已经两次挑起钓鱼岛海域的鱼权纠纷，向马当局施压的目的十分明显。日本前驻台机构代表斋藤正树甚至公开表示台湾主权地位未定，挑战马当局在台湾主权定位上的底线。可见，马英九推行两岸和解的政策遭受到美日相当大的压力。但从我方而言，我们对马英九的内外政策同样充满疑问，如坚持要购买美国武器，企图把国际因素引进两岸政治对话过程中，这些都不能不使我方产生疑虑。特别是，马英九当局一方面不愿启动两岸政治对话进程，另一方面则继续强化寻求台湾“国际空间”的努力，同时在经济利益上寻求大陆的最大支持。这种只要不给的两岸关系模式是无法持久的，如果有一天台湾的索取超出了大陆的原则底线，那么两岸将不可避免地要发生冲突。可见，马英九当局的对外政策似乎是处处讨好，但背后却潜藏着危机。在目前环境下，由于中美之间在台海问题达成了暂时的妥协，而大陆又对马英九当局寄予一定的希望，因此马当局的平衡政策还有一定的空间，但未来随着中美角力的加剧，台湾左右逢源的空间会越来越小。从长远来看，这一对外政策是注定要失败的。

就岛内政局而言，马英九以当全民“总统”为念，实施企图推动蓝绿和解政策，但目前看来，他的这一努力也是失败的。在台湾的蓝绿政治结构中，根本不存在中间路线的可能，而只能是一种非此即彼的零合竞争游戏。在目前情况下，台湾任何的政治人物都无法突破这一政治结构的局限，陈水扁执政时期如此，马英九执政时期同样如此。马英九要在蓝绿之间寻求平衡政策同样注定是要失败的。今天马英九已经逐步认清这一政治现实。

以上这些原因是造成马英九执政困境的根源。在经历一系列选战的失败之后，马英九必定会重新检讨其内外政策，其检讨的方向与力度，及其随之产生的影响是我们必须要密切注意的。

2. 马英九内外政策检讨的基本方向和力度

在经过一系列选举失败后，马英九宣示要进行政策检讨。检讨的方向无非内政、“外交”和两岸三个方面。

（1）“外交”领域。“外交”方面由于大陆的善意配合，马当局的“外交休兵”得到了一定程度的落实，在拓展“国际空间”问题上也取得了不小的突破，如参加 WHA，两次派连战出席 APEC 会议等等。因此在“外交”领域马当局是得分的，目前没有检讨的必要，未来甚至会更加强化这方面的工作，以期取得更多突破。

（2）大陆政策。大陆政策方面本来也是马当局的主要得分点，但由于马当局要得太多，大陆给得太猛，加之民进党的刻意抹黑和中伤，马英九在大陆政策方面的得分大打折扣，这是十分可惜的。马当局未来对于大陆政策应当会做出一些调整。但整个大陆政策的方向不会改变，而只是在步骤和节奏上会有所控制，在一些具体问题上会更加坚持台湾的主体性。

目前看来，马当局在两岸经贸交流方面有意放缓了政策执行的节奏。如 2009 年 6 月签订的 MOU（两岸金融监理协议），到现在也还没有进一步落实。在 2009 年 12 月第四次陈江会谈原拟签订四项协议，但最终只签订了三项。陆资入岛议题一度纷纷扬扬，现在也被有意冷冻起来。另据媒体报道，台湾当局原先有意开放十二寸晶元厂登陆，目前也被搁置。这些迹象说明，马当局在两岸经贸交流方面已经开始局部紧缩。至于两岸签订 ECFA 问题，台湾当局方面显得十分积极，但其背后的真正意图是在两岸签订 ECFA 之后以便于台湾地区与东南亚国家及其他地区签订 FTA，借此避免台湾经济边缘化的危机，同时缓解台湾经济过分依赖大陆的局面。

两岸文教交流是继两岸经贸交流之后的又一个两岸交流重点，目前马英九当局对此还是比较积极的。但对于承认大陆学历，允许陆生入岛等原先允诺的政策会不会因为岛内民众的反弹而搁置还有待观察。

两岸政党交流，国共平台可能会逐步淡化其作用和功能，同时，国民党可能会借用政党外交的平台拓展国际政党外交渠道。

在两岸关系定位方面，会坚持“一中各表”的“九二共识”，这个政策基调不会改变，但未来会进一步强调“中华民国是一个主权独立国家”的现实。在诸如“撤飞弹”问题上，把此一问题和两岸政治谈判的进程挂钩。此外还将加大在自由民主人权等问题上对大陆的批评力度。

总之，未来马英九当局在维持两岸交流局面的基本前提下，极有可能会刻意凸显一些两岸的争议性议题，以体现台湾的所谓“主体性”要求。

（3）内政方面。内政是马英九政策检讨的重点。首先，要重新进行“内阁”人事调整。此项消息吴敦义已经对外宣布。其次，加强与党内特别是“立法院”系统的沟通和协调，加强与地方派系的沟通与协调。此项工作已交由国民党秘书长金溥聪执行。第三，抛弃全民“总统”的迷思，强化与民进党的对抗，最为明显的例子就是最近“地制法”的通过，国民党强力动员，与民进党籍“立委”爆发激烈肢体冲突，最终保证该法案的过关。未来随着国民党立场的趋于强硬，台湾政治将进入新一轮的对抗冲突期。第四，向蓝营选民交心，重新取得他们的认同和支持。此点马英九已经开始在做。其他各项从略。

3. 马英九连任的前景分析

从马英九就任以来，国民党在历次重要选举中都表现不理想，从云林、大安区“立委”补选，到“三合一”选举，最近的3席“立委”补选，国民党阵营的表现都差强人意，遭遇一次又一次的失利。就目前的情况分析，在未来的两场重要选举中，2月27日的4席“立委”补选民进党很可能取得3—4席，年底的“五都”市长选举，民进党很可能拿下3席。这种骨牌效应将对马英九的连任之路造成致命冲击，2012年马英九究竟能否连任，已经成为我们必须要严肃思考和面对的问题。但认真分析目前的台湾政局及相关因素，我们认为，马英九2012年连任将可能侥幸过关，其理由如下：

首先，国民党所经历的一系列失败关键还在于国民党自身发展的缺陷，如人才断层严重，提不出恰当的候选人。国民党的派系问题严重，并且闹内讧，削弱了国民党的竞争力。国民党内权力斗争严重，人心不齐等等。但国民党选举的失败并不代表马英九也会失败，这二者之间是有区别的。

其次，国民党虽然遭受到一系列选举失利，但台湾的蓝绿政治版图并没有发生重大变化。国民党仍然拥有绝大多数执政县市。“立法院”即使民进党再增加 4 席也不会改变国民党占绝对优势的现实。“五都”市长选举民进党拿下 3 席也有特定候选人的作用，主要是苏贞昌可能拿下新北市，但如果苏贞昌选新北市，他在与马英九竞争“总统”大位的时候就多了一重负担。因此，民进党所取得的一系列胜利并没有改变台湾的蓝绿政治版图，其实力增加有限。

第三，国民党在遭受一系列失败之后会逐步唤起蓝营选民的危机意识，这对于马英九连任是有好处的。考虑到自 2005 年“三合一”选举以来，国民党都以绝对优势拿下历次重大选举，蓝营选民的松懈心理是存在的，再加之对马英九执政的现状不满，蓝营选民投票意愿不高是可以理解的。这也是造成国民党在 2008 年政党轮替之后的历次选举都失利的重要原因。通过这一系列选举的失败，重新激发出蓝营选民的危机意识，这对于 2012 年的“总统”大选是十分有利的。

第四，民进党迄今为止并没有进行有效的改革，还不具备重新走向执政的条件。此点我们将在后面详述。

第五，2012 年世界经济情势会好转，客观环境会对马英九有利。

第六，马英九在经过一系列失败之后开始警觉而进行检讨，在余下的两年多时间内，马英九还有足够的时间去修正其政策，重新找回选民的支持。

第七，马英九连任的真正危险在于蓝营内部的分裂，但如果蓝营选民的危机意识被激发出来，在胜选的压力下会自动进行“弃保”投票，不会给蓝营内部的野心家太多机会。并且目前蓝营内部的实力派人物都没有动机和实力去分裂国民党。

因此，我们判断，2012 年马英九将有惊无险的渡过连任危机。

二、民进党再起的势头及其前景

1. 民进党进行政党转型的条件逐步成熟

民进党在失去执政权后经过一年多的彷徨，通过几次选举的胜利终于找回了失去的自信，并逐步明确了自己的发展方向和目标。民进党的重新崛起已经是不可忽视的政治现实。

民进党下台后，舆论一直十分关注民进党会如何进行政党转型。民进党在蔡英文的带领下，经过一年多的努力，逐步走出陈水扁弊案的阴影，重新确立了民进党的发展方向。主要包括如下几个方面：

其一，采取柔性切割的策略，逐步排除陈水扁在民进党内的影响力。目前这一策略已经取得成功，民进党已经走出了陈水扁弊案的阴影。

其二，民进党全面确立了理性的中道路线，修正了陈水扁的极端“台独”路线。民进党下台之初曾经想走回街头路线，进行体制外斗争，但经过几次冲突之后，民进党逐步认识到这一路线的局限。民进党最近在进行群众动员时已经十分谨慎。另一个例子是民进党中执会确定“五都”候选人和市议员的提名采用完全民调的方式，从而修正了“排蓝民调”和人头党员的弊端。这有利于民进党排除基本教义派的牵制而向中道路线靠拢。

其三，民进党在规划“十年政纲”，企图提出一套政策纲领。

其四，民进党经过最近几场选战提名，把一大批幕僚世代推上前台，这些年轻世代在几次选举中都表现不错。民进党的世代交替已经在逐步推进，这对于民进党的未来发展十分重要。

其五，民进党已经开始考虑调整期大陆政策，并且时机正逐步成熟。目前民进党选举势头正旺，探讨调整大陆政策的空间已经出现。并且目前民进党内以蔡英文及新潮流为首的温和“台独”路线已经占据主流，他们对于推动两岸交流的政策持积极态度。“急独”势力在民进党内影响力减弱。

民进党历史上越是发展势头好，执政的可能性越高，其进行政党转型的积极性就越高。民进党在最近的一系列选举胜利，使民进党进行转型的可能性大增。这个时机是我们要抓住和利用的，要积极引导和催化民进党的转型。

2. 民进党 2012 年重新执政的可能性不大，民进党的希望在 2016 年

民进党虽然目前在选举上势如破竹，取得节节胜利，但民进党自身所存在的结构性矛盾并没有得到根本解决，以目前台湾蓝绿政治生态来看，民进党在 2012 年拿回执政权的可能性仍然不高，民进党重回执政的希望在于 2016 年。主要理由如下：

其一，民进党结构性矛盾仍然存在，短期内无法解决：

一是如何重建清廉的形象，摆脱陈水扁执政的负资产。

二是如何整合派系的矛盾，形成新的政治明星。

三是如何实现世代交替，培养新的政治接班人才。

四是如何提出其政策纲领，为台湾规划发展蓝图，特别是如何调整其僵化的大陆政策，实现“台独”转型，以争取中间选民的认同。民进党不进行政党转型，难以突破目前蓝大于绿的基本结构，也就无法重返执政。

其二，民进党的历史包袱太过沉重，民进党内的现有政治人物并不具备真正能挑战马英九的超级明星。

一是民进党迄今为止并没有进行有效的改革，民进党执政八年所带给台湾人民的痛苦并不会那么轻易地消失，台湾社会还没有准备好接受民进党在目前状况下重新执政。

二是民进党台面上的政治人物（主要是“四大天王”和蔡英文）还没有足够的政治实力提前取代马英九。苏贞昌搭配蔡英文出来与马英九组合竞争，并不占什么优势。苏贞昌是即将“过气”的美丽岛律师世代的政治人物，这一批政治人物已经随着陈水扁的没落而没落，很难再走向政治舞台中心。而蔡英文与马英九的政治特质近似，选民没有可能选择蔡英文而放弃马英九。再加之马英九有执政优势，这些都有利于马英九寻求连任。

其三，国民党和马英九遭受最近几次选举失败的刺激，会重新调整政策方向，以争取选民的认同。在剩下来的两年多的时间内还可以做很多的补救工作。

其四，美国在目前情况下不可能支持民进党过早重返执政。大陆更是不会接受没有实现政党转型的民进党重新上台执政。

因此，民进党要在2010年重返执政十分困难，但到2016年则是大有希望的。

（本文作于2012年2月）

台湾选举

2008年台湾地区领导人选举的选情评估

离3月22日台湾地区领导人选举投票日还有不到一个星期的时间，这场对于台湾政局和两岸关系都将产生重大影响的选举究竟最后会鹿死谁手？马英九目前的领先优势能否继续维持？谢长廷在未来一段时间内翻盘的机会有多大？未来可能影响选情发生重大变化的关键因素有哪些？如果马英九当选，政权能否实现和平交接？等等。这些无疑都是需要我们加以密切注意的问题。

一、对于当前"大选"选情的总体评估

关于"大选"的基本情势，目前看来，马（英九）萧（万长）阵营无疑具有领先优势，据台湾各大媒体的民调数据显示，从2007年8月谢（长廷）苏（贞昌）配确立以来至今，马英九的民调支持度基本保持在领先谢长廷15%以上，特别是从去年（2007）12月28日马英九的特支费被二审宣判无罪之后，历次民调都显示，马的支持度一直保持在领先谢20%以上。如果这种趋势继续保持下去，则马英九当选确定无疑。那么，如何解读这种选举态势？它所透露的深层信息是什么？谢长廷在接下来的时间里还有没有绝地反击的机会？

我们认为，当前选情的这种态势并不是偶然的。从根本上说，这是民进党执政八年失败，台湾社会民心思变的大环境决定的。其次，这也是蓝绿两大阵营内部整合的不同情形，也即绿营的相对分裂和蓝营的相对团结决定的。最后，这还是马、谢二人的人格特质是否符合台湾选民的期待决定的。下面我们从这三个层面来做具体分析。

首先，我们来分析一下台湾社会大环境的变化对马、谢二人选情的影

响。在这一问题上，谢长廷无疑是相当不利的。谢长廷必须要背负民进党执政八年失败的沉重包袱，而马英九则没有这个负担。民进党当年打着“勤政、清廉、爱乡土”的招牌上台执政，曾经给台湾老百姓带来很大希望。但八年执政的结果，却是贪污腐败、执政无能，台湾社会由于民进党的意识形态操纵而被严重撕裂，政局动荡不安，人民生活水平大幅下降，台湾往日的繁华成为追忆。可以说，民进党执政八年是完全失败的，这种失败目前已经成为民进党最大的负资产，它残酷的阻碍着民进党想要继续执政的梦想。马英九多次说，不是国民党打败了民进党，而是民进党自己打败了自己，这并不是自谦之词，而是一个社会现实。

民进党执政失败的现实还使得其所擅长操弄的“省籍”、“族群”等议题被大打折扣，台湾大多数选民已经无法容忍民进党继续以意识形态领政，把台湾带向一个危险的未知之地。他们要求改变，要求社会回归到基本价值，这种民意已经成为台湾社会主流，并将对选民的投票行为产生重大影响，如在刚刚过去的“立委”选举过程中，陈水扁仍然企图以操弄“意识形态”来赢得选举，结果遭到了选民的无情唾弃，这等于是宣布民进党过去所擅长的以主打“意识形态”为主的选战模式已经失效。

台湾社会民意所发生的这种改变也间接为马英九的外省籍身份解了套。一般认为，马英九的外省籍身份是其选举最大的罩门，但从“立委”选举后到现在，马英九的省籍问题并没有受到太多的质疑，反而是他的美国“绿卡”问题成为谢阵营所主攻的方向。可见族群问题在这场选举中难以成为选战的主轴。

因此，当前台湾社会的大环境对马英九是有利的，这种民心向背决定了此次选战的基本走向。在这种大背景下，任何候选人要靠个人的人格魅力或者技术性的选举策略扭转社会主流民意的走向是十分困难的，这也是决定马、谢选情差异的关键所在。

其次，就蓝、绿两大阵营的内部整合问题而言，在此次大选中绿营陷入相对分裂，而蓝营则表现出相对团结，这对于马、谢二人的选情也产生了重大影响。从 2000 年以来，在一些重大选举中蓝营内部的分裂危机一直是一个影响蓝营选情的重要因素。但从 2005 年的县市长选举以来，通过几次重大的选举，逐步实现了新党、亲民党的泡沫化，蓝营内部的整合问题已经基本解决。蓝营各政治人物也基本认清了这一现实，不敢拂逆群众民意而破坏泛蓝团结。特别是在国民党失去政权八年，而马英九是唯一能带领泛蓝阵营夺回执政权的情况下，任何人都必须要小心翼翼，不敢破坏蓝营选情。这一点从 3 月 12 日费鸿泰等四位“立委”上演的所谓“踢馆”事件中可以看出来，这四位国民党“立委”本来是要前往谢长廷竞选总部查证“第一金控”非法将旗下的房产出租给谢营使用的违法事实，却意外引发与绿营支持者的严重冲突，导致社会的不良观感，对马营的选情造成了很大冲击。本来这四位“立委”也是无心之失，但事后国民党立即祭出党纪处分，泛蓝群众更是一片挞伐之声。费鸿泰被迫宣布辞去国民党“立法院”党团书记长，并称如果马英九因此落选他要以自杀负责。由此可见泛蓝阵营内部的民意压力之大，这种民意压力使得蓝营在此次选战中空前团结，这种团结起码在选前是稳固的。

与此相对照的是绿营内部的整合问题则危机重重。民进党经过“总统”候选人提名的党内初选，已经造成民进党“四大天王”的很大隔阂，像谢长廷和苏贞昌之间都曾口出恶言，谢与游（锡堃）之间因为路线问题也曾互相指责。扁（陈水扁）长（谢长廷）情节则由来已久，在党内初选中，本来陈水扁是倾向于让苏贞昌出线的，谢长廷的意外出线打乱了陈水扁的如意算盘。可见，民进党的高层充满矛盾，这种矛盾在初选之后并没有得到彻底解决。就以扁谢关系来说，陈水扁在“立委”选前强势主导选举，把谢长廷几乎边缘化，而谢长廷也在“立委”选举中消极辅选，并多次明言“立委”选举由陈水扁负责，而“总统”大选将由他主导。由于“立委”选举民进党的惨败，陈水扁被迫宣布辞去民进党主席，而谢长廷顺势继任为党主席，并取得了对于“总统”大选的绝对主导权，迫使陈水扁只能被动配合演出，失去了在此次“总统”大选中发声的舞台。谢长廷虽然取得了对于“总统”大选的主导权，但他难逃党内同志对他消极辅选的指责，许多落选的“立委”不甘心替谢长廷卖力辅选。特别是由于“立委”选举惨败的打击，部分绿营基层支持群众已经开始流失。而在“立委”选后，像邱义仁、吴乃仁、游锡堃、张俊雄等具有指标性意义的人物都没有参与或者退出谢的辅选团队。可见，谢长廷要使民进党各派系的力量重新集结尚有相当的困难。而种种迹象显示，陈水扁对于谢的辅选也是十分消极的，如最近频频传出的钛震案（Taiwan goal）、圆山饭店私营化案等一系列弊案，对谢长廷的选情造成很大冲击，但陈水扁似乎并不在意。在这种情况下，民众对陈水扁的厌恶必然转嫁于谢长廷身上，从而使得谢的选情雪上加霜。有传闻指出，陈水扁正企图联合苏贞昌及新潮流系准备布局2012“总统”大选（见台湾《壹周刊》报道），看来这并非空穴来风。未来陈水扁的动向值得密切关注。

民进党与“台联党”的关系也形同决裂。李登辉和陈水扁已经彻底反目。李登辉在带领“台联党”转型失败后，“台联党”也正发生着分化，一部分投向民进党，一部分开始向国民党靠拢。李本人在这次选举中迟迟不表态挺谢，实质是有利于马英九。李登辉在未来几天的动向也值得密切注意。

可以说，泛绿阵营的整合问题是影响谢长廷选情的一个重大危机。面对一个离心离德的绿营，纵使谢长廷有三头六臂，也只能是徒呼奈何。

第三，就马、谢二人的人格特质与台湾选民的期待而言，马英九无疑更符合台湾社会的期待。经过民进党八年的乱政，目前台湾已经酝酿出一股民意，即相较于一个政治强人，台湾社会更愿意接受一位恪遵制度的“弱势总统”。由于台湾“宪政”体制的缺陷，“国会”无法对“总统”形成有效的制约，因此造成种种政治乱象。台湾社会这八年来已经深受其害，因此希望选举一位循规蹈矩的“总统”，以终止台湾政局的纷乱状态。笔者在与台湾学者和青年学生的交流中，他们都提出同样的观点，可见这种民意已经逐步成为一种主流民意。那么马谢二人谁更能够承担这一角色呢？很显然是马英九更符合。马英九的法律人性格，以及其温和敦厚的个性，都比较符合一位“弱势总统”所应有的人格特质。谢长廷虽然也提出“弱势总统”的提法，但他是一位精于权谋算计的政治人物，他的律师性格使选民自然把他和陈水扁连接起来。可见，大多数理性的中间选民更能接受马英九而不是谢长廷，这是可以预料的。

在从马、谢的政策纲领来讲，虽然谢长廷也讲“和解共生”，并且在两岸政策上表现出极大的开放度，企图走中间路线。但由于谢始终受到深绿选民的制约，从而使他的中间路线大打折扣。如谢提出的要开放投资大陆40%的上限的问题，以及其他一些开放两岸政策的措施都受到深绿群众的质疑。最近《自由时报》发表社论，公开呼吁谢长廷要回归“台湾主体路线”。可见，谢难以摆脱深绿民意的制约，他的中间路线无法真正贯彻下去。而马英九在两岸政策上无疑能有更大的作为，这一点台湾选民也是看得很清楚的。

综合以上分析，我们认为，马英九目前的领先优势是多方面因素综合作用的结果。这一结果是由于台湾社会民意的变化以及蓝、绿阵营力量对比的此消彼长而造成的，要在短时期扭转这一趋势十分困难。

二、谢的“逆转”战略及当前选情的最新态势

当然，总体大环境虽然对马的选情有利，但并不能说这场选举就已经可以盖棺论定。笔者认为，在这场选举中马英九占了“天时”和“人和”，而谢长廷占有“地利”。台湾社会大环境的改变是“天时”，泛蓝阵营内部的团结是“人和”，而民进党作为“本土政党”的代表则是“地利”。谢长廷如果能唤醒本省籍群众对“本土政党”的热情，则一来可以最大程度的发挥“地利”之便，二来可以弥补“人和”之不足。最后结果如何，还未为可知。谢长廷的“逆转战略”正是欲以“地利”对抗马英九的“天时”，从而企图上演一出绝地反击的大戏，那么他成功的可能性有多大呢?

我们不知道谢长廷“逆转战略”的具体内容，但从谢在“立委”选后所采取的一系列选举动作大致可以窥知其选举策略主要有如下几个内容：其一，利用“立委”选举的惨败将陈水扁边缘化，抢过对于“总统”大选选战的主导权，并与陈水扁进行一定程度的切割。其二，宣誓自己“总统”大选若选输就退出政坛，把自己置之死地，以赢得泛绿选民的同情。并迅速进行党内整合，把各派系的人马都尽量拉入到竞选团队，营造党内团结的气氛。其三，放低姿态去拜访一些小党和社会团体的负责人，表现出“反省”的诚意，以获得社会的同情。其四，以国民党在“国会”一党独大为由，诉求选民要把“总统”大位给民进党候选人，以对国民党进行“民主制衡”，并表明自己会做一个“弱势总统”。其五，对马英九进行一系列的不实指控，特别是利用“绿卡事件”来抹黑、矮化马英九的人格形象，企图以此混淆社会的视听，影响选民的判断。其六，在选举的最后阶段，谢长廷

将会把战争的主攻方向拉回到民进党所擅长的意识形态领域，即强调维护台湾“主体性”的重要性，而民进党是“本土政权”的象征，以此来诉求本省籍选民的支持。

谢长廷的这套竞选策略有攻有守，并且节奏分明，在一定程度上起到了效果。如关于“民主制衡”的问题，这是民进党攻击的一个重点，它利用台湾民众对于过去国民党戒严体制的恐惧，欺骗台湾老百姓说如果“总统”也由马英九当选，将使台湾民主倒退二十年。这些言论都是很有欺骗性的，并且在台湾社会中有一定的市场，如许信良就以“民主制衡”的理由表示支持谢长廷，一些知识分子也以此为理由鼓吹，对一些民众会产生某种影响力。

又如马英九的“两岸共同市场”问题，这是前一阶段谢营主攻的重点。马英九的“两岸共同市场”主张，把“两岸共同市场”抹红成“一中市场”，并用直接斥诸民粹的方式，说马英九的“一中市场”将会使台湾的“男人找不到工作，女人找不到老公，小孩要被发配到黑龙江”，从而激发出台湾民众“恐中、仇中”的不健康情绪。这种攻击在台湾民众中特别是南部民众中已经造成了很大的思想混乱，这种情绪如果任其发展下去将会对马英九的选情造成很大的冲击，因此必须要及时出面加以解释、安抚。目前马营已经意识到这个问题的严重性，正透过各种方式来消毒，效果如何还很难判断。

在选战的最后关头，蓝绿阵营都在做最后的战斗动员。对于绿营来说，由于总体形势对其不利，如何制造混乱，然后在乱中取胜是关键。而对于蓝营来说，如何稳住阵脚，使选情不出现大的波动，把目前的优势一直保持下去就是胜利。蓝营最大的忌讳是自乱阵脚，让绿营有可乘之机。这就是为什么3月12号费鸿泰等四位“立委”的“踢馆”事件，会造成蓝营如此大的危机感的原因所在。“踢馆”事件造成激烈的冲突，引起中间选民的担忧，社会观感自然不好。而绿营以此为借口，制造外省人欺负本省人的情绪对立，对于激发民进党的支持者特别是南部选民的“危机意识”很有帮助，使绿营民众找到了一个重新集结的借口，而如何唤醒选民的支持热情一直是谢营处心积虑要做到的。可见这一事件对于当前选情的发展将造成很大冲击。我们从绿营最近举办的“2・28”和“3・16”两场大游行可以看出这一事件的影响，在“2·28”大游行中，即使有“逆风行脚”的壮举，还有陈水扁、吕秀莲到场助阵，但聚集的人气仍然有限。但在此次“3·16”大游行过程中，全台各地的绿色支持者都出来了，特别是台北的场地，从电视画面可以看出来场面十分壮观。“3·16”这场全台大游行十分重要，它是3·22“总统”大选前的总预演。从“3·16”游行的情形看，绿营的基本盘已经重新凝聚成形了，这对于此次选举是一个重大警讯。它提示选战最后关头发生逆转的可能性不是完全没有，对此我们要保持高度警惕。

当然，昨天蓝营的人气仍然很旺，台北的造势现场基本与绿营旗鼓相当，而在台南由马英九亲自坐镇，嘉义则由周美青独当一面，其他各地也全面开花，效果都不错。这在很大程度上压制了民进党的反攻势头，把“踢馆”事件的影响降低到最小。同时，由于“踢馆”事件的冲击，蓝营也增强了危机意识，因此，“踢馆”事件在某种程度上成为蓝绿各自进行最后动员的“战争动员令”，使得选举双方提前进入决战位置。

当然，“踢馆”事件虽然造成了对马英九选情的不利影响，但总体而言，马营对这一事件的因应还是妥当的、及时的，马、谢的竞争态势并没有发生太大改变。形势比人强，在当前台湾社会民心思变的大势下，谢长廷的策略操作所起的效果始终是有限的。即使他能够最终找会绿营的基本盘，但台湾社会大部分的中间选民，他们自会有自己的判断，并做出理性的选择，这部分选民的投票趋向将是决定选举成败的关键。台湾社会已经厌恶了政党的恶斗，已经吃够了民进党意识形态领政的苦头，他们普遍要求结束目前政治的混乱状态，休养生息，找回台湾失去的社会价值，这种民意是难以轻易改变的。

三、几种可能导致选情发生逆转的非常态因素

在马英九选情总体情势看好的大背景下，随着投票日的越来越临近，必须要时刻关注会否发生导致选情发生逆转的重大事件。由于这场大选对台湾政局和两岸关系都将产生重大而深远的影响，因此，对于“台独”势力在通过正常选举方式无法取胜的情况下采取非常态的手段攫取政权的可能性要

加以高度警惕，对于外部势力在这场选战中的举动也要高度重视。

目前看来，最可能影响选情走向的重大因素主要有如下几个方面：其一是马英九的“绿卡”问题；其二是美国在这场选举中的态度；其三是未来陈水扁当局有无可能通过制造两岸紧张关系而影响岛内选情；其四是有无可能出现如马英九或者谢长廷等被暗杀的极端事件，而使得这场选举被迫终止。以上四种因素都可能对选情造成重大影响，下面我们试一一加以分析。

首先，我们来分析马英九的“绿卡”问题。“绿卡”事件从其引爆以来一直是谢营打马的一个重要火力点，并一度对马的选情造成很大冲击。谢营利用“绿卡”事件最初是质疑马英九的诚信问题，其后又上升到马英九对台湾的忠诚度问题。目前谢长廷咬定马英九的绿卡仍然有效，并以退选为赌注。而最近陈水扁也跳出来指证说马英九的绿卡仍然有效，并愿以辞去“总统”为赌注。在“绿卡”事件发酵两个多月，并且在马英九提出有效证据之后，扁、谢还要出来攻击这一事件，并且下了大“赌注”，可见这一事件并不单纯。未来“绿卡”事件仍将成为绿营打马的重要利器，至于如何出手、何时出手，必须要对此高度警惕。

“绿卡”事件和“特支费”案有某种相似之处，即都是透过对特定事件的歪曲解读，然后运用某些法律漏洞来坐实对方的“罪行”。这是一种典型的法律诡辩术，是扁、谢律师性格的集中体现。但是这种诡辩的杀伤力绝不可小视，如马英九的“特支费”案就险些使他的“总统”之梦功亏一篑。可以预见，“绿卡事件”也必将成为绿营利用法律程序绞杀马英九的一柄利器。如果绿营有一天拿出马英九绿卡仍然有效的“证据”的话，那么绿营将因此否定马英九当选的正当性，届时大选会发生或者戏剧性的变化很难预料。在这一事件中，美国的解释无疑可以轻易地左右选情，因此美国将对此事件如何表态需要加以密切注意。

其次，美国在这场选举中的态度究竟如何？站在美国的立场来说，美国是不喜欢台湾岛内出现某一政治势力独大的局面的，因为这样不利于美国控制岛内政局。在国民党取得“国会”的绝对多数之后，一般可以判断，美国并不希望看到国民党再次赢得“总统”大选，因为这不利于美国的均势战略。并且在美国看来，国民党的大陆情节还可能使台湾迅速靠向中国大陆，从而损害美国在台海甚至亚太地区的利益，这是美国所一直十分担心的。马英九 2006 年 8 月访问美国期间，虽然受到美国高规格的接待，但马英九是否有效地化解了美国的疑虑，还是一个未知数。一年来随着岛内政局和两岸情势的变化，美国的答案如何？美国是否放心让马英九上台执政？这些都会影响美国在这次大选中的政治判断。

美国会如何选择？笔者认为，美国虽然不喜欢看到国民党一党独大的局面，但在目前马、谢选情相差极大的情况下，美国不至于强势干预这场选举，因为那样必将遭到国民党的反抗甚至引起中国大陆的出手。在马英九多次表态会维持台海现状，并宣誓其两岸政策为“不统、不独、不武”的情况下，美国或许会容忍这样一位听命于美国利益的候选人当选。在马英九当选后，支持民进党重新集结力量，从而形成对国民党的有效制衡。

第三，陈水扁当局制造两岸关系紧张从而影响大选选情的可能性有多大？我们觉得这种可能性不能低估。此前，这种情形曾经被国民党作为民进党可能采用的一百多种“奥步”之一被公布出来。经过近八年的执政，陈水扁对军队的控制已经大大加强，他可能唆使台湾空军或者海军在海峡中线制造一次军事冲突，然后宣布台湾进入紧急状态，至少可以借此升高两岸的对立程度，为民进党操弄“悲情意识”提供条件。当然，陈水扁宣布戒严的后果是美国也不愿看到的，因为那样将导致台湾民主进程的极大倒退，这不符合美国对台湾的期待。美国此前曾对陈水扁的这种蠢动提出警告，因此，宣布戒严发生的可能性不大，但制造两岸关系紧张的危险性是客观存在的。

第四，台湾岛内可不可能出现马英九或者谢长廷被暗杀的极端事件，从而导致选举被迫停止？岛内暗杀马英九的传闻一直不断，不能排除激进“台独”分子因为不甘心选举的失败而刺杀马英九的可能。如果这样，台湾岛内将可能陷入混乱。这种极端情况属于大陆对台用武的三种情况之一，如果那样，台海局势可能发生骤变，两岸提前摊牌。其后续情形非本文可以预测。

以上我们列举了四种可能导致选情发生逆转的重大事件，其实这些危机不仅仅在选前存在，在 3・22 大选后到 5・22 政权交接之前，这些危机都会一直存在。

设想如果马英九赢得选举，绿营必不甘心于所谓“本土政权”的丧失。

陈水扁曾经说过，如果马英九当选则是“政权沦陷”，而不是“政党轮替”，一些极端的“台独”分子一向把“本土政权”看得无比神圣，他们怎么会甘心就这样把政权拱手让出。可以预料，从3·22到5·20之间，将是岛内政局动荡不安的时期，绿营可能借马英九的绿卡问题否定其当选的正当性；或者极端“台独”分子在岛内挑起动乱等等，都有可能发生。在这一段时期，美国和中国大陆对大选结果的表态将相当重要。明确地说，如果美国对于这次大选的结果不迅速而明确地做出表态，并对陈水扁当局施加压力，迫使其和平交权；如果大陆不能保持对于“台独”冒险行径的高压态势，并采取切实有效的预防措施，那么这种动乱的规模可能扩大甚至失控，从而使台海局势发生爆炸性的逆转。

因此，我们不能认为，只要马英九当选就万事大吉，从某种程度上来说，马的当选只是一个挑战的开始，如何化解“台独”势力的反扑，并确保政权能够实现和平转移，才是我们需要关注的重点。如何应对，需要及早筹谋。

（本文作于2008年3月）

2008年台湾“大选”结果及其影响评析

2008年3月22日晚，台湾地区领导人选举结果终于出炉，国民党马英九、萧万长组合得票765万多，民进党谢长廷、苏贞昌组合得票544万多，“马萧配”狂胜“谢苏配”220多万票。得票率方面“马萧配”为58.45%，“谢苏配”为41.55%。这个结果大大超出了舆论的普遍预期，也预示着台湾政局已经发生了重大变动，对于两岸关系也会带来深远影响。

一、“大选”结果的影响

这次选举对台湾政局以及两岸关系甚至对于东亚政治格局都造成了很深远的影响。它的意义会慢慢呈现出来。

首先，这次选举马英九以外省人的身份而高票当选，基本上宣布了民进党所一直操纵的省籍、族群问题已经失效。长期以来，民进党霸占着所谓本土的“道德制高点”，把国民党都打为“外来政权”，这个魔咒成为国民党以及外省籍政治人物难以碰触的魔咒，即使是在马英九宣布参选前，很多人也以此质疑他是否能选上，但现在看来，省籍问题已经不再是台湾政治的核心问题。台湾人用选票证明他们能够接受一位外省人当“总统”，这对于国民党以及外省政治人物来说等于是得到了大赦。这对于台湾社会摆脱族群政治的噩梦，逐步过渡到一个正常的民主社会是有帮助的。

其次，这次大选使台湾蓝绿政治版图发生巨大变化，绿营惨败，被打回原形，不仅失去了“总统”宝座，而且“立委”也只有27席，县市长7席，已经回到党外时期的状态。民进党可以说是受到了伤筋动骨的惨败，要卷土重来十分困难，起码八年之内是无望。八年之后能不能拿回，如果国民党做得很好的话，民进党的机会仍然不大，台湾在相当长的一段时期内将处于国民党执政的时期，国民党将是我们长期打交道的对象。台湾政治在一段时期内将维持国民党一党独大的局面。

第三，从两岸统“独”斗争来说，这次选举结果也预示着大陆反“独”遏“独”的战略方针取得了决定性的胜利。民进党一蹶不振，受到极大削弱。“台联党”也已经泡沫化。依附于民进党的“台独”势力受到极大打击，像金美龄之流就跑回到日本去，不再认同自己是台湾人，极端“台独”势力受到了沉重打击。两岸有利于和平统一的因素增多。两岸关系在未来可见的一段时期内都将维持和平稳定的态势。胡锦涛总书记提出的和平发展的两岸关系主轴可望得到具体落实，从而为实现抓住本世纪头20年的战略机遇期创造很好的条件。

“台独”的发展从李登辉以来恶性膨胀，到民进党上台达到最高峰，这次民进党的惨败已经宣布“台独”逆流开始退潮。多年来，两岸围绕着“独”与“反独”进行了针锋相对的斗争，有时候甚至面临摊牌的危机，对中国的国家安全和现代化建设构成了严重挑战。自2005年以来，大陆的对台方针开始做出重大调整，通过邀请连战、宋楚瑜等蓝营高层政治人物访问大陆，国共实现了历史性和解。而在制定《反分裂法》之后，中央又推出一系列惠台措施，争取台湾民心，终于打开了两岸关系的新局面，国共携手遏“独”的局面基本形成，两岸关系和平发展逐步成为两岸人民的普遍共识。这为两岸关系最终进入和平发展新时期创造了条件，铺平了道路。两岸格局的变化，岛内主流民意转向，对于这次马英九的大胜起到了十分重要的作用。

第四，就对于亚太地缘政治格局的影响而言，马英九的当选将可能使东亚的地缘政治朝向中国有利的方向发展。马英九的中国情结是无可置疑的，他的保钓立场至今未变，日本人对他很疑虑。马英九受美国的影响很大，民主、法制等观念根深蒂固，这一点可能会对两岸关系造成冲击。但基本而言，马英九的民族立场是坚定的，他可能会“反共”而不“反华”。这决定了马英九至少不会和美日一起采取针对中国的对抗政策，将有利于减轻中国的压力。同时，由于马英九上台后将使两岸关系平稳发展，美国以后将很难以台湾问题为借口向中国施压。这些都能减轻中国在东亚与美日军事摊牌的压力，使中国的国家安全环境大为好转，更加专心致志搞建设。

二、"大选"后台湾政治版图变化的可能态势

首先我们来看泛绿阵营方面。民进党经此惨败，元气大伤，目前群龙无首，难以有一个人出面有效的整合党内各派系力量。就台面上的民进党"四王一后"而言，陈水扁是民进党的最大罪人，本人又官司缠身，下台后必将受到清算。吕秀莲一直在民进党内受到排挤，没有自己的人马，卸任后也难有影响力。游锡坤的实力有限，原先依附于陈水扁，后被陈水扁抛弃，后因主张深绿路线在民进党内树敌不少，也难以服众。谢长廷是败军之将，按照民进党的传统应当辞职下台，谢本人也宣布选输将退出政坛，但选后谢继续赖在党主席的位子上不下来，社会观感也不好，他的改革政策也难以服人心。谢要出来再选党主席也困难重重。剩下来只有苏贞昌还有一定实力，但他愿不愿意选党主席还有待观察，他自己已经宣布不参选。最后可能是一个新的人出来，像林义雄，有道德光环，他可能出来。叶菊兰也有可能，但他的谢系色彩太浓，反对声音也一定很大。还有就是所谓民进党新时代人物，像罗文嘉、段宜康、李应元等呼声很高。但这些人毕竟影响有限，难以服众。所以民进党现在很难找一个像样的党主席出来，党内的混乱局面将维持很长一段时间。

民进党最主要的问题还是路线之争。民进党内一直存在路线问题。民进党从它的发展史上不同的时期会进行相应的改革。这次民进党输得这么惨，如何检讨路线将是一个重要方面。路线主要包括"台独"党纲问题、大陆政策问题、社会政策问题等等，对于这些问题如何处理，将决定民进党的未来走向。如何发展，还需进一步观察。

至于国民党方面，国民党的改革还是一个重大挑战。国民党的改造主要有两个方面：一方面，未来如何继续将国民党改造成一个民主政党，摆脱传统派系政治与分赃政治的恶劣形象；另一方面，如何进一步推动落实国民党的本土化问题。另外，"立法院"中国民党占了3/4的席次，对于这些党籍"立委"如何加以约束，也是一个很大的问题。"立法院"的乱象向来受到社会责难，未来可能会成为国民党的一个包袱。

三、马英九面临的执政难题与两岸关系的开展

未来马英九面对的主要难题是如何挽救台湾的经济问题。经济牌是马英九在这次“大选”中开的最大支票，也是他赢得选民认同的主要原因。未来如何落实其经济政见，满足人民的期待，这是一个很大挑战。当然，马英九的经济牌要奏效，两岸关系的改善是一个最关键的因素。因为马英九的许多经济政策都需要得到大陆的背书和支持。如两岸开放“三通”、大陆游客来台、陆资入台等等。这些都需要得到大陆配合。当然大陆对于马英九的这些政策是愿意配合的，因为这与我们争取台湾民心的方针是相一致的。当然，这些协议的签订都涉及两岸谈判问题，而谈判必须要有一个基本的政治基础。由于连战在2005年访问大陆期间，国共之间已经达成了坚持“九二共识”和反对“台独”的共识，因此未来两岸在这个政治基础上恢复两岸两会谈判是可以预期的。当然，两岸对于“九二共识”的内涵在认知上是存在差异的，国民党方面认为“九二共识”是“一中各表”，而大陆认为“九二共识”的关键在于两岸均坚持“一个中国原则”。“九二共识”是一个历史事实，两岸在上世纪90年代确实达成了对于“一个中国”的共识，这是任何人都无法否认的。马英九作为主要的当事人之一，对于“九二共识”的形成过程是清楚的，他对于“九二共识”的坚持也是明确的。有了“九二共识”，两岸的协商谈判之门事实上已经打开。

马英九所面临的另一个问题是台湾的所谓“国际空间”问题。过去几十年来，两岸在国际上进行了针锋相对的斗争，早期是争夺对于“中国的代表权”，也即“正统”之争。斗争的结果，大陆取得了全面胜利。“一个中国”框架也成为国际间的基本共识。在20世纪90年代，李登辉企图另起炉灶，不再与大陆争夺对于中国的代表权，于是推动台湾加入联合国，实质是要制造“两个中国”或“一中一台”，这才有了所谓台湾的“国际空间”问题。可见，台湾的所谓“国际空间”问题是两岸政治斗争在国际上的一种延续，并且有着十分复杂的历史及现实背景。要解决台湾的“国际空间”问题，必须要寻求大陆的谅解和配合。如果没有两岸关系的改善，台湾的“国际空间”问题只会因为两岸的斗争而越来越萎缩。马英九正是看出这个

问题的关键所在，所以他把两岸政策作为台湾“对外政策”的上位政策。

以上两大问题：台湾经济问题、台湾的“国际空间”问题都绕不开两岸关系。因此，马英九能不能在这两个方面有所作为，主要看他能不能够打开两岸关系的僵局。因此，未来两岸关系的改善将成为马英九施政的一个重点，这一点是确定无疑的。

从大陆方面来说，由于国共和解，以及两岸在“九二共识”等方面达成共识，两岸将结束过去八年来的高度对抗状态，而迎来一个新的和平发展期，这将使中央提出的和平发展的对台方针政策得到全面落实，为两岸的最终和平统一创造条件。目前，我们应当抓住这一千载难逢的历史机遇，争取能够大有作为，开创两岸关系的全新局面。

（本文作于2008年4月）

2009年底县市长选举的选情评估及影响预测

2009年12月5日，台湾县市长选举将正式举行投票。此次选举共有17个县市，其中蓝营执政县市14个，绿营执政县市3个（嘉义县、屏东、云林）。选举总人口705万余人，占台湾总人口数40%左右。总体而言，此次选举属于一场地方性质的选举，对台湾蓝绿政治版图格局影响不大，但此次选举的相关联动效应相当巨大，选举结果将牵涉到蓝绿阵营内部的权力洗牌及各自未来的发展前景。目前看来，这场选举已经被拉到了“总统”选举前哨战的地位，蓝绿都有放手一搏的意味。究竟结局如何，值得期待。以下是我们对于这场选举的预测与评估。

一、客观环境及战略战术应用的总体评价

此次选举就大环境而言国民党面临的不利因素较多：首先是从“八八风灾”到“美国进口牛肉”事件等充分暴露出马当局的执政能力不足，并且重创马英九执政团队的民意支持度。其次是马英九面临国民党地方派系的强烈反弹，导致几个重要县市出现蓝营分裂的局面，如花莲、新竹（县）、云林等。第三，马英九的两岸开放政策带给台湾社会的某些疑虑，这些疑虑是民进党可以操纵和利用的。因此从大环境而言，形势对国民党其实是不利的。但民进党并没有抓住机遇，有效利用这种客观环境。纵观此次选举过程中，像“八八风灾”、“美国进口牛肉”，ECFA签订等议题并没有发酵成为主导性议题。反而是像李文忠攻击吴敦义涉“黑”事件等这些议题一度成为焦点议题，最后被国民党有效破解，并成为民进党的选举败笔。主导议题本来是民进党最为擅长的，但此次选举中民进党的议题主导能力严重不足，议题分散，主攻方向不明。这不能不说是民进党的一大败笔。

就具体的战略战术而言，我们先来看民进党方面，民进党喊出“地方包围中央”，企图透过这次选举扭转颓势，拉抬声势，以此为明年的“直辖市长”选举打下基础，并最终在 2012 年重新夺回执政权。因此，民进党把此次县市长选举看做是 2012 年“总统”大选的前哨战。民进党的预期目标是坐四望五争六七，也即保住三个现有执政县市（云林、嘉义、屏东），夺回宜兰，其他如南投、新竹县等也尽力争取。民进党认为，现有三个执政县市保住困难不大，如果再能夺回宜兰则是胜利，新竹县由于蓝营的分裂，且蓝营两组候选人势均力敌，民进党认为有机可乘，因此把新竹县也作为主攻的方向。南投一度也抱有希望，但由于李文忠操作“黑道”议题失败，胜选已经无望。整体而言，宜兰是民进党的攻击重点。如果取胜，而现有三个执政县市又不失，则民进党可以宣布此次选举胜利。

面对民进党的如意算盘，国民党自然不会让其得逞。国民党一方面在战略上十分重视这场选举，自马英九以下，国民党各重量级人士倾巢而出，划定战区，分工负责，可以说是倾尽全力，力图打赢这场阻击战。但另一方面，由于马团队执政不力，为了避免拖累选情，同时为了在选后为可能的失利预留缓颊的空间，国民党把这场选举严格限定为一场地方性质的选举。为了打赢这场选举，国民党同样将防御重点设定在宜兰。为了守住宜兰，仅马英九本人就到宜兰辅选 9 次以上，其辅选频率之高十分罕见。其他如吴敦义、朱立伦、胡志强等蓝营政治明星也纷纷前往助选。宜兰之外，嘉义县是蓝营抢攻的重点。嘉义县国民党候选人翁重钧在选前几天成功操作绿营部分群众的倒戈，让蓝营看到取胜的希望，也给民进党造成很大压力。如果嘉义县变天的话，即使民进党拿下宜兰，但就整个选举而言还是输。嘉义县成为此次选战国民党以攻为守的一步妙棋，足见此次选举国民党在战术上的应用是十分成功的。此外，为了避免民进党在新竹县渔翁得利，国民党在新竹操作弃保效应，如果能成功，则新竹县也可保无忧。其他各县市基本上不会出大的意外。

总体而言，在战略战术的应用上，国民党此次选举比民进党更胜一筹。国民党成功的主导了议题，并且攻防兼备。而民进党既无法抓住国民党执政不力的弱点，攻击力又十分薄弱，仅限于宜兰、新竹县等地，反而让国民党在这些地方集中兵力打了一场阵地战，由于国民党握有执政优势，这种阵地战显然对国民党更为有利。

二、选举席次的基本评估

此次 17 个县市长选举席次中，比较有悬念的就是宜兰、嘉义县、新竹县等地。花莲、金门等地由于蓝营存在分裂，国民党可能会失去这些席次，但对于蓝绿政治版图影响不大。我们判断，此次选举的最终结果可能是：

其一，民进党的三个执政县市中，云林、屏东优势明显，取胜毫无悬念。嘉义县存在变数，但民进党基本上还是能保住。从最近的几份民调来看，民进党候选人张花冠都要领先国民党候选人翁重钧约 12%—14%，且领先优势还在逐步拉大中。虽然选前几天翁重钧成功操作 150 名民进党资深党员倒戈，但对于整个选情影响有多大值得存疑。嘉义县属于农业县，绿营支持群众本来就大于蓝营。“美国进口牛肉”事件，ECFA 议题等恰恰是对于中南部农业县冲击最大。在这种情况下，要嘉义县绿营支持群众的选票大规模流失可能性不大。

其二，对于宜兰县，从历次民调来看，国民党的吕国华和民进党的林聪贤支持度都相当接近，差距都在误差范围内。因此双方谁得胜都在情理之中。在这种情况下，投票率以及蓝绿基本盘的比率将起决定作用。在宜兰民进党有 25 年的执政历史，宜兰号称民进党的“民主圣地”，就蓝绿基本盘而言应当是绿大于蓝。而吕国华的施政满意度只有 35% 左右，在这种情况下，绿营的支持群众投票意愿应当大于蓝营。因此我们判断，在宜兰县民进党很可能会赢得这次选举。据台湾政治大学、“中央研究所”信息科学研究所合作的“未来事件交易所”最新县市长选情的市场预测显示（12 月 4 日），目前民进党候选人合约价格（价格介于 0—100 之间，价格除以 100 即当选几率）在云林县、屏东县与嘉义县都超过 90 元（意即当选率达到 90%），宜兰县的价格为 74.0 元（74%），大幅领先国民党候选人合约价格。此一数据在以往的选举预测中被认为准确率很高，可以作为参考。另外，《远见》杂志在 12 月 1 日的一份民调中也显示，民进党候选人林聪贤以 53.6% 领先吕国华的 46.4%。《远见》杂志的民调在历次选举中也证明是很具参考价值的。

其三，民进党寄望新竹县因为蓝营分裂而渔翁得利的可能性并不太大。因为新竹县蓝绿比例大概在7:3左右，蓝营占绝对优势。绿营即使凝聚起所有支持群众，仍然不足以当选。目前看来，我们认为由于张碧琴涉嫌贿选而被检调大规模搜索，很可能造成蓝营的弃保效应，邱镜淳因而当选的可能性大增。

其四，花莲县傅崐其的民调支持度一直稳定领先，一般认为，傅当选的可能性最大。

其五，余下其他县市，由于蓝绿比例悬殊，基本上蓝营可以保持执政。

综合分析，我们认为在此次选举中，民进党将可以保住云林、屏东、嘉义县，另外以小幅领先优势拿下宜兰的执政权。民进党共计获得4个县市长席次。国民党方面，除花莲将失去1席外（无党籍），其余县市无忧，也即国民党获得12个席次。

三、选举结果的可能影响评估

以上选举结果对民进党而言是小赢，对国民党来说是小输，就整个蓝绿政治版图而言并无关大碍。但这个结果对蓝绿阵营内部的权力结构调整以及蓝绿阵营未来的发展前景会产生一定影响，对两岸关系也可能造成一定影响。

对绿营而言，这个选举结果是基本满意的。它将使绿营就此站稳脚跟，彻底摆脱此前被动挨打的局面，绿营士气将有极大提升。民进党将大力渲染这场战役的胜利，从而迅速凝聚基本盘，以便早日恢复元气。这个选举结果也将使蔡英文经受住选举的考验，有助于提升蔡在民进党内的威信。明年5月民进党的新任党主席选举，蔡可能获得连任，如果明年直辖市长选举民进党可以拿下3席（目前看来极有可能，即高雄、台南和新北市），那么蔡的声望将继续上升。不能排除蔡成为绿营新共主的可能。2012年马蔡对决的态势可能形成。蔡的权力的巩固，将带领民进党逐步走出“天王”政治的阴影，而逐步实现新老更替。此一发展趋势值得关注。

对于国民党而言，此一小输的局面，虽然是一个警钟，但也可以承受。由于此前国民党已经将这场选举限定在地方选举的范畴，国民党有足够的空间将这场选举的冲击降低到最小。马英九将可能在选后对“内阁”进行微调，以表明他改革的决心，同时表示他“负责任”的态度。这次选举的结果对于马英九改革国民党地方派系的努力也是一个不小的挫折。但新竹县国民党的胜选则还能让他坚持改革路线。当然，目前不能完全排除新竹县张碧琴最终胜选。如果那样，马英九的改革路线将彻底失败，未来马英九的权威将极大削弱。国民党内的权力斗争将逐步激烈化、公开化。这将成为未来国民党长期执政的一大隐忧。

对于两岸关系而言，以上的选举结果还不会严重到迫使马英九检讨其大陆政策。但未来由于绿营气势的上升，绿营将加大破坏两岸和解路线的力度，这将增加马英九大陆政策的压力。在压力之下不能排除马英九微调其两岸政策的可能性。

（本文作于2009年11月）

台北县长选举，蓝绿胜算几何？

年底的“三合一”选举无疑是台湾政治生态的一次重新洗牌，蓝绿两大阵营都不敢大意，早早排兵布阵，为年底的选战作准备。就目前的情形而言，此次民进党是有备而来，且是倾尽全力，“天王”级的人物纷纷披挂上阵，其中最重要的一个布局就是拟征召苏贞昌选台北县长。民进党将台北县定位为蓝绿决战的主张场，并企图倾全党之力，战而胜之。台北县注定将成为年底“三合一”选举的主战场。

一、台北县成为蓝绿对决的主战场

为什么民进党会选定台北县作为主战场呢？最主要的是民进党认为台北县是国民党执政县市的一个软肋，而民进党在台北县实力尚存，可以一搏。民进党曾经在台北县执政达 16 年之久，苏贞昌前后任职六年，其“冲冲冲”的行事风格和任内政绩都颇获台北县民好评。这恰恰与现任国民党籍台北县长周锡玮形成鲜明对比。周锡玮政绩不佳，每年的政绩满意度评比都排在其他各县市的末尾，因此被民进党戏称为“吊车尾（玮）”。各项民调都显示，如果年底选举是苏贞昌对周锡玮的话，那么苏贞昌稳赢。这给民进党以很大信心，认为一定能够从国民党口中抢下这块肥肉。目前民进党已经是磨刀霍霍，虽然苏贞昌本人还没有松口参选，但私下的布局其实早已在进行。据悉苏贞昌的嫡系子弟兵、现民进党台北县党部主委吴秉叡，正积极组训四千名口语部队，由前“行政院政务委员”林万亿、林锡耀、吴泽成等三名苏的亲信担纲主讲，主轴定为“冲冲冲 VS. 吊车玮”，针对性相当强。苏系子弟兵的大动作，其目的不言自明。

台北县号称“天下第一县”，人口 380 余万，占台湾人口六分之一，并且台北县很快就要升格为“直辖市”，政治地位自然上升，其重要性不亚于台北市。台北县的得失关系甚大，国民党自然不可能轻易拱手让人。相对于民进党的咄咄逼人，国民党显得有些被动。目前最大的问题是周锡玮的政绩不彰，虽然马英九、萧万长年前密集考察台北县，加持的意味很浓，但终究无法在短时期内使政绩改观。照这种情况发展下去，国民党只能坐以待毙，年底选举的结果不问可知。因此，国民党也不得不计划征召更强棒出来对抗苏贞昌的威胁，包括胡志强、朱立伦、欧晋德、叶金川、洪秀柱等都在征询之列，但这些人中或意愿不高，或实力有限，真正上位人选迟迟无法落实。国民党未来能推出什么样的强棒人选，关乎这场选举的成败，目前只能拭目以待。

面对强敌当前，国民党内传出另外一种声音，即是要倾全党之力，“毕二役于一役”，将苏贞昌阻击在 2012 年“总统”大选的起跑线外。因为就实力而言，苏贞昌是民进党在 2012 年可能推出的“总统”候选人的最佳人选。如果让苏贞昌在年底的台北县长选举中惨败受伤，无疑也是为马英九 2012 年的连任搬掉一块大石头。因此，如果苏贞昌最终决定投入这场选战，也即意味着 2012 年的“总统”选举提前开打，势将极大地提升这场选战的层级，蓝绿双方将在台北县展开一场鏖战。

二、鏖战在即，主将缺位

对于这样一场重要的选举，现在唯一的悬念恰恰是，决战的阵势虽然展开，但双方的主将却并不太明朗。苏贞昌到目前为止还没有松口表态参选，而积极寻求连任的周锡玮到目前也没有明确表态。为什么会出现这种局面呢?

这其中充满着蓝绿双方的算计。对绿营而言，虽然苏贞昌民调领先周锡玮，但如果国民党推出另外的强棒，则胜负未为可知。这场选举对苏贞昌的挑战是十分巨大的，胜选固然可以巩固苏贞昌在绿营中的地位，使其成为 2012 年民进党“总统”候选人的不二人选，但如果败选的话，面对其他蠢蠢欲动的党内同志，无异于也就自动放弃了参加 2012 年“大选”的资格。苏贞昌是否决定要“为党牺牲”，去做一次政治豪赌，也确实需要细细思量。毕竟，台北县目前的选民结构是蓝大于绿，在台北县 10 个县辖市中国民党掌握有9个，12席“立委”中国民党也有10席。在这种情势下，苏贞昌要打赢这场选战并不容易。

对于国民党来说，如果苏贞昌出马，肯定要寻找更好的人选，但周锡玮寻求连任的意愿很强，在目前态势不明朗的情况下，如何说服周锡玮自动放弃寻求连任的想法呢？如果因为手法粗糙，造成蓝营内部分裂，后果同样十分严重。因此，蓝绿两军形成了一种恐怖平衡，谁也不敢主动出招。目前蓝绿阵营都放话，要把台北县的提名放到最后，最终结果可能要等到6月份才能揭晓。蓝绿阵营机关算尽，只不知台北县民作何感想?

综合分析，苏贞昌最后参选台北县长的可能性很大。这倒不是他本人的意愿如何，而是目前民进党内的情势促使其不得不出来打这场选战。民进党基层的劝进声音不断，而各派系头目也一致表态要其出来参选，如扁系、谢系，甚至新潮流系都有强烈期待。虽然其中也充满了各派系的权谋算计，但征召苏贞昌参选台北县长已经成为了民进党上下一致的“共识”，在这种氛围下，苏贞昌即使有个人的利益算计，恐怕也难拂逆众意，最后只能选择“为党牺牲”，放手一搏，或可以迎来一片生机。

相对民进党的“上下一心”，国民党在候选人提名问题上则显得比较棘手。由于周锡玮积极寻求连任，虽然在民调上他是输于苏贞昌的，但毕竟苏贞昌到目前为止还没有表态参选，国民党也就很难有理由去劝退周锡玮。而如果国民党中央不强势作为，自然也没有人愿意出来强出头。面对这一局面，国民党也只能采取静观其变的策略。但时间显然对国民党更不利，因为如果要重新征召人选，还必须要留有充足的时间让候选人去获得台北县民的认同。如果一再拖延时日，只怕即使找到恰当人选，也是回天乏术了。

三、选举结果牵动台湾政局未来走向

目前看来，这场台北县长选举还充满变数，蓝绿双方都在等着对方先掀底牌，因此僵持不下，但底牌总是要掀开的，过于权谋算计必将影响选民的观感，并会对选举结果造成不利的影响。其实问题的根本还在于台北县的执政绩效不彰，让绿营认为有机可乘，才造成目前这种局面，国民党需要在这方面多作检讨。如果一位地方官连续几年的执政成绩都得不到老百姓的肯定，那老百姓凭什么还要相信你，再给你四年机会呢？民生才是根本，如果脱离这个根本而去过分解读选民结构的蓝绿属性，最终会落得一场空。

这场选举无论对国民党还是对民进党都是输不起的一场选战。对于民进党而言，如果赢得这场选举，将使其就此稳住阵脚，并且凭借台北县的庞大政经资源积聚能量，以图东山再起。同时，拿下台北县，将使民进党的势力重新回到北部，从而对蓝营形成牵制和挤压作用，北蓝南绿的对峙态势将因此而改观，对台湾未来的政治走向会产生深远影响。另外，由于台北县的人口、资源巨大以及即将升格为“直辖市”，如果民进党拿下台北县，也会对马英九当局的施政形成强大的牵制作用，同时增加苏贞昌 2012 年对抗马英九的政治能量，从而为 2012 年的选举投下变数。

相反，如果民进党在这场选举中失败，将极大地延缓民进党重新崛起的势头，并可能真收到“毕二役于一役”的效果，重创苏贞昌的政治声望，从而为马英九 2012 年的连任扫除障碍。同时，选举的失败还可能导致民进党内的新一轮权力洗牌，从而对台湾政局和两岸关系产生深远影响。

可见，这场台北县的选举关乎蓝绿两大阵营未来相当长一段时期内的政治命运，其重要性不能低估。这也决定蓝绿双方围绕台北县长宝座的争夺将异常激烈，究竟鹿死谁手，值得密切注意。

“五都”选举的结果预测及其影响评估

年底（2010）的“五都”选举，蓝绿阵营双方已经推出了自己的候选人，双方对垒的基本态势已经明朗化。此次选战被视为2012年“总统”大选的前哨战，对于台湾蓝绿阵营的实力消长影响甚大。对于这场选举的结果，学界已经做出了不同的预测，结论相差甚大。笔者试图从个人因素、政党和团队因素以及大环境因素三个方面来对这场选举进行分析预测。

一、蓝绿选举情势的对比分析

影响选举的因素，主要包括如下一些方面：个人形象、身体状况、执政能力、选举政见、民调支持度、基层实力、政党形象、选民结构、议题操作、投票率、大环境等等。这其中又可以分成三个层次：第一的层次是候选人个人层面。包括个人形象、身体状况、执政能力、选举政见、民调支持度等；第二个层次是政党和竞选团队层面，包括基层实力、政党形象、选民结构、议题操作等；第三个层面是大环境，包括经济状况、执政满意度、舆论走向、投票率及投票意愿、两岸政策等。以下我们从这三个层面对这几组候选人进行对比。

1. 候选人的对比

台北市　郝龙斌（国）对苏贞昌（民）。二人的个人综合素质相差不大。郝龙斌有执政优势，但由于台北市政有“高空猫缆”和“内湖捷运”等执政瑕疵，经常被反对党拿来做文章。未来郝龙斌需尽快处理好这两大工程的整改工作，这样才能避免在执政能力这项因素上失分。在选举政见方面，苏贞昌提“双城奇谋”，但现在“苏蔡”心结已经是公开的事实，如果没有蔡英文的配合，“双城奇谋”究竟是空谈。在这一点上郝龙斌与朱立伦的合作空间显得更大些。另外，由于台北属于大都会区，两岸开放政策更容易赢得台北市民的认同，现在民进党高分贝反对ECFA，这对于苏贞昌的选举是不利的。从民调支持度来看，二人的差别不大，目前所公布的民调二人的差距都属于误差范围内（据TVBS 5月26日民调，郝龙斌与苏贞昌的民调支持度分别为46%∶41%。）。综合分析，在个人层面上，郝龙斌在“选举政见”上占优势，而在“市政建设”上有瑕疵。未来这两项因素如何影响选举结果，还要看二人的应对措施是否得当。

新北市 朱立伦（国）对蔡英文（民）。由于蔡英文没有地方执政经验，很显然朱立伦在执政能力方面占优。但周锡玮的执政绩效没有得到市民的普遍认同，这也会影响到朱立伦的选情。此外，影响蔡英文选情的个人因素还包括：其一，她以党主席身份参选，作为主席她必须为“五都”选举全局负责，这样必然会影响她在新北市的竞选活动。其二，蔡英文本无意参选新北市，只是被逼进了这个局，因此其参选的诚意不足。这些都会对蔡英文的得票率造成影响。但是，蔡英文现在的民调支持度高，其非典型政客的形象有利于争取中间选民的认同。在选举政见方面，蔡英文提出要确立新北市的主体性，摆脱作为台北后花园的形象，这一点也是很有说服力的。总体而言，在个人因素层面，朱、蔡二人互有长短。

台中市 胡志强（国）对苏嘉全（民）。胡志强有执政优势，且其在台中市长期经营，政绩颇受肯定，民望也不错。苏嘉全作为空降部队，要挑战胡志强困难度很大。但苏嘉全各方面的综合素质都不错，属于民进党内颇有实力的中生代，其在屏东县长任内政绩不错，“打黑”形象颇受肯定。再加上又担任过民进党的秘书长，具有全台知名度。其身体状况也较为占优势。这些因素使得苏嘉全的后劲很足，目前到选举投票还有几个月的时间，可操作的空间还很大。再加之最近台中市治安问题恶化，并成为社会议论的焦点，对胡志强的选情不利。综合而言，在个人因素方面，胡志强虽暂时领先，但苏嘉全后劲十足，未来胡志强能否保持其优势还存在很多变数。

高雄市 黄昭顺（国）对陈菊（民）。黄昭顺曾连任五届“立法委员”，长期深耕高雄，就个人形象和能力而言，并不输于陈菊。并且陈菊曾传出健康状况的问题，这方面黄昭顺还略占优势。但黄昭顺缺乏县市执政经验，这方面比陈菊有很大劣势。陈菊在高雄市任内的政绩颇受市民肯定，如高雄世运等的胜利举办，为其得分不少，其民调支持度大幅度领先黄昭顺。因此，在个人因素层面陈菊执政能力和民意支持度方面优势明显，要在其他方面弥补这个差距并不容易。

台南市　郭添财（国）对赖清德（民）。郭添财曾任“立法委员”，并曾于2005年代表国民党参选台南县长。赖清德是现任“立委”，此前也无地方执政经历。就个人形象、执政能力等方面二人并没有太大差距。但台南作为绿营大本营，绿大蓝小的态势明显，目前赖清德民调支持度大幅领先郭添财，主要得益于台南特有的政治结构。这个结构使蓝营的任何候选人都难以有大的作为，主要看能得票多少的问题。

2. 政党及竞选团队层面的对比

台北市　台北市的选民结构是蓝略大于绿，这一点对郝龙斌有利。但郝龙斌的民调目前并没有大幅度领先，这说明台北市蓝营的基本盘还没有凝聚。其原因还在于郝龙斌的执政成绩没有获得选民的完全认同。未来如何补足这一块，把蓝营基本盘找出来是关键。在议题操作方面，目前绿营强力反对ECFA的立场及相关活动对苏贞昌构成了一定的压力。这是因为台北市民对于两岸开放的态度是比较支持的，未来苏贞昌对于这一问题的态度会对选举产生一定的影响。总体而言，郝龙斌如何把政治结构蓝大于绿的先天优势转化为选票，这是决定这场选举成败的关键。

新北市　新北市的选民结构基本上是蓝绿五五波，没有明显的差距。现在蓝绿都存在内部整合的问题，蓝营朱立伦空降，周锡玮及其支持群众能否完全转移给朱立伦还有赖于国民党及朱立伦耐心细致的工作。蔡英文的问题则主要是苏贞昌的基层实力能否转移给蔡英文，“苏蔡心结”能否最终化解，这显然是一个问题。目前蔡英文参选后，新北市似乎成了此次“五都”选举的关键战场，台北市已经相对边缘化。可见，苏贞昌抢先宣布参选台北市并以此主导选战的企图并没有得到实现。那么苏贞昌是否甘心扮演配角的角色，他会在多大程度上支持蔡英文，这还需要进一步观察。在选举策略上，目前朱立伦是步步为营，稳打稳扎，勤于走访基层。蔡英文则凭借起高人气，企图以文宣、议题等制胜，这有别于传统的选战手法。这两种选举手法究竟谁更有利，现在还无法判定。

台中市　大台中的蓝绿结构对比差距并不大，但胡志强的执政绩效深受选民认同，因此造成近两次台中市长（合并前）的选举国民两党得票率差距很大。可见胡志强的个人因素在选举中的作用超过政党因素。但在台中县市合并后，地方派系如何选择其结盟对象，会是一个比较大的变数。胡志强能否成功整合地方派系，对于选举结果将产生较大影响。与胡志强相比，目前苏嘉全在台中谈不上有基层经验与实力，其得票来源主要来自于基本盘，如果要开拓票源，只能通过议题操作及选举政见来吸引中间选民。未来如台中治安问题会是一个比较重要的选举议题，如果胡志强不能有效应对，会失分不少。

高雄市　高雄县市在合并之后，绿大于蓝的态势已经十分明显，这一选民结构决定蓝营在高雄难以有大的作为。唯一可能挽回败局的是绿营内部出现分裂。由于“秋菊”（杨秋兴和陈菊）之争造成二人裂痕太大，未尝没有见缝插针的机会。未来陈菊如何化解杨秋兴的反弹力道，会是影响这场选举成败的一个重要因素。但绿营的政治生态，决定任何出走的人都会被视为叛徒而很快被边缘化，要杨秋兴出走而背叛民进党选民的可能性不大。

台南市　台南市作为绿营的大本营，蓝小绿大的选民结构态势明显。国民党要在台南翻盘的可能性不大。但目前绿营内部的整合工作并不顺利，许添财与苏焕智都没有明确表态支持赖清德。许添财甚至传出独立参选的讯息，如果成真，则绿营将陷入分裂。但我们判断这种可能性并不大。基本而言，台南和高雄限于绿大蓝小的选民结构，蓝营在这两个地方难有大的作为。

3. 大环境因素

大环境执政状况、经济环境、舆论走向等。马英九当局的执政绩效没有受到选民认同，民意支持度长期维持在30%左右的地位徘徊，经济环境也没有得到明显的改善。因此，大环境目前对国民党而言是不利的，这会对年底的“五都”选举造成拖累。不过，马英九执政已经渐有起色，经济回升的势头明显，在两岸ECFA签订后，未来几个月台湾的经济应当会有不错的表现。因此，未来几个月台湾的经济形势以及马英九当局的施政状况如何会对年底的“五都”选举造成直接的影响。

二、对于选举结果的预测

从以上我们的分析可知，目前大环境对蓝营不利，但未来几个月还有提升的可能。关键看马当局如何作为，拿出亮丽的执政成绩单出来。比如ECFA的签订，目前已经成为台湾的主流意见，虽然绿营的反对声浪很大，但马当局应当拿出魄力，排除干扰，抓紧落实。对于“五都”选情的具体判断，我们认为台南、高雄受限于选民结构，绿营只要不出现大的分裂，则蓝军无望。台中胡志强执政成绩颇受市民肯定，民望甚高，虽然有治安问题及地方派系整合问题，最终应当都可以获得良好的解决，不至于导致选情的翻盘。因此，蓝营保住台中应当无忧。现在主要看台北和新北二市究竟鹿死谁手。台北市选民结构蓝略大于绿，且选民的都会性格明显，对两岸开放的支持度较高。这些会是苏贞昌难以回避的严肃课题。郝龙斌执政绩效还有待提升，未来需要把“高空猫缆”、“内湖捷运”等重大施政缺陷弥补，另外也要加强蓝营内部意见的整合。郝龙斌取胜的关键在于能否成功凝聚蓝营基本盘。新北市蓝绿选情胶着，但“苏蔡心结”会是蔡英文必须迈过去的一道坎。如果苏贞昌不能全力支持蔡英文参选新北市，则蔡英文要胜选很难。但蔡英文作为民进党的“人气天王”，目前风头正盛，民调支持度很高。当然，高人气能否转化成高选票也还是未知之数。对于朱立伦而言，面对蔡英文这样的人气明星，要赢下这场选举唯有步步为营，脚踏实地，勤跑基层，一点点地累积实力。新北市的选战是一场苦战，也是此次“五都”选举的核心之战。这一点应当是明显的。

对于最终的选举结果，目前尚难预测，有几种可能性：其一，绿四蓝一，即蓝营仅保住台中市；其二，绿三蓝二，即绿营在台北和新北拿下一城；其三，绿二蓝三。即绿保住南部二都，蓝保住北北中三都。我们倾向于第三种可能性最大。

虽然目前绿军在台北、新北攻势很强，但苏蔡二人能否经受实战的检验还很难说。台北市的选民结构有利于蓝军，苏贞昌要突破这一障碍很困难。新北市虽然蔡英文有高人气，但高人气并不等于高选票。此外，蔡英文缺乏地方执政经验，再加之蔡的专业形象与新北市复杂的派系环境不一定能适应。另外，蔡也面临如何与苏系势力整合的问题。所以综合而言，其实朱立伦更容易获得选民的认可。所以我们判断，台北、新北二市，蓝军将有惊无险的过关。

蓝三绿二，基本上是蓝绿维持平盘的局面，北蓝南绿的态势没有多大变化。但此次选举在总得票率方面绿营必定大幅度成长，其得票率应当接近甚至超过国民党。这是因为台北、新北二市虽然国民党能赢，但差距都不会太大。台中市的选票差距也不会相差太多。但国民党在高雄和台南的票数很可能会大输。这样造成国民党在南部二都的选票差距无法通过北北中三都的赢面而弥补。

三、选举结果的影响

以上三种结果都有可能，每一种结果都会对2012年的“总统”大选造成完全不同的影响。我们先来分析第一种情况，即蓝三绿二，蓝营保住台北、新北、台中三市，而绿营保住高雄、台南二市。这是最有可能出现的结果。这种结果会对2012造成何种影响呢?

首先，国民党获得了一个喘息之机，民进党强势发展的势头受到暂时遏制，从而有利于马英九的2012连任之路。

其次，民进党由于选票得票率大幅成长，因此也并不能算输。相反，蔡英文、苏贞昌可以挟高得票率的气势顺势组成“苏蔡配”或者“蔡苏配”，宣布联手参加2012年“总统”大选。这个组合将对马英九的连任之路构成极大压力。由于去年底的“三合一”选举民进党在得票率方面仅落后国民党两个百分点，加上此次“五都”选举的高得票率，民进党在总得票率方面将逼近甚至超过国民党。就以往几次县市长选举得票率与“总统”选举结果的关联来看，凡是县市长选举能够在得票率上过半的一方，基本都能在即将到来的“总统”选举中获胜。民进党在得票率方面的大幅成长，将极大地增强其争夺2012年“总统”大选的信心。

其三，就蓝绿内部的发展情势而言。国民党方面，金溥聪可以继续连任，“马金体制”仍然是国民党的权力核心。马英九解除了提前跛脚的危机，国民党内暗藏的权力斗争不会浮上台面。这客观上有利于巩固马英九的权力基础，对于其主导布局2012年的连任有利。民进党方面，由于新北市、台北市双输，使民进党原先设计的“坐三望四”破局，苏贞昌将可能因此受到党内的质疑，从而对苏贞昌的政治生命造成内伤，这也为苏贞昌争取2012年“总统”大选候选人资格的努力投下阴影。

对于第二种结果，即蓝一绿四，国民党丢掉台北、新北二市。这种结果对于国民党是灾难性的。基本上马英九将失去代表国民党参加2012年“总统”大选的资格，其权力基础也将完全瓦解。国民党内将出现新的权力中心，国民党内本土势力与外省籍势力的斗争将浮上台面，从而使国民党陷入新的分裂危机。2012年民进党将因为国民党的分裂而重新取得执政权。

对于第三种情况，即蓝二绿三，国民党丢掉台北、新北二市中的任意一席，民进党取得三席。这个结果对于国民党方面而言，金溥聪将要下台为败选负责，马英九的亲信至此完全离他而去（此前刘兆玄、苏起已相继离职）。马英九失去其最信赖的人，其原先孤立封闭狭小的决策圈子将被迫扩大，甚至于会做出“权力下放”的举动，以换取党内其他派系力量的支持和配合。这对于国民党而言并非坏事，反而有利于国民党的团结。当然马英九还可以代表国民党出战2012，如果能够成功找回支持群众的热情，其连任的可能性还是很高的。

蓝二绿三的结果对于民进党而言则是一个胜利，将增加其争夺2012年的信心与实力。苏贞昌、蔡英文中谁能够代表民进党抢下一席，则谁将代表民进党出战2012，“苏蔡配”或者“蔡苏配”没有悬念，只要看选举结果即可判定。因此，这一结果有利于民进党内部的整合，这对其争夺2012也是一个利多。

（本文作于2010年10月）

民进党2012年“大选”参选人点评

2011年3月11日，蔡英文正式宣布将参加2012年的“总统大选”。此前，吕秀莲也已经表态参选。民进党的另一位人气“天王”苏贞昌意图参加2012年“大选”早已是路人皆知的事。就目前看来，民进党内不会再有新的人出来参选了，蔡、苏、吕三人争夺民进党“总统”候选人的情况已经明朗化。

一、蔡、苏、吕相争，谁将最终出线？

蔡、苏、吕相争，其实明眼人都看得出来，三人中实力最弱的是吕秀莲。吕秀莲政治班底薄弱，又加之其敢言的个性，在党内少有盟友。因此吕在这场初选中出线的机会十分渺茫。但目前吕秀莲却是三人中动作最大，火力最猛的人。左打苏，右打蔡，劲道十足。吕秀莲的大动作已经引起了党内人士的反感，如林浊水就公开警告她最好少说话。其实吕秀莲火气如此之大，也是因为自己在党内得不到应有的尊重，如蔡英文可以和苏贞昌“辟室密谈”，却对于吕秀莲同样的要求置之不理。蔡吕之争已经变得有些难堪，对蔡英文终究是一个伤害。

民进党内这场初选的主战场还在于蔡苏之争。蔡英文、苏贞昌都是民进党内的人气明星。在蔡英文担任民进党主席之初，蔡苏与新潮流系结成盟友。直到去年“五都”选举，苏贞昌抢先宣布参选台北市长，迫使蔡英文不得不去选新北市长，蔡苏由此种下心结，并且始终得不到化解。蔡苏由政治盟友变成了政治对手。

民进党上下对于苏蔡之争可谓喜忧参半。一方面蔡苏作为政治明星，他们的有限竞争无疑能够带动民进党竞选的气势。如果最终能够达成“蔡苏配”或者“苏蔡配”，这个组合会成为民进党出战2012年的梦幻组合，对于马英九的连任之路将构成巨大挑战。但另一方面，如果蔡苏心结太深，二人都不退让，发展成2008年谢苏之争的格局，则民进党极可能重蹈四年前败选的覆辙。

就目前看来，形势对蔡英文更为有利。蔡英文此次抢在苏贞昌之前宣布参选，并且成功营造出了“派系共主”的气势。此前蔡英文已经与谢长廷结盟，谢系是民进党内实力最强的派系，有了谢系奥援，蔡英文实力大增。再加之新潮流系事实上也选择了支持蔡英文，新系要角徐佳青出任蔡英文竞选办公室的发言人，新系大佬吴乃仁、洪奇昌、林浊水等都是蔡英文所主导成立的民进党智库的核心成员。扁系成员也被大量网罗进蔡英文的竞选团队并担任要职，如蔡英文竞选办公室主任就暂由前陈水扁办公室主任林德训担任。另外，“独派”团体也表态支持蔡英文。民进党内各派系除了苏系之外，都已经被蔡英文招入麾下，“西瓜偎大边”的政治效益已经显现出来。在这种情况下，苏贞昌要凭一己之力与蔡英文相抗衡已经很难。

当然，目前还不能说苏贞昌已经在这场初选中提前出局。苏贞昌剩下的唯一机会是等待民进党内风向的转变，因为2012年民进党夺回执政权的可能性到底有多大，这还是个未知数。如果胜算不大，与其让蔡英文去打一场必败的选战而提前报销，还不如把希望寄托在2016年。再加之这场选战已经是苏贞昌人生的最后一仗，这次没法参选，以后大概也就没有机会了。如果苏贞昌能够让这种情绪在民进党内发酵，倒也有可能透过“全民调”的初选方式来翻盘。但这种机会并不大。

因此，目前需要关注的重点是到底有没有可能形成“蔡苏配”的问题，如果蔡苏不能配，那么蔡英文最终可能与谁搭档参选？笔者认为，“蔡苏配”作为民进党最有竞争力的一种模式，如果基层以胜选为由劝进，“蔡苏配”的可能性还是很大的。如果“蔡苏配”不能成型，则顺位是“蔡谢（谢长廷）配”。但那样的话，则意味着蔡苏的决裂，民进党胜选的机会会小很多。蔡英文最终会与谁搭档参选，还有待进一步观察。

二、看得见，不一定吃得到

民进党初选参选爆棚，一个主要的原因是近三年台湾政治情势的发展，让民进党看到了重新夺回执政权的希望。在过去几年的大小选举中，民进党都取得了不错的成绩，特别是2009年的县市长选举和2010年的“五都”选举，民进党在这两场选举中的总得票数甚至超过了国民党。反观国民党，则是士气低迷，选举连连失利，基本支持群众流失严重，特别是南部选区，更可谓“满盘皆绿”。马英九个人的民调支持度也长期在低位徘徊。这个局面让民进党见猎心喜，对于2012年的这场“大选”充满期待。

其实冷静分析，情势未必像民进党想象的那样乐观。回顾这三年以来，民进党在蔡英文的带领下确实有了不小的变化。比如与陈水扁家族弊案的切割，对于大陆政策的调整，党内世代交替的推进等等，这些方面都取得了不小的成绩。但这些改革还并不能够真正取得岛内民众、大陆以及国际社会的信任。民进党要重新走向执政，还有几道迈不过去的坎。

其一，如何彻底摆脱陈水扁执政的负资产，重建民进党的政党形象。陈水扁八年执政所带给台湾人民的教训是十分深刻的。执政无能、贪污腐败、族群撕裂、两岸对立。这段历史不仅台湾人民深受其害，也对两岸和平及东亚安全格局造成很大冲击。这个执政的负资产不会那么快的消失，民进党要真正取得台湾人民以及大陆和国际社会的信任，还有很长的路要走。

其二，大陆政策是民进党无法承受之重。民进党执政失败的一个主要原因，是其对抗性的大陆政策。民进党作为“台独”政党的本质，使其很难不与大陆为敌，“台独”与“反台独”的斗争是无法调和的。因此民进党在未实现彻底的“台独”转型之前走向执政，两岸必然要走向冲突，这是不以人的意志为转移的。民进党下台以来，在大陆政策方面做出了很大的调整。但基本上还是在“台湾前途决议文”中打转，无法碰触“台独”党纲问题，这是无法取信于大陆人民的。“一中问题”恐怕是民进党难以回避的问题，民进党必须要对此做出明确表态，要含混过关不太可能。

其三，民进党内现有的政治人物都不具备挑战马英九的实力。蔡英文与马英九同质性太高，但蔡的执政经验与马不可同日而语。一个地方县市首长都没有做过的人，怎么能期望她做好一个地区领导人？并且蔡英文也不是没有政治道德瑕疵，如关于领取优惠存款18%利息争议的问题，在这个问题上甚至苏贞昌都比蔡英文要更经受得住检验。总之，蔡英文目前只是民进党所塑造出个一个政治明星，要真正走向成熟并非一朝一夕之功。至于苏贞昌，虽然执政经验要比蔡英文强，但作为“美丽岛律师世代”的政治人物，同样面临着世代交替的命运，看不出他比马英九有更大的群众魅力。

民进党要在2012年拿回执政权，只能是镜花水月，看得见，却不一定吃得到。

三、国民党不要掉以轻心

我们说民进党尚不足以在2012年拿回执政权，并不是说国民党就可以高枕无忧。

事实上马英九连任之路并不会那么平坦。一个主要的原因是马英九的执政成绩不太理想。这其中当然有主客观的因素，如其上台之初恰逢世界金融危机，陈水扁执政八年留下的是一堆烂摊子等等。目前马英九执政已经逐步走上了正轨。蔡英文在其竞选宣言中把台湾的现状说成一团糟，这是不公平的。而且把责任都归罪于马英九执政，这显然也有失厚道。蔡英文欲混淆视听，相信台湾人民有辨别力。

其次，国民党改革带来了一系列后遗症，导致国民党执政基础有所松动，特别是在南部经营出现了严重的问题。国民党改革是一条要走的路，但改革的手法一定要细腻。如改革地方派系，却对国民党自身造成了内伤。对于南部的经营也出现了很大问题，基层组织涣散，选举一败再败，又不注意长期经营，机会主义盛行。南部政治生态的“绿化”现象已经相当严重，如果不能扭转这一趋势，必将对国民党的长期发展造成深远影响。

其三，国民党对于年轻人的吸引力减弱，党内的世代交替也较为缓慢。在去年的“五都”选举中，国民党的青年选票流失严重。这次蔡英文在其竞选宣言中打出“世代交替”的牌子，对于年轻人有很大吸引力，也可以说是击中了国民党的软肋，这是一个警讯。国民党内的世代交替必须要加快，才能增加党的活力，增强对年轻人的吸引力。这方面民进党已经走在了前面。

以上这些方面是影响马英九连任的重要因素。如果处理不好，对于马英九的连任之路将会造成重大冲击，也将对国民党的长期发展带来深远影响。

政治没有绝对，特别是在目前蓝绿政治实力大为接近的情况下，选举的技术性因素往往能影响选举的最终结果。就大趋势而言，马英九连任之路比较有利，但我们也不能排除任何意外发生的可能。

（本文作于2011年3月）

2012年台湾地区领导人选举结果的定量分析

离2012年台湾地区领导人选举投票还有最后10天的时间，到目前为止，这场选举还处于胶着状态，选情扑朔迷离。本文试图在分析近年来台湾蓝绿政治板块结构变化的基础上，结合台湾各种重要的民调数据，对2012年大选结果作一基本预测。

一、蓝绿基本盘的测定

传统的观点认为，台湾蓝绿板块结构是蓝大于绿，蓝绿比大概是5.5:4.5或者6:4。但从2008年以来的历次选举投票结果表明，蓝绿板块结构已经进一步拉近，呈现出五五波的态势。下面我们试分析2004年以来几次重要选举的得票率，来看蓝绿政治板块在这个区间的移动情况。

表一　2005年以来三次县市长选举蓝绿得票率

	2005年县市长选举	2009年县市长选举	2010年“五都”选举
泛蓝	50.69%	47.88%[①]（49.97%）	44.54%[②]（49.88%）
泛绿	41.95%	45.32%	49.87%

① 如果加上从蓝营分裂出去的新竹县张碧琴76254票和花莲县傅昆萁85532票共计161786票，则此次蓝营得票率在49.97%。

② 杨秋兴在这场选举中主打“反对陈菊”，吸引了蓝营的很大部分选票，并且杨秋兴在2012年“大选”中已经加入马吴阵营，因此杨秋兴的票应全算作蓝营的票，共计41.495万票。加上杨秋兴的票，此次蓝营的得票率实际为49.88%

表二　2004、2008 年两次“总统”选举蓝绿得票率

	2004 年	2008 年
国民党	49.89%	58.45%
民进党	50.11%	41.55%

表三　2004、2008 年两次“立委”选举蓝绿得票率

	2004 年	2008 年
泛蓝	46.85%	51.23%
泛绿	43.53%	36.91%

从以上图表可以看出，泛蓝阵营除开 2004 年的“立法委员”选举之外，其他几次选举的得票率都在 49% 以上，这说明蓝营自 2005 年县市长选举大胜以来，其基本支持群众还是稳固的。起码到“五都”选举为止，这个基本盘并没有出现松动的迹象。因此，我们可以判定，蓝营的基本盘目前为 49%—50% 之间。

对于绿营基本盘的判断则较为复杂。民进党在 2008 年大选中的得票率为 41.55%，考虑到当时民进党受陈水扁执政失败和贪腐弊案的影响，民进党形象大受损伤。在这种情况下民进党还能有 41.55% 的得票率，这完全可以看做是民进党的基本盘。有绿营学者评估，大约有 4%（50 万票）的浅绿支持者没有出来投票。巧合的是，2008 年“大选”的总投票率为 76.33%，2004 年“大选”总投票率为 80.28%，两者相差也约 4%。因此，笔者认为，在正常情况下，绿营的基本支持盘在 45%—46% 之间。2009 年县市长选举民进党的得票率大概反映了它的基本盘。

但笔者发现，从 2009 年县市长选举以来，民进党的基本盘又有成长，在 2010 年的“五都”选举中它的得票率达到 49.87%。“五都”选举因为“枪击事件”意外造成蓝绿对决的态势，这场选举投票率达 71.71%，这在地方层级的选举中是相当罕见的。那么能否判定绿营的基本盘已经成长到 49.87%？我们认为不能这样看。如果把“五都”的得票率（49.87%）加上 2009 年的县市长选举得票率 45.32% 再加以平均，结果为 47.59%。这个数字可以看作目前状态下绿营的基本盘。

综合分析，目前状态下蓝绿阵营的基本盘比为 49∶47 或者 50∶48，也即蓝营领先绿营两个百分点。据台湾“中选会”最新公布资料，2012 年台湾总选举人口为 1809 万。笔者预计，此次“大选”投票率在 78% 左右。则一个百分点相当于 14 万票左右。我们也可以以此计算出在基本盘方面马领先蔡的票数，用公式表示为：18090000×78%×2%≈28 万票（取整）。

二、中间选民的定义与构成

在蓝绿政治板块势均力敌的情况下，中间选民的投票取向无疑将成为决定选举结果的关键。近年来学术界对于中间选民的研究越来越重视。那么如何定义和划分中间选民？这是一个十分复杂的问题。一般认为，台湾中间选民在 150 万—200 万之间。中间选民的投票意向一般认为是难以把握的，但在实际的投票行为中，投票者的投票意向并非飘忽不定，而是具有一定稳定性的。当一位中间选民一旦在某次重要选举中作出表态，他的选择会有一定持续性。在这种情况下，他就失去了中间选民的身份，而可以被纳入到蓝绿板块结构中来考虑。因此，表态或者投票行为成为判断中间选民的标准，只有那些一直没有表态的选民才能算作中间选民。台湾作为一个被高度政治动员的选举社会，每一次“总统”大选都是一次高强度的蓝绿对决，中间选民被迫各自站队。在大选结束之后，中间选民开始重新分化组合，直到下一次对决的来临。中间选民在下一次“大选”对决中会做何种选择，可以从位于两次“大选”之间的地方县市长选举中看出端倪。我们发现，地方县市长选举的得票率与“总统”大选有很大的关联。在地方县市长选举中能取胜的一方，在接下来的“总统”大选中往往能取胜。以图表说明如下：

表四　蓝绿地方县市长选举与“总统”选举得票率关系

	1997 年 县市长选举 得票率	2000 年 “总统”大选 得票率	2001 年 县市长选举 得票率	2004 年 “总统”选举 得票率	2005 年 县市长选举 得票率	2008 年 “总统”选举 得票率
国民党	42.12%(输)	23.1%(输)	35.25%(输)	49.89%(输)	50.96%(赢)	58.45%(赢)
民进党	43.32%(赢)	39.3%(赢)	45.27%(赢)	50.11%(赢)	41.95%(输)	41.55%(输)

由上图可知，凡是在某次地方县市长选举中能取胜的一方，在接下来的

“总统”选举中都能获胜。虽然在2000年到2004年之间有泛蓝分裂的因素，但2004年在国亲合的基础上泛蓝仍然输，这更加说明中间选民选举取向的重要性。因此地方县市长选举既可以看出蓝绿板块的位移，也可以看出中间选民的动向。

我们既然以表态与否作为判定中间选民的标准，那么就很容易判定每一次大选的“中间选民”的数量。即以某一次“总统”大选的投票人数减去随后一次地方县市长选举的投票人数之差即为中间选民人数。如要判断2012年“大选”的中间选民人数，就可以2008年“总统”大选的投票数减去2009年“三合一”选举投票数与2010年“五都”选举投票数之和，公式表示为：13221594 - 12003338 = 1218256（票）。这个数据再加上新增的选民数约77万人（台湾“中选会”公布数据），即为2012年“总统”大选中的未表态选民数，合计约200万人。

那么如何确定这些未表态选民的投票意向呢？这是选举预测中最具有挑战性的部分。台湾政治大学洪永泰教授（此次为马英九竞选总部民调负责人）对此的处理是结合总体资料（主要是选民板块结构）及个体资料（民调数据）进行综合分析，这种处理方式被公认为是一种较为有效的选举预测方式。笔者借用这种方式来计算马、蔡、宋三人在中间选民部分的得票率。1月3日台湾各大主要民调机构公布的马、蔡、宋三人的民调支持度如下：

表五　1月3日台湾各主要民调机构公布民调数据

	《中国时报》	中天新闻台	TVBS	《联合报》	《自由时报》	《今日新闻网》
马英九	39.5%	41.3%	45%	44%	34.5%	36.7%
蔡英文	36.5%	38.5%	37%	36%	33.26%	32.3%
宋楚瑜	5.8%	6.6%	6%	7%	10.81%	10.1%

综合各类民调数据，得出马英九的平均民调支持度为40.1%；蔡英文的平均民调支持度为35.6%；宋楚瑜的平均民调支持度为7.7%。那么，马、蔡、宋三人在未表态选民部分所分得的选票数分别是：80.3；71.3；15.4。那么在未表态部分马英九可以领先蔡英文约9万票。加上前面计算的在基本盘方面马领先蔡的两个百分点约28万票，则马共计可以领先蔡37万

票左右。

三、宋楚瑜的选票及对“双英”选情的影响

宋楚瑜参选为“双英”对决增添了变数。我们需要弄清楚的是宋的得票数以及对“双英”选情的影响。

宋的得票数笔者觉得可以从 2006 年台北市长选举宋的得票率来推估。因为当时蓝营的危机意识十分强，选民弃保的自觉性也较高。由于宋在中部以及东部有一定的影响力，综合分析，2006 年台北市长选举宋楚瑜的得票率可以作为宋在 2012 年大选中的底线。当时宋的得票率是 4%，以 2012 年“总统”大选的总投票人口和投票率 78% 为基数，则宋的得票数为：$18090000 \times 78\% \times 4\% \approx 56$ 万票。

由于宋的支持群众主要来自于蓝营或中间选民，因此，宋的选票可以广义的认为是从马的支持群众中分离出来的。但是就宋的票数对马、蔡二人的影响而言，应当以 7:3 来划分，这里面考虑到宋可能吸引部分浅绿的选票，以及宋吸引了部分马可能转向蔡的选票，因此这个比率是合理的。那么在宋的基本盘部分对于马的实质影响是 $56 \times (7/10 - 3/10) = 22.4$ 万票。

我们在前面计算马英九可以总共领先蔡英文 37 万票，则如果宋的选票控制在 4% 以内（也即宋的基本盘），马英九可以约 15 万票以上的优势胜蔡英文。

如果宋的票数突破 4%，则宋增加的票应当看做是吸收了本属于蓝营基本盘的票，而马英九可以承受的最大损失是 15 万票，超过这个数字则必输。也即宋的得票数如果超过 $56 + 15 = 71$ 万票，则马英九必输。如果宋楚瑜的得票控制在 56 万—71 万票之间，则马英九可以 1 万—15 万票赢蔡英文。笔者认为，宋的最终得票数应在 5%，也即 70 万票左右。那么，最终可能马英九会以 1 万—5 万票左右险胜蔡。

四、结论：2012 年“大选”结果的基本预测

1. 总投票率。2008 年“大选”的总投票率为 76.33%，这一次由于不

表态浅绿群众的回流，以及宋楚瑜的参选对选情的刺激，总投票率应当高于2008年，笔者预计在78%左右。如果投票率超过80%，则马英九的选情危险。因为按照以往几次“大选”的经验，总投票率超过80%则蓝营必输。图示如下：

表六　总投票率与“大选”结果关系图

年份	1996	2000	2004	2008
投票率	76. 04%	82. 69%	80. 28%	76. 33%
结果	蓝赢	绿赢	绿赢	蓝赢

2. 最终得票数。综合以上分析，笔者对于2012年“总统”大选的选情判断如下：以2008年“总统”大选的总投票人口18090000为基数，78%的总投票率计算。

如果宋楚瑜参选到底，并且宋的得票数能控制在70万票以内，则马能小赢蔡英文1万—5万票。

如果宋的票数压缩在56万以内，则马英九可以赢蔡15万票以上。

如果宋超过70万票，马英九必输。

笔者认为第一种可能性最大。马、蔡的得票数分别为：(18090000 × 78% －70) ×1/2 =680 ±5万票（取整）。

（本文作于2012年3月）

意料内外：台湾“二合一”选举结果评析

1月14日晚，台湾地区“二合一”选举结果已经出炉，国民党马英九、吴敦义组合得票689万多，得票率52.6%；民进党蔡英文、苏嘉全组合得票609万多，得票率45.6%；亲民党宋楚瑜、林瑞雄组合得票约37万，得票率2.8%。在“立委”席次方面，国民党获得64席，民进党40席，“台联党”3席，亲民党3席，无党籍3席。这次“二合一”选举作为台湾在两岸关系和平发展背景下的第一次重大选举，其结果对于岛内政局和两岸关系将带来深远影响。

一、既在意料之中，也在意料之外

就选举结果而言，国民党无疑是这次选举的最大赢家。“马吴配”以约80万票的绝对优势大胜“蔡苏配”，毫无争议地成功保住了执政权。在“立法院”方面国民党也取得稳定多数席次，民进党即使联合其他两个小党，仍不足以对国民党构成实质威胁。这个结果为未来马英九的施政提供了极为有利的条件。

对于民进党而言，这个结果有点“出乎意外”。蔡英文是这几年民进党精心打造的人气天王，具有十分雄厚的政治实力。选前所有的民调都显示，马蔡的选情持续胶着，因此80万的选票差距超出了民进党的意料。但无论如何，蔡英文及民进党遭受这次选举挫折，需要一个相当长的时期进行派系整合和政策调整，这意味着民进党将进入一个新的不稳定期。

对于亲民党而言，宋楚瑜虽然只取得约36万张选票，输得十分难看，但毕竟亲民党实现了在“立法院”组成党团的目标。未来亲民党透过“立法院”发声，尚可继续延续其政治影响力，暂时避免了泡沫化的命运。

这次选举“台联党”意外获得3席不分区“立委”席次，可谓天上掉下馅饼。“台联党”的深绿意识形态未来将对民进党的“台独”转型形成牵制，民进党的转型之路更不平坦。亲民党和“台联党”这两个本已被边缘化的小党在这次选举中双双进入“立法院”，为台湾逐步成型的两党政治格局投下了变数，“两大两小”的政党竞争局面形成，未来的发展演变值得关注。

综合而言，这场选举结果既在意料之中，也在意料之外。所谓“意料之中”，就是说台湾目前尚不具备实现政党轮替的主客观条件。民进党经过陈水扁的八年执政，背负着沉重的执政包袱。虽然近几年在蔡英文的带领下民进党进行了一些改革，但不可否认在诸如与陈水扁贪腐实行切割以及大陆政策调整等议题方面是非常不彻底的，民进党的世代交替问题也没有完成。民进党在没有进行彻底改革之前本来就不具备提前执政的条件，因此虽然蔡英文具有高人气，但并不能转化为高选票，可见民进党想逃避改革而侥幸取得执政权并不现实。从国民党一方面来说，这几年马英九的执政虽然有许多瑕疵，但不可否认在经济发展以及两岸关系方面成就是巨大的。在党内改革方面马英九也展现了其政治魄力，虽然方式颇受非议，但大方向是正确的。此外，马英九的政治人格相较于蔡英文而言也更能经受检验。因此，这场选举马英九能够最终取胜，应当是情理之中的事情。

所谓“意料之外”，是指马英九能以80万票大胜蔡英文颇令人意外。这次选举由于“双英”选情持续胶着，再加之宋楚瑜的参选使蓝营发生分裂，舆论对于马英九的选情并不乐观，普遍认为马英九只能“低空掠过”。而最终的结果却是马英九以80万票的巨大优势胜选，这确实超出了许多人的意外。为什么会出现许多人看走眼的局面？这确实值得深入探讨。

二、台湾社会正在走向理性成熟

笔者认为这次选举结果之所以如此充满悬念，一个最大的原因是由于这场选举是两岸关系和平发展背景下台湾所举行的第一次重大选举。两岸关系和平发展的深入，使得台湾的政治环境已经发生了变化。这种新情况对于所有人而言都是陌生的，传统的经验不一定适用。因此，选举结果出人意料也是可以理解的。那么这场“二合一”选举与以往历次选举相比究竟有些什么样的新特色呢?

首先，两岸因素在这次选举中起到了极为重要的作用，并成为决定选举成败的一个关键因素。在以往的历次重大选举中，民进党擅长制造两岸对立与冲突从而赢取选票。这次选举民进党从一开始就主打民生牌，在两岸政策上则采取模糊策略，企图蒙混过关。但蔡英文在两岸政策上的笼统含糊成为她败选的致命伤，“台湾共识”无法取信于两岸，也无法让美国放心。否定“九二共识”更是让民进党陷入空前孤立，不仅岛内广大工商阶级纷纷表态支持“九二共识”，甚至连美国也在最后明确表示对蔡英文的两岸政策不放心，并倾向支持马英九连任。不仅如此，两岸因素还成为促使蓝营团结的最重要因素，在维持两岸关系和平发展的大原则下，蓝营支持群众最终抛弃个人恩怨而自觉归队，形成了蓝营大团结的局面，从而成功化解了宋楚瑜的分裂危机。可见，两岸因素在这次大选中扮演了正面的关键角色，这是过去没有过的现象。

其次，国民党在岛内话语权的争夺上第一次掌握了主动权，特别是在两岸话语权方面更是如此。过去二十年多年以来，民进党在台湾本土化与民主化的过程中一直掌握着岛内政治的话语权，国民党只能“拿香跟着拜”，在议题争夺上一直处于被动服从的地位。这次选举中马阵营主打两岸牌、清廉牌与安定牌，全面克制了蔡阵营主打的本土牌、阶级牌与民生牌，特别是在“九二共识”与ECFA议题上，民进党始终处于被动挨打的局面。民进党主打的一系列议题都失败，如主打民生牌却因为无法稳定两岸而陷入自相矛盾；主打阶级牌却激起了企业界的普遍反感，将工商阶级推向了民进党的对立面；主打本土牌如让李登辉在选前之夜站台也未达到效果。总之，民进党传统上所擅长操作的一系列议题都失灵或者效用大减，这也反映在和平发展背景下岛内政治氛围已经发生改变，民进党还要抱残守缺当然跟不上时代的步伐。

其三，这场选举过程比较平顺，结果也比较理性，选举议题以民生议题为主。族群与两岸等政治议题虽然存在，但表现形式已经发生变化。此外，陈致中的落选，以及宋楚瑜的被弃保，都说明蓝绿选民的投票选择更成熟理性。这说明台湾社会正在走向成熟理性。

三、难以改变台湾问题的旧有格局

当然，这场选举并没有从根本上改变台湾问题的旧有格局。首先，就岛内政治生态而言，蓝绿恶斗依然，并没有任何缓解的迹象。不仅如此，这场选举反而强化了“北蓝南绿”的政治板块结构。蓝绿恶斗无解，也意味着台湾还将继续内耗空转，这对于台湾社会的发展十分不利。目前由于国民党掌握着行政和立法大权，占据了主场优势，民进党为了与国民党进行政治斗争，必将继续杯葛国民党的施政，马英九所面临的挑战还刚刚开始。预计在马英九的下一个执政期，国民党方面，会坚持推行其改革路线，继续对国民党体质进行改造，国民党中央与地方派系的角力还将持续，其政治影响还有待观察。而在民进党方面，由于蔡英文的败选，使得民进党的改革路线受挫，民进党内部不可避免地会进行新一轮派系角力和路线斗争。未来民进党如何发展还存在变数。至于亲民党与“台联党”，这次虽然各获得了3席“立委”席次，但难以改变台湾逐步走向两党政治的基本格局。

其次，就两岸关系而言，虽然“九二共识”透过这场选举已经深入人心，但两岸关系的结构性矛盾并没有改变。特别是民进党不愿放弃其“台独”立场，为两岸关系留下很大的不安定因素。

第三，就国际因素而言，美国并没有放弃其干涉台湾问题的立场，反而可能因为其战略东移而更为积极的介入台海事务，中美之间围绕台湾问题的斗争还将继续。

（本文作于2012年1月）

两岸关系

中美战略博弈与两岸关系的现实定位

两岸关系的前景从本质上说取决于三方面的因素：一是岛内政局及民意的走向；二是大陆自身的发展以及是否能制定有效的对台方针政策；三是国际因素特别是美日介入台湾问题的力度。这三种因素又是相互作用、相互影响、相互制约的。

台湾问题是中国的内政问题，因此，海峡两岸中国人对于追求统一的意愿及决心是主要因素，是内因；而国际因素对于台湾问题的干扰是次要因素，是外因。两岸中国人追求国家统一的共识越强，国际因素干扰台湾问题的着力点就越小；中国大陆解决台湾问题的意志和能力越强，国际因素干扰台湾问题的意愿和可能性就越弱；中国大陆发展得越好越顺，对台湾人民的吸引力就越强，两岸走向统一的有利因素就会增加。总之，台湾问题的解决关键还取决于我们自身的发展，国际因素干扰的力度与岛内统“独”民意的走向都取决于中国大陆发展的好坏。

当然，事物的发展变化不是内因能单独决定的，外因也是十分重要的变量。众所周知，由于历史和现实的原因，台湾问题外力因素的介入已经相当深，这是一个无法回避的现实。因此，我们在思考两岸关系未来走向的时候，必须要考虑到国际因素的影响。这种影响不一定都是不利的，如果运用转化得好，也可能变成对两岸统一有利的因素。但这必须要对国际因素介入台湾问题的意愿、能力及意图有一个清醒的估计和正确的判断。而这种估计和判断有赖于我们把台湾问题放在更广阔的国际政治舞台上来考察。

一、亚太安全格局下的中美日三边关系

当今世界政治格局是“一超多强”的单极多元格局，即美国的“一超独大”和诸强的“多元并立”。“一超多强”格局从本质上说并不是一种稳

定的国际格局体系，而只是一种过渡形态，在新的国际格局形成之前，无论是作为“一超”的美国还是作为“诸元”的多强，都企图运用自己的力量争取在未来新的国际格局中占据更为有利的地位，特别是美国要构建独霸世界的单极体系与其他诸强要求建立多元共存的多极化体系的斗争，是当今大国关系的主旋律。

自冷战结束以来，美国从来没有放弃其利用自己的超强国力构筑和强化“一超独霸”单极世界格局的努力，而美国的这一全球战略与其他世界大国追求世界多极化的战略利益冲突也从来没有停止过。同时，作为诸元的多强之间由于历史的、现实的因素，也存在着各种不同的矛盾冲突，这使得“一超多强”世界格局下的大国博弈显得更为变幻莫测。

就亚太安全格局而言，目前最为重要的是中美日三边关系。这并不是一个等边三角，在这个三角关系中，日本一向奉行以日美同盟为核心的外交政策，且有《美日安保条约》的盟约保障，双方在国际政治特别是亚太安全体系中有较强的行动协调性。当然，美日之间也不是没有矛盾，虽然美日结盟针对中国的意图很明显，但由于美国事实上还存在着对于日本的占领关系，日本的安全保障有赖于美国提供。因此，美日同盟关系并不是一种平等的盟友关系，而是以美国为主导的依附关系。由于无力向美国挑战，日本只能以强化日美同盟关系来推行其全球战略，但美国对于日本的支持和让步是有限度的，如日本在争取成为联合国常任理事国的问题上，就未能获得美国的支持，这清楚地说明美日关系的本质是以美国为主导的非平等关系。日本要成为正常国家，最需要突破的恰恰是美日之间存在的不平等关系，这是日本外交的吊诡所在。就目前的国际态势而言，日本不能也不想摆脱美日同盟的不平等关系，因此，在可预见的将来，美日斗争是次要的，合作是主要的。

相较于美日关系而言，中美、中日关系都存在着比较复杂的竞争关系。中美在全球政治格局中的竞争关系自不待言，中日在亚太地区也存在着十分严重的竞争关系。随着中国的日益崛起，中日两国争夺东亚领导权的斗争将日趋激烈。中日关系自上世纪 90 年代以来一直抵牾不断，双边关系急剧冷却，目前仍处于一种“政冷经热”的很不稳定的状态。从近代东亚地缘政治来看，日本自甲午中日战争以来就获得了东亚地区的主导权，这一现状随着近年来中国的迅速崛起而开始发生改变。目前，东亚事实上是中日两强并立的局面，这种局面在东亚几千年的历史上还从未出现过。但这种局面是暂时的，中日两国在这一轮竞争中究竟谁将最终胜出，未来一二十年是极为关键的时期。日本要赢得这场胜利，必须要借助于美国的力量，而美国作为全球的霸主，其亚太安全格局是以美日同盟为核心构建的，美国借助日本维持其在东亚的统治地位，而日本也企图在美国的支持下与中国在东亚地区展开争夺主导权之争。事实上，面对中国的崛起，美国也希望日本与中国进行有限度的竞争，以牵制中国发展的势头。美日同盟关系恰恰在面对中国时才有最大的一致性。考虑到在美日同盟中日本的依从性，我们可以将中、美、日三边关系简化为中美（日）关系，在这组三边关系中，除了因共同的利益有合作的一面之外，在竞争这一面中美之争显然是主要的，中日之争可以纳入中美之争的大范畴中来考查。

二、中美战略博弈与台湾问题

（一）中美在台湾问题上的矛盾冲突

在中美（日）关系中，有一个最大的利益争夺焦点，那就是台湾问题。由于历史的原因，台湾地区和美国、日本都有着很深的渊源。日本对台湾地区有过51年的殖民统治，这段时间代表着日本在东亚最为“辉煌”的时期，许多沉迷于帝国荣光中的日本人自然对台湾抱有一种特殊的情感。而美国则是由于其介入国共内战，而且是将台湾纳入冷战体系的始作俑者，因而成为台湾问题上最大的国际因素。台湾问题说到底是中美问题，台湾问题解决的最大阻力来自于美国。而日本由于历史的原因，和与中国争夺东亚主导权的现实需要，近年来对于台湾问题也表现出越来越浓厚的兴趣，其欲介入台湾问题的用心已昭然若揭。因此，台湾问题有可能成为中美（日）之间最大的利益冲突点。这也是台湾问题的敏感性和复杂性之所在。

在东亚安全格局制约下的台湾问题，其最终走势如何，牵涉到中美（日）之间的力量消长和对于各自国家战略的取舍。对于美国而言，台湾问题是用以牵制中国的一枚棋子，因此台湾对于美国的价值有工具性的一面。

但是，由于台湾又是美国构建亚太安全战略的重要环节，台湾的任何变动都将影响到美国的亚太安全战略，甚至造成美国主导的亚太安全格局的解体，因此台湾对于美国来说又具有战略价值。再加上美国在台湾地区拥有的经济利益、军事利益，以及台湾地区在民主化后已经成为美国在全球推销所谓民主经验的“典范”，这些对于美国来说都是难以割舍的利益。因此，美国对于台湾问题的介入以及对于台湾问题的安全承诺是有其利益基础的，幻想美国会轻易放弃对台湾的支持并不现实。

而对于中国而言，台湾作为核心战略利益的地位是毋庸置疑的。台湾问题是关系到中国的国家统一、国家安全、民族尊严、民族复兴的生死攸关的重大战略问题。因此，台湾与大陆最终必须统一，对此没有任何妥协的余地。

（二）中美在台湾问题上形成战略平衡的可能性

当然，这并不意味着中美之间就注定要在台湾问题上走向对抗。这是因为：

首先，美国坚持“一个中国”政策。中美三个联合公报，作为维系中美关系的基石，都明确坚持“一个中国”政策，承认台湾是中国的一部分这一事实。在中美建交以后的历届美国政府也基本上遵守这种承诺。虽然美国制定《与台湾关系法》继续干涉中国内政，但总体而言，美国的“一个中国”政策仍能得到维持。这是中美两国在台湾问题上的最大共识。

第二，中美对于解决台湾问题的方式有一定的交集。中美建交，美国承认“台湾是中国的一部分”，事实上美国已经丧失了干涉台湾问题的立场，因为台湾问题既然属于中国的内政问题，则美国无权干涉台湾问题的解决。但美国在随后通过的《与台湾关系法》中写明：“美国决定和中华人民共和国建立外交关系之举，是基于台湾的前途将以和平方式决定这一期望”。①又说，“任何企图以非和平方式来决定台湾的前途之举——包括是用经济抵制及禁运手段在内，将被视为对西太平洋地区的和平及安定的威胁，而为美

① 《与台湾关系法》第二条（B）3 款。

国所严重关切”。[1] 可见，作为美国干涉台湾问题的最大法律依据——《与台湾关系法》，事实上也同时确认了中美建交公报的法律效力，只是对于解决台湾问题的方式，美国“期望”采用“和平方式”，而对“非和平方式”将会“严重关切”而已。

全国人大常委会在1979年元旦发表《告台湾同胞书》中，已经表明了中国争取用和平方式解决台湾问题的立场。1981年9月30日，叶剑英委员长向新华社记者发表谈话，又具体提出了九条对台方针（即“叶九条”）。《告台湾同胞书》和“叶九条”在中美1982年联合公报中得到确认，美国政府对此表示“理解与欣赏”。[2]1983年6月25日，邓小平在会见美国西东大学教授杨力宇时，全面阐述了按照“一国两制”方针解决台湾问题、实现国家统一的具体构想（即“邓六条”）。至此，“和平统一、一国两制”成为中国政府解决台湾问题的基本方针。事实上，中国历届领导人对于争取以和平方式解决台湾问题的态度是坚决而真诚的。江泽民在1995年发表《为促进祖国统一大业的完成而继续奋斗》的新春谈话中，提出关于发展两岸关系、推进祖国和平统一进程的八项主张，第四项主张即为：“努力实现和平统一，中国人不打中国人”。胡锦涛在2005年3月4日发表新时期对台工作的四点意见（即“胡四点”）时也强调，“争取和平统一的努力决不放弃”。事实上，世界上没有谁比中国人更希望能和平解决台湾问题，骨肉相残的民族悲剧是谁也不愿意看到的。

“和平统一，中国人不打中国人”，这是从民族感情和国家利益出发提出的建设性主张。美国关心台湾问题解决的方式问题，只是因为，“美国如果默认使用军事力量强行统一台湾的尝试，那么美国在远东的地位将受到毁灭性的破坏”，“换句话说，美国将不得不进行干预。但那并不是为了一个分离的台湾，而是为了美国在亚太地区的地缘政治利益”。[3] 美国基于维护其亚太安全战略而强调台湾问题需用和平的方式解决，这与中国基于民族情感和国家利益强调和平统一的方针是有本质区别的，但不可否认，中美两国

---

① 《与台湾关系法》第二条（B）4款。

② 见中美1982年“八一七公报”第四、五款。

③ ［美］兹比格纽·布热金斯基：《大棋局——美国的首要地位及其地缘政治》，中国国际问题研究所译，上海人民出版社，1997年版，第86页。

在对于台湾问题的解决方式上有一定的交集。

当然，中国争取以和平方式解决台湾问题，前提是两岸必须要遵循“一个中国”原则，为了保留维护这一原则的最后手段，中国从来没有而且今后也不可能承诺放弃使用武力。中美如何寻找共同的利益点，争取台湾问题能以和平的方式解决，这确实是一个巨大的挑战。

第三，就中国的国家发展战略和美国的全球战略而言，在可预见的将来，都不希望彼此发生冲突。中美都是核大国，而且都是联合国安理会的常任理事国，中美之间爆发军事冲突，其后果是难以想象的。因此，双方在面临利益冲突时，最好的办法就是彼此妥协，寻求双方的战略平衡点。

中国当前所奉行的国家发展战略是尊重现行的世界政治经济体系，并努力融入这一体系之中，中国并不企图寻求如美国那样的全球霸权。中国永远不称霸，这是邓小平为中国外交制定的基本方针，这对中国的现实以及未来的外交政策都具有指导作用。中国是现行世界体系的合作者、建构者而不是破坏者，美国近年来也已逐渐认识到这一事实，因此，2005 年 9 月 21 日，时任美国常务副国务卿的佐利克，在纽约的美中关系全国委员会发表了题为《中国往何处去？从正式成员到承担责任》的演讲，提出“促使中国成为国际体系中负责任的利益相关者（Responsible Stakeholder）”的对华战略新构想。[①] 这表明美国开始重视中国在维护和构建当今美国为主导的国际体系、实现美国利益的过程中所承担的重要功能，并企图使这一力量与美国的全球战略相一致。可以预见，如果这一观点成为美国对华战略的主流意见，那么中美关系的前景将更加光明，中美之间将能够找到更多可以合作的领域，共同维护现有的世界秩序，这也是美国所乐见的。

对于中国而言，一个与美国相对抗的国家政策并不是明智的选择，中国作为发展中国家，其最大的任务还是要寻求自身的发展。中共十六大提出要抓住本世纪头 20 年的战略机遇期加快发展，这一战略能否得以实现，作为世界超级大国的美国是否加以配合是至关重要的。因此，我们的政策不是要

---

① Robert B. Zoellick, “Whither China: From Membership to Responsibility?” Remarks to National Committee on U. S. China Relations on September 21, 2005, http://www.state.gov/s/d/rem/53682.htm; Pual Kelly, “US Seeks New Path to China,” Australian, December 10, 2005。

去挑战美国主导下的现行世界秩序，而是要充分利用这一秩序加快自身的发展。中国的国家发展战略与美国的全球战略存在着某种程度的交集，这是决定未来中美关系走向的基本要素。

第四，目前美国的全球战略陷入困境，在许多方面都需要加强与中国的合作。如前章所述，在小布什的第一任期内，美国奉行攻击性的单边主义政策，借用“9·11事件”后的国际局势，先后发动了阿富汗战争和伊拉克战争。美国的单边主义，特别是美国绕开联合国发动伊拉克战争，极大地损害了美国的国际形象，美国的国际声望大跌，其外交政策也遭到国际的广泛抵制，美国与欧洲的关系濒临破裂。而伊拉克战争使美国泥足深陷，难以自拔，有成为第二场越战之虞，美国急于寻求解脱。此外伊朗问题、朝核问题等都对美国的全球战略构成严重挑战。小布什的单边主义越来越难以为继，迫使小布什在其第二任期内调整外交政策，寻求与盟国和联合国的协调，外交手段和多边合作开始成为美国外交政策主轴。美国面临的这些挑战，像伊朗问题、朝核问题，中国在其中都扮演着相当关键的角色，美国无法绕开中国去处理这些问题。其他如核武扩散、环境问题、经贸问题等，美国都需要有中国的合作。特别是在经贸方面，中国经过近二十年的经济成长，在经济方面取得了巨大成就，已经成为全球经济领域举足轻重的角色，中美经济利益也被捆绑在一起，形成相互依存的格局。中国掌握的巨大美元外汇储备，已经对美国形成了某种战略性牵制。以上种种都决定了美国不可能轻易与中国走上对抗冲突之途。

事实上，除了台湾问题之外，中美之间在可预见的将来并没有发生冲突的理由。中国的和平崛起战略需要取得美国的谅解和支持，起码是不反对，而美国目前在许多国际领域同样需要中国的支持与配合。考虑到中国并不寻求挑战美国的霸权地位，美国也没有理由采取全面敌视中国的政策。当然，美国的全球战略是要维持其“一超独霸”的地位，进而建立一个以美国为首的单极世界体系。而中国作为世界多极化潮流最为重要的促进力量，同时中国的综合国力及其发展潜力是最有可能对美国构成全面挑战的国家，中国和美国之间存在的这种结构性矛盾是无法调和的。美国对于中国的迅速崛起感到担忧，但由于中国不执行与美国的全面对抗政策，美国要像对付前苏联那样执行全面地遏制政策又无法获得盟友的支持而难以实现，且这种遏制政策也不符合美国的利益，因此，美国只能选择遏制与合作的双重策略，全面遏制和全面合作对于美国来说都不现实。在小布什第一任期内企图执行对中国的全面遏制政策，但事实上这样做是十分危险的，并没有也不可能收到任何好的效果。因此，以“9·11 事件”为契机，美国调整其对华政策，形成了目前的“避险”（hedging）政策和加诸中国责任的“负责任利益相关者”（Responsible Stakeholder）的结合。这代表了美国一方面想遏制中国的发展势头，另一方面又想把中国纳入以美国为主导的国际秩序中的矛盾心态。可以预料，遏制与接触（乃至合作）的双轨政策在未来相当长时期内仍将是美国对华政策的基调。

三、维持台湾现状的现实与前景

对于中美之间最为敏感的台湾问题而言，中美长时期内将存在的既竞争又合作的关系决定了中美在台湾问题上都要小心翼翼，以防止因为台湾问题而导致中美关系发生爆炸性的逆转，走向军事对抗。经过 1996 年台海危机以来中美在台湾问题上的历次较量，美国目前已经深刻体会到台湾问题的敏感性和复杂性，不敢轻易在这一问题上做出挑衅性的举动以导致中美军事对抗。而中国目前也不能期望美国在台湾问题上主动退缩，如前所言，由于美国在台湾存在着重大利益，且中国以军事手段解决台湾问题将导致美国亚太安全格局的全面崩盘，这对于美国来说也是难以容忍的战略性溃败。因此，中美目前在台湾问题上的最好的选择就是维持现状，中美双方都不去挑战对方的原则底线，以一种克制的态度保证台海现状的暂时维持。维持现状虽不是最终解决问题的办法，但却是在中美都无力打破台海僵局的情况下最为现实的选择。

维持现状最大的好处就是能为中美双方赢得实行战略调整的回旋空间。台湾问题必须最终解决，台湾必须与大陆统一，中国不会容许无限期地拖延下去，美国对此也心知肚明。美国虽然在台湾有巨大利益，但是当美国感受到在台湾维持其利益所付出的代价越来越大，甚至对其本土的国家安全都构成威胁时，美国必须要认真思考继续介入台湾问题所带来的巨大风险。随着中国的日益强大，这种风险也会越来越大。如果美国缺乏意志和决心承担这种风险，美国就必须要考虑在中国的国家力量强大到足以在台海地区甚至在东亚对美国提出全面挑战时，美国如何体面地从台湾问题上脱身的问题。何况从长远来看，一方面美国将无法阻止中国实现国家的统一进程，美国阻挠中国统一的行为不仅不道德也不现实，而且十分危险。另一方面随着中美合作的日益扩展，台湾与中国大陆在美国全球战略天平上的分量将会此消彼长，届时美国不可能因小失大，宁肯与中国大陆对抗也要维护一个经常给美国制造麻烦的台湾。

当然，在美国全面认清这一现实之前，中国要有耐心，不能误判形势，操之过急。要避免发生中美之间因为偶发因素而导致全面对抗局面的发生，因为这样反而可能会对国家统一进程带来灾难性的后果。中国现在需要做的就是继续埋头发展，提升自己的综合国力，增加与美国进行战略博弈的筹码，以促成国家统一的早日完成。从这个意义上说，中共十六大提出抓住本世纪头 20 年的战略机遇期，一心一意谋发展，这与最终完成国家统一大业的进程是相吻合的，并行不悖的。

可见，在一定时期内维持台海现状是一种中美目前都可以接受的妥协性安排。至于这种现状能够维持多久，以及台湾的最终前途，都取决于在未来一段时期内中美力量对比的消长，以及中美之间战略博弈的最终结果。

（本文作于 2007 年 5 月）

台湾政局发展与两岸关系未来走向

在中美都倾向于维持台海现状的情况下，岛内政局的发展和执政当局的大陆政策取向会如何影响两岸关系的走向？这是一个需要深入讨论的问题。

一、台湾政局发展与两岸关系的演进

（一）台湾政局与两岸关系的关联性

两岸关系自上世纪50年代两岸分裂对峙以来，大致可以分为几个阶段：从1949年国民党退据台湾到1979年全国人大常委会发表《告台湾同胞书》，宣示和平统一止，为两岸“军事对峙期”。此后台湾提出“三民主义统一中国”，大陆提出“和平统一、一国两制”，是两岸“和平竞争期”。1987年台湾宣布开放探亲，由此打开两岸交流的大门，两岸关系迅速发展，其间虽然屡有波折，甚至还发生了1996年的台海危机，但两岸交流的趋势不可遏止，到1999年李登辉宣布“两国论”前，两岸关系都可以归结为“交流缓和期”。从1999年李登辉抛出“两国论”，2000年标举“台独党纲”的民进党上台执政，两岸关系的主流事实上已经变成维护国家统一与反对国家分裂的统“独”斗争，因此从1999年迄今可以归结为两岸关系的“统独斗争期”。

如果联系到台湾政局在这五十多年走过的历程，我们会发现，两岸关系的四个阶段与岛内政局的演变脉络是基本吻合的。从1949年国民党退据台湾到1979年高雄“美丽岛事件”的爆发，台湾处于国民党威权体制的建立和巩固期。从“美丽岛事件”的爆发到1986年9月28日民进党成立，是党外势力不断冲撞戒严体制时期，民进党的成立及随后国民党宣布开放党禁、报禁，事实上已经宣告国民党戒严体制的彻底崩解。从民进党成立到2000

年民进党上台执政，是民进党迅速发展壮大并最终取得执政权的时期。由于民进党是明确宣示要追求“台湾独立”的政党，虽然由于国际大气候和大陆以及台湾民意的制约，民进党不敢宣布“台湾独立”，但作为执政党的民进党并没有放弃其“台独”意识形态，而其所执行的一系列内外政策，可以说是不宣布“台独”的“台独”政策。可见，台湾政局的发展脉络与两岸关系的演进阶段基本一致，二者存在着很强的相互关联性。

（二）国家认同危机是台湾社会的最大症结

自上世纪70年代蒋经国宣布“革新保台”，并启动“本土化”与“民主化”进程以来，台湾社会发生了翻天覆地的变化，包括国民党威权体制的解体与以选举制度为核心的民主制度的全面建立，其中民进党作为反对党从成立到执政只用了14年的时间。台湾政局的快速发展也造成了两岸关系发生了结构性的变化。今天，两岸关系已经突破了国共内战格局，而演变成分裂与反分裂的统“独”斗争。为什么会有如此剧烈的变化，这必须要从台湾政局的发展演变中去寻找原因。

台湾的“民主化”转型与“台独化”运动是相伴生的。台湾的“民主化”、“本土化”与“台独化”从一开始就形成一种奇特的共生结构。台湾的“民主化”和“本土化”以牺牲“中华民国”国家认同符号为前提，正如若林正丈所言：“70年代的外交危机以后，蒋经国之所以推动‘台湾化’及‘十大建设’，并以民间的人脉及经贸力量展开实质外交，基本上都可视为体制本身在静悄悄地促进‘台湾图腾’的正统化”。[①] 这是一种十分诡异的现象。台湾“民主化”转型过程中出现的这种状况在世界民主化潮流中极为罕见。为什么会出现这种情形？这是由台湾社会蕴藏的最深刻的国家认同危机决定的。由于历史和现实的原因，台湾社会在国家认同问题上存在着严重的分裂。这一危机从本省人与外省人的族群矛盾演化而来，上升到国家认同层面，则表现为认同“台独建国”还是认同“中华民国”。这两种认同取向，把台湾社会分裂为对立的两极，即蓝营和绿营。这两大阵营在台湾的选举制度下，为了各自的政治利益而斗争，因此国家认同分歧又通过选举行

---

① ［日］若林正丈：《分裂国家与民主化》，台湾月旦出版社，2000年版，第8页。

为表现出来，是蓝绿阵营各自动员群众、获取选票的重要工具，成为历次台湾重大选举的核心议题。可以说，国家认同危机是影响台湾政局发展的主要因素。

这种状况的出现，与台湾人在国家认同问题上的现实困境有关。就现实而言，台湾人的国家认同确实十分尴尬，一方面，“台湾国”只是一个幻想，而“中华民国”也只是一个幻象，要台湾人认同中华人民共和国又不现实。因此，台湾人面临着认同问题上的无所适从。这种局面的形成与国共内战有着很大关系。在退据台湾之初，国民党以一个“反攻大陆”的神话，将台湾强行纳入国共内战体系，并运用各种方式把自己打扮成代表中国的正统，包括《中华民国宪法》、“国民代表大会”等代表中国法统的事物都被原封不动地搬到台湾继续延用。但这无法掩盖一个事实，即“中华民国”在大陆确实已经被中华人民共和国所取代，“中华民国”要维持《中华民国宪法》所规定的地域、人口、主权等国家要素都只能凭借想象来虚构，它并不符合现实，这个“中华民国”的虚构性迟早会现出原形。在70年代发生台湾退出联合国以及中（大陆）美建交等一系列重大外交事件之后，“中华民国”的这种虚构性就彻底暴露出来。

在“中华民国”的虚构性暴露出来之后，台湾社会在国家认同上陷入了深刻危机。基本而言有两种取向：一种是继续认同“中华民国”，一种是要重新建立一个“台湾共和国”。当然，继续认同“中华民国”，也不可能是那个虚构的代表全中国正统的“中华民国”，而是强调“中华民国”的治权只及于台澎金马，并表述成为“中华民国在台湾”的论述。这其实是一种“独台化”倾向。而建立“台湾共和国”这一目标由于受到国际社会特别是大陆的强大压力，以及岛内民意的制约，根本是一个不可能达成的任务。几经调整，在1999年5月民进党八届二次党代会通过的“台湾前途决议文”中，将其表述为“台湾是一个主权独立国家，依目前宪法称为中华民国”。“中华民国”似乎成为岛内各派政治势力的最大公约数。

但台湾社会存在的国家认同危机并没有真正解决，以认同“中华民国”还是“台湾共和国”为标准，蓝绿两大阵营围绕着国家认同问题展开激烈的斗争，这种斗争被称为所谓统“独”之争。在“民主化”与“本土化”的冲击之下，国民党也开始逐步转变，强化自己的本土和民主色彩。不久前国民党作出决议，首次将“台湾”写入党章，宣示将“以台湾为主，对人民有利”作为党的信念，并在党员目标条次中删除了“统一”字眼，改以“和平发展”，很能说明国民党的未来两岸政策走向。在台湾目前的政治生态下，国民党实行“民主化”和“本土化”的转换是迟早要完成的，实现本土化后的新国民党与老国民党将有本质上的不同。当然国民党和民进党的国家认同还是有区别的，它们的区别在于：民进党建立“台湾共和国”的主张，是要彻底斩断台湾与中国的联结；而国民党的“中华民国”国家认同并不排除台湾未来与中国进行联结的可能性。进一步说，当前国民党的两岸政策在很大程度上是屈从于岛内主流民意要求“维持现状”的政治现实，是为因应2008年“大选”所做出的策略性妥协和退却，如果国民党有机会重新执政，不排除其在引导主流民意发生变化的情况下再次调整其两岸政策。但总体而言，台湾岛内蓝绿阵营所进行的统“独”之争与中国大陆同“台独”分裂势力所进行的维护国家统一、反对国家分裂的统“独”斗争是存在着本质上的差异的。

（三）台湾各政党的国家认同取向

目前台湾各主要政党在国家认同上的光谱分布，基本上可以用下图来表示：

统一（新党）←维持现状（国民党、亲民党）→独立（民进党、“台独联盟”）

其中统一选项随着新党的泡沫化实际上已经被虚化，因此，台湾各主要政党的认同分歧主要是“维持现状派”和“台湾独立派”之间的斗争。在马英九、萧万长当选为台湾地区新领导人之后，“维持现状”将成为台湾未来大陆政策的主轴。当然，民进党等“台独”势力的大陆政策仍然会对国民党形成很大制约。民进党在过去八年执政期间，其大陆政策充满意识形态的操弄，导致两岸关系持续紧张，也造成台湾社会的撕裂和经济的停滞。在民进党重新沦为在野党后，其大陆政策将如何调整，仍然是观察未来两岸关系走向的一个重要指标。下面我们对国民党及民进党未来大陆政策的演变加以分析。

二、选票极大化策略下的民进党大陆政策

（一）选票极大化策略与民进党大陆政策的调整

台湾的大陆政策，吴玉山教授认为有两条主轴：其一是统“独”争议（认同面向），其二是经济与安全（利益面向）。其中统“独”争议是岛内政治斗争的焦点，也最容易引起国际的关注，一向动见观瞻。这一问题我们在上文已经加以论述。而随着大陆经济的迅速发展，两岸经济的融合日益加深，经济与安全因素的冲突也变得越来越重要。台湾各政党和政治势力的大陆政策都必须要在这两个面向上作出选择，从而确定其大陆政策的基本方向。① 吴教授还运用选票极大化策略模式分析了台湾大陆政策的制定。由于台湾是选举社会，各政党和政治势力都必须要透过选举获取政治利益，因此如何最大可能的使自己的政策获得选民认同，成为各政党制定其内外政策的主要依据。由于选民有偏好常态分布的情况，在大陆政策领域内，不论是在认同面向，还是在利益面向，也都呈现出常态分布的情形。在认同轴线上，倾向于统一或者独立的都是少数，大部分选民都倾向于维持现状；在经济轴线上同样是认为经济和安全应该并重的民众比认为经济利益为重或安全利益为重的民众要超出很多。按照选票极大化策略理论，各政党在制定大陆政策时，都必须要考虑迎合最大多数选民认同的需要，从而促使各政党的大陆政策向中央峰点移动。②

选票极大化策略模式对分析台湾各政党的大陆政策走向很有参考价值。下面我们借用这一理论来具体分析一下民进党的大陆政策演进。

早期的民进党走体制外街头抗争的群众运动路线，除了意识形态领域的“激进台独”路线外，谈不上对于两岸关系有什么严肃的思考，即使有也只不过是其用来进行岛内政治斗争的工具。自上世纪 90 年代以来，台湾政治

---

① 转引自吴玉山：《台湾的大陆政策：结构与理性》，收入《争辩中的两岸关系理论》，包宗和、吴玉山主编，台湾五南图书出版公司，2004 年出版，第 180 页。

② 转引自吴玉山：《台湾的大陆政策：结构与理性》，收入《争辩中的两岸关系理论》，包宗和、吴玉山主编，台湾五南图书出版公司，2004 年出版，第 181—182 页。

生态发生了巨大变化，经过六次“修宪”和“国大”、“立法院”、“总统直选”等重大变革，台湾以选举制度为核心的民主制度全面建立。在这种情况下，任何政党都要通过选举来获得自己的权力。因应时空变化，民进党也必须进行“政党转型”，从体制外的群众运动路线向体制内的选举路线转变。而民进党在1991年通过的“台独党纲”，就成为民进党争取选民的最大障碍，必须加以调整。最终结果是在1999年5月，民进党党代会通过“台湾前途决议文”，对“台独党纲”作出重大修正，即由原先的“独立建国”立场，转而主张“台湾是个主权独立的国家，依目前宪法称为中华民国”，首次承认了“中华民国的国号”。此后，“台湾前途决议文”成为民进党诠释台湾现状的基本指导原则。民进党在统“独”面向上的这一调整，可以看作是在选票极大化策略作用下，大幅度向中间修正的具体举措。

在利益面向上民进党也需要做出调整。事实上，在1996年台湾实现第一次“总统直选”以前，民进党对于利益面向上的大陆政策并没有一个清晰的概念。为了取得执政权，民进党需要在这一方面提出自己的系统主张。1998年2月，民进党举行党内“中国政策大辩论”。在这次辩论会上，有所谓“大胆西进”和“强本渐进”的路线之争，通过辩论，最后达成“强本西进”的共识。该年5月，民进党中常会通过“中国政策研讨会共识”案，使这次辩论的共识成为民进党的指导性文件。1999年11月，为了参加次年的“总统大选”，民进党又推出“跨世纪中国政策白皮书”，第一次系统地形成了民进党的大陆政策。在“白皮书”的前言中表明：“民主进步党认为，以下一个世纪为起点，推动台湾与中国关系的全面正常化，正是跨世纪中国政策的主轴”。又说，“这份‘以台、中关系正常化’为主轴的民进党跨世纪中国政策，就是在国家安全的前提之下，由‘凝聚国家定位共识’、‘建立稳定的互动机制’、‘发展经贸合作关系’等具体主张构筑而成”。随后，“白皮书”用三个部分对这三个问题加以论述。这个“跨世纪中国政策白皮书”作为民进党大陆政策的第一次系统论述，在2000年民进党上台执政后，基本上以此为基础展开其大陆政策。

（二）“台独”意识形态是两岸关系的根本症结

民进党能够在2000年大选中胜出，固然首先是得益于国民党的分裂，但不可否认，其淡化“台独”色彩的大陆政策也确实骗取了不少中间选票。那次选举陈水扁虽然只获得了39%左右的选票，但相较于1996年民进党“总统候选人”21%的得票率，则有了大幅度的提升。当然，成为执政党后，民进党的大陆政策不仅要符合岛内民意的期待，也要能接受美国以及中国大陆的检验。这是一个更高层次的挑战。但从陈水扁执政七年多来两岸关系的僵持现状来看，民进党的大陆政策走进了死胡同。其中最大的症结在于，民进党的“台独”意识形态与大陆的“一个中国”原则存在着根本冲突，没有调和的可能性。只要民进党不放弃其“台独”立场，无论在现实层面上释出多少“善意”，都不可能得到大陆的正面回应，这是民进党大陆政策失败的根本原因。

其实，民进党大陆政策的制定从来都不是取决于两岸关系的实际发展状况，而是取决于岛内政治发展的需要。因为在选举制度下，民进党的权力来源在于选民的认同，至于大陆的态度并不是其主要考虑的选项。况且，要民进党放弃其“台独”主张而接受“一个中国”原则，对于以“台独”意识形态作为精神支柱并以此动员群众支持的民进党来说，无异于让其放弃政治生命，这是民进党难以承受的代价。在这种情况下，台湾当局大陆政策的重点已经不在于发展两岸关系本身，而是如何向岛内选民交代，以换取选民的继续支持。为此，一方面在利益面向上，执行比较宽松的两岸经贸政策，即所谓“积极开放，有效管理”①，以符合岛内要求加强经贸交流的民意需求和两岸经济融合的客观现实。而在统“独”面向上，民进党则顽固坚持其“台独”立场，并采取切香肠式的“渐进台独”路线，不断冲击大陆的“一个中国”底线，造成两岸关系的持续紧张。为了推卸破坏两岸关系的责任，把自己打扮成“台海和平的维护者”，以争取国际舆论的同情，民进党采取开空头支票的办法，抛出一些在现实条件下根本不可能实现的议题，迫使大陆接招，刻意把自己塑造成两岸关系的“受害者”。

据陈水扁自己说，他自上台以来，迄今已经向大陆抛出了三十多枝“橄榄枝”，但这些橄榄枝，无法掩盖其在“和平”的烟幕下，刻意推动

① 2006年陈水扁在元旦讲话中将此政策调整为“积极管理，有效开放”，但从政策的具体执行来看，其实并没有采取更多的经贸紧缩政策。

“台独”进程的事实。在上台之初，陈水扁就公然否定“九二共识”，随后又于2002年提出“一边一国”论，公然挑战“一个中国”原则。他还在社会、文化等领域推行全方位的“去中国化”运动和台湾“正名”运动。在外交领域以“务实外交”、“过境外交”等方式，企图在国际上制造“一中一台”的事实。在政治领域则于2006年3月宣布终止“国统会”和“国统纲领”运作，推翻其上台之初所做出的“四不一没有”承诺。

2007年以来，陈水扁的“台独”分裂活动变本加厉。3月4日，他抛出“四要一没有”，公然主张“台湾要独立，要正名，要新宪……”。3月18日，指使其御用学者抛出所谓“第二共和国宪法草案”，推动“法理独立”进程。6月18日，又抛出“以台湾名义加入联合国”的“公投绑大选”的台湾“正名”主张，直接对“一个中国”原则的底线提出挑战。9月2日，民进党中执会通过所谓“正常国家决议文”，宣称要在适当时间推动“正名制宪”、更改“中华民国国号”等，这表明民进党的两岸政策已经回归到上世纪90年代初的激进“台独”路线。

从这八年来台湾政局发展的主线来看，陈水扁事实上通过“切香肠”的方式，一步步落实“台独时间表”。在陈水扁的一再操弄下，两岸关系已经走到了极其危险的边缘，就连美国也不得不公开站出来对其急进的“台独”行径加以约束，以避免台海局势失控。当然，陈水扁当局刻意操弄两岸关系也给台湾社会造成了深重灾难。八年来，台湾社会陷入经济停滞、民生困苦、族群撕裂的严峻状态，其总根源在于民进党的“台独”意识形态及其对抗性的大陆政策。民进党也因此受到惩罚，遭到台湾选民的无情唾弃。如今，民进党重新沦为在野党，其未来如何检讨“台独”党纲及大陆政策，将决定民进党的发展前景和空间。可以认为，民进党不会轻易抛弃“台独”党纲，但其大陆政策将向务实的方向发展。其调整的力度还需要进一步观察。

三、国民党及马英九的大陆政策及其未来走向

随着2008年3月22日台湾地区领导人马英九及萧万长的胜选，国民

党作为准执政党的地位已经确立。未来相当长的一段时期内，国民党的大陆政策将成为未来台湾当局与大陆发展关系的主流。因此系统研究国民党及马英九的大陆政策对于未来两岸关系的发展有着十分重要的意义。

（一）国民党的大陆政策及其未来走向

从2000年沦为在野党以来，国民党在前主席连战的主导下，抛弃过去李登辉的“两国论”路线，对国民党进行了一系列改造，包括政党体制、政策路线等。

2001年7月25日，连战在国民党中常会上表示，李登辉的“两国论”违背“国统纲领”和“九二共识”，需要重新检讨。7月29日，国民党召开“第十六次全国代表大会”，大会通过了新修订的党章、党纲。新党章规定：“本党基于三民主义理念，建设台湾为人本、安全、优质的社会，实现中华民国为自由、民主、优质的社会，实现中华民国为自由、民主、均富和统一的国家”。该党纲还宣示国民党要“复兴中华文化，实行民主宪政，反对共产主义，反对分裂国土，共同为中华民族之整体利益而奋斗。”这表明，国民党一方面要面对长期立足于台湾的现实，同时不忘追求中华民族的整体利益。此次大会还通过了题为“国家新蓝图，台湾新动力”的政策纲领。政策纲领在两岸关系方面表示，国民党“依循国统纲领，在‘一个中国，各自表述’的九二共识基础上，追求两岸和平稳定关系，建立军事互信机制，建构台海和平区，在台湾优先的前提下，逐步迈向民主、自由、均富的统一。”同时主张“两岸搁置政治争议，从事制度竞赛，走向全面政经建设，形塑政治民主、经济自由的现代化国家。”“积极恢复两岸制度化协商；加强全方位交流，推动城市交流、政党交流、高层互访。配合全球运筹中心，推动两岸经贸松绑；促进两岸资金、人员及资讯移动透明化，创造国际企业策略联盟的环境。”

2005年4月，连战应邀访问中国大陆，与中共总书记胡锦涛举行会谈。随后双方共同发布“两岸和平发展共同愿景”新闻公报。这一公报已在2005年8月召开的“第十七次全国代表大会”上列入政纲。此后，马英九、吴伯雄都表示将遵循“连胡公报”推动两岸关系。如果这种承诺得以落实，未来两岸关系的和平发展将是可以预见的。

（二）马英九的大陆政策与未来两岸关系的开展

马英九在2006年7月曾经宣布“五不四要”的两岸政策，即不宣布“独立”、不变更“国号”、不将“两国论”入“宪”、不举办“统独公投”、不废除“国统会”的“五不”，以及与大陆恢复协商、签订和平协议、扩大经贸往来、增进文化教育交流的“四要”主张。随后他又提出关于两岸关系的一系列具体政策。综合分析，马英九的两岸政策将会以“台湾为主、对人民有利”为主轴，“不统、不独、不武”，维持台海现状。具体内容包括：

其一，在政治领域，承认“一中各表”的“九二共识”，并主张在“九二共识”的基础上与大陆展开谈判。他希望两岸能先做到“互不否认”，认为“两岸相互否认，不必要，两岸相互承认又做不到，两岸相互不否认，则可以让两岸空间变得无限宽广”。

关于两岸谈判的问题，他主张建立两岸协商谈判的固定机制，恢复海基会、海协会的协商功能。目前，马英九已经任命江丙坤为海基会董事长。他最为关心的谈判议题是“经济正常化、和平安全、国际空间”。他希望两岸结束敌对状态，签署和平协议，建立军事互信机制，但谈判的前提是要求大陆撤除飞弹。他认为未来两岸协商“不需要、更不必要美方介入，两岸可以自己解决自己的问题。”

其二，在经济领域，马英九将萧万长的“两岸共同市场”作为自己的主要政见。主张“先以两岸经贸关系正常化为基础，再据此推动台湾参与区域经贸整合”，主张签署两岸经贸合作协议。在具体政策方面，金融领域，他主张取消台资登陆的限制，开放人民币自由兑换、让台资银行登陆，及开放陆资来台设立据点。农业领域，他主张农产品登陆，但会采取措施限制大陆农产品进口。他主张两岸迅速实现“三通”，实现周末包机正常化，以及开放大陆观光客来台。

其三，在两岸文化交流领域，马英九主张将通过协商，全面开放两岸文化交流，包括促成两岸媒体相互驻点采访正常化，支持各级学校与大陆学校交换交流；鼓励岛内民间基金会深入大陆，在大陆设点推动公益，或扶贫济弱，或讲学启蒙、或培育人才、激发创意，扩大两岸接触面。

可见，马英九的大陆政策是比较理性务实的，如果这些政策都得以落实，无疑将极大地改善两岸关系。但这并不意味着两岸关系就会一帆风顺，实际上，马英九的政治理念与大陆的政治现实存在着很大的冲突，这种冲突与紧张如果双方能够有效沟通、建立互信，则不至于造成两岸关系的太大波动，但对于这种危险应当有清醒的认识。

马英九的政治立场有两个基本内容：

其一是坚持“中华民国法统”，“反对法理台独”。综观马英九从政的履历，他对于“中华民国”立场的坚持是一贯的，他对于两蒋特别是蒋经国有着特别的感情，这不仅是知遇之恩，更是理念的认同与坚持。从这一立场出发，马英九既反对“台独”，但同时也“反共”。马英九反对“台独”的立场是坚决的，他曾多次表明“台独制宪”“不应该、不可能、不必要”。可见，马英九当政之后，两岸将重新回到“中华民国”与“中华人民共和国”的正统之争。对于这一挑战，必须要有清醒的认识。

其二是认同西方民主价值，反共意识强烈。马英九在美国留学多年，受西方意识形态的影响很深。他对于民主和法制的坚持是十分坚决的，正因此，他的“反共意识”十分强烈。他对于“六四事件”、“法轮功”等都持支持的态度，这对于大陆政府无疑是一个很大挑战。

因此，马英九执政后的两岸关系仍然将充满矛盾，这需要两岸领导人有开阔的心胸，“求同存异，共创双赢”。事实上，自马英九当选以来，两岸领导人在处理两岸关系时都是比较小心谨慎的。大陆十分珍惜好不容易得来的两岸关系和缓局面，而台湾在经过民进党八年执政之后，经济凋敝、民生困苦，也亟须改善两岸关系，以使台湾重新步入正轨。因此，双方对于改善两岸关系都有现实的主客观需要。并且国共两党在反对“台独”分裂，追求国家统一这一原则立场上是有共识的，国共两党都承认“九二共识”，这是两岸发展关系的最坚实的政治基础，也是两岸关系稳定的基石。

（本文作于2007年6月）

从宏观层面分析两岸关系的未来走向

两岸关系的未来走向，其关键因素主要牵涉到国际因素特别是中美因素、台湾政局发展、大陆综合国力的提升及对台政策的制定。从这三个方面着手分析，就可以窥知两岸关系未来演变的基本方向。

中美战略博弈决定了台湾问题发展的基本格局，而台湾政局的演变与大陆综合国力的提升及对台政策的调整决定了两岸关系的未来前景。基本而言，我们可以把以上三个问题划分为两个层面：一是国际层面，即在大陆、美、台战略三角格局制约下，各自的行为选择及可能走向；二是内政层面，即三方基于各自内政的需要而做出的行为选择及可能走向。下面我们将在此基础上对台湾问题的未来走向进行一个长期展望。

一、大陆、美、台三角关系格局的发展趋向

在国际层面，大陆、美、台三角关系的主轴是中、美关系，无论是美台关系还是两岸关系都是服从于中、美战略博弈的大格局。目前中、美通过战略博弈在台湾问题上已经达成暂时维持现状的默契，在这种情况下，台湾只能被迫接受这一选择。这是大陆、美、台三方力量对比的结果决定的，台湾根本无力改变。当然，暂时维持现状并不是一种常态，两岸关系的最终结局取决于大陆、美、台三方力量对比在未来的演变。力量对比朝向任何一方倾斜，都会引起两岸三边关系的改变。从现实环境来看，基于大陆近年来综合国力增长的强劲势头，和台湾发展的相对衰落，如果这种趋势一直持续下去，大陆在三方博弈中最终胜出是可以预期的。因此维持现状对于台湾特别是“台独”分裂势力来说，是一种不利但却无奈的选择。对于“台独”来

说，如果要改变这种状况，唯一的选择就是在两岸三方力量对比朝向大陆倾斜之前，主动挑起事端，孤注一掷。从目前情况来看，“台独”冒险的危险性确实存在。这是因为，陈水扁等如今在台湾掌权的“台独”人士，是一批国际观及两岸观都很差的政客，经过多次“切香肠”式的“台独”试探得逞后，已经利令智昏，误判形势的可能性很大。

为了避免这种危险发生，中、美必须要共同合作对付“台独”的绑架战略，压制“台独”势力的冲动，只有这样才能保障中、美各自的战略利益。可以预见，中、美未来在遏制“台独”的问题上将会有越来越密切的配合，美国甚至有可能会在一定程度上调整其在台海政策上一贯采取的模糊战略，而明确的宣布反对“台独”。

中、美合作的结果对于“台独”势力来说则是灾难性的。在这种情况下，台湾将完全失去在“国家定位”上存在的模糊空间（这种空间对于台湾保持一定程度的独立性相当重要），台湾作为中华人民共和国一部分的事实将在国际上进一步清晰化、固定化。到那时，所谓台湾“主体性”必将遭受巨大挫折。

在大陆、美、台三边博弈中，台湾绝对无法承受失去美国保护的后果。当然，台湾也看出美国基于美台之间的重大利益，也不会轻易放弃对台湾的支持，因此陈水扁当局才敢于挑战美国的政策底线，但这种挑衅对于美台之间的互信是一种严重损害，布什政府甚至曾公开称陈水扁当局为“麻烦制造者”，可见陈水扁当局的“台独”冒险行径已经超越了美国能够容忍的底线。

在马英九顺利当选为台湾地区新一届领导人之后，以陈水扁为首的“台独”政权也正式走入历史。民进党政权在过去执政八年期间，一直追求和制造各种“台独”活动，并企图最终谋求台湾“法理台独”，从而使两岸甚至中美面临全面摊牌的风险，对东亚甚至世界和平造成极大威胁。随着民进党政权的下台，这一危机暂时解除。马英九宣示将奉行“不统、不独、不武”的两岸政策，维持台海现状。这一政策与中美之间维持台海现状的默契是相一致的。大陆、美、台三方在维持台海现状这一问题上找到了一个平衡点。因此，在马英九执政的未来一段时期内，两岸关系的稳定发展将是可以预期的。

二、内政因素对两岸三方关系的影响与未来发展

两岸三方的政策选择与制定都要受到各自内政因素的强力制约，这是显而易见的。美国国内的牵制主要来自于国会，美国国会介入台湾问题之深有历史的传统和现实的基础①。早在二次世界大战结束后，在美国国会中就存在一个强大的游说集团——“中国帮”（China Bloc，亦称 China Lobyy），他们为国民党政府退据台湾后继续保持在联合国的席位、获取美国的军事经济援助、保持与世界上大多数资本主义国家的外交关系等作出了极大“贡献”。上世纪 70 年代，美国政府基于“联中制苏”的战略需要，着手改善美、中关系，并最终抛弃了台湾与中国大陆建立了外交关系。此举引起美国国会的强烈反弹，国会迅速制定《与台湾关系法》加以反制，造成中、美建交后美国通过这一法案得以维持与台湾的“非官方的官方关系”。冷战结束后，特别是中国大陆发生 1989 年政治风波之后，美国国内的反华势力空前高涨，国会更为深入地介入台湾问题，对美国政府对华、对台政策产生了极大制约，如 1995 年李登辉访问康奈尔大学，就是因为国会众、参两院一致通过邀请李登辉访美的议案，迫使美国政府不得不同意李氏访美，对中、美关系造成了巨大的冲击。小布什上台后，美国国会的亲台势力得到进一步的发展，2002 年 4 月 9 日，美国国会众议院成立了“台湾连线”（Congressional Taiwan Caucus），截止到 2005 年 3 月，该“连线”已由发起之初的 40 人增加到了 141 人，占众议院总数的 1/3 之多。参议院的“台湾连线”则于 2003 年 9 月 17 日正式成立，到 2005 年 9 月，其成员亦从最初的 10 人增加到 24 人，超过参议员总数的 1/5。② 参众两院“台湾连线”不仅在成员数量上占优势，而且成员级别较高，对美国的对台、对华政策有着重大的影响力。美国国会对中、美关系的负面影响越来越大。

① 关于美国国会在台湾问题上扮演的重要作用，可以参看孙哲主编《美国国会与台湾问题》，此书对此有深入的讨论。复旦大学出版社，2005 年版。

② http：//www. fapa. org/TaiwanCaucus/SENATE/index. html。

美国国会的这种政治生态，与台湾多年来苦心经营对美国会“外交”有很大关系。美台断交后，对美国会“外交”一直是台湾“外交”的重中之重。国民党统治时期，台湾“外交部”设有国会联络组，专门负责对美国会“外交”。陈水扁上台之后，由于对国民党的传统“外交”机构并不信任，而建立起许多与美国国会沟通的所谓“扁式管道”，由其心腹邱义仁直接负责。另外，在美国还有许多“台独”团体专门从事院外游说工作，主要有FAPA和“福尔摩莎基金会”（Formosa Foundation，简称FF）等。这些团体在美国国会有很大的活动能量。与台湾相对照的是，中国大陆长期以来只侧重于对美官方外交，而不太注重对美国会的游说工作，造成许多美国国会议员对中国事务的冷漠与陌生。美国国会议员大多只关注国内事务，对于国际事务并不怎么关心，因此，许多国会议员缺乏对于中国大陆的了解，相对而言，对于台湾则了解得比较多，因此更容易支持一些对台湾有利的提案。近年来中国政府也已经开始重视对美国会外交，可以预期，随着工作的深入，美国国会议员将能够更为公正客观地看待中（大陆）、美关系，从而促使中（大陆）、美关系向更加健康的方向发展。

对于台湾而言，选举利益是各政党制定内外政策的最大依据。关于选票极大化策略对台湾各政党大陆政策的影响，我们已经在本章第二节加以详细分析，这里需要指出的是，民进党的大陆政策，不仅取决于选票极大化策略，也取决于民进党的“台独”意识形态。正如岛内学者所说，“现在的台湾处在一个意识形态反中、反华的时代，不但对外是反中共，对内也极力推行一些有意无意的反中政策，甚至将台湾的主体性完全建立和表现在反中、反华的作为上”。[①] 可见，民进党蓄意将“反中”与所谓台湾“主体性”连接起来，人为制造“台湾—中国”的对立，以一种“台独”法西斯主义强迫台湾民众选边站。在这种情况下，台湾民众根本上不可能有理性的选择，而只能落入民进党预设的“爱台湾”还是“卖台湾”的选举逻辑，即选择民进党就是“爱台湾”，否则都是“爱中国”。民进党用这种办法在岛内制造“台独”狂飙运动，是一种典型的”文革“政治，与民主选举背道而驰。由于民进党当局肆意操弄“台湾—中国”的意识形态对立，两岸关系也充

---

① 杨开煌：《出手——胡政权对台政策初探》，台湾海峡学术出版社，2005年版，第83页。

满了碰撞，失去了和解的可能。但这种情况在马英九当选后将有很大改观。过去八年来，台湾民众也吃尽了民进党当局操纵意识形态、制造两岸对立的苦头，台湾的主流民意要求两岸寻求和解，要求回归民生等基本议题。而马英九本人也一直坚持“九二共识”，并希望两岸能在此基础上展开谈判，寻求和解。因此，马英九主政下的台湾，寻求与大陆和平共荣将是一个主轴。

对于中国大陆而言，由于台湾事关中国的民族尊严、国家统一和复兴，在这个问题上，官方和民间的立场是完全一致的，即绝不容许台湾从中国领土分裂出去。统一台湾，这是中国政府多年一贯的追求。但由于目前中国面临着加速实现现代化的战略任务，同时基于同胞之情，大陆政府也真心希望两岸能够和平发展、共存共荣。为了实现两岸关系和平发展的新局面，大陆采取了一系列政策措施，收到了较为明显的效果。如在 2005 年相继邀请国、亲、新三个在野党主席访问大陆，以及推出一系列惠台政策，全面落实寄希望于台湾人民的方针，做好台湾人民工作。从而一举掌握了两岸关系发展的主导权。虽然民进党当局一直企图破坏、阻扰这一趋势，但都没有得逞，反而使其成为国际公认的“麻烦制造者”。民进党最终也遭到台湾人民唾弃。

马英九的当选为两岸关系的发展创造了无限空间和可能，由于国共之间已经建立起交流平台，而马英九也多次宣示将在九二共识的基础上与大陆展开和平谈判，这与大陆宣示要在九二共识基础上恢复两岸谈判的原则基础是一致的。因此，未来大陆必将抓住这一有利时机，与台湾当局展开谈判，建构两岸和平发展的稳定架构，创造和平发展的两岸关系新局面。

三、“大选”后两岸关系的发展预测

当前马英九、萧万长以高票赢得选举，为两岸关系的和平发展创造了新的契机，也暂时解除了两岸因为“台独”冒险行径而彻底摊牌的危机。因此，未来两岸关系的总体前景是比较乐观的。

目前，台湾百业待兴，人心思治，希望缓和两岸关系已经成为台湾的主流民意。马、萧在竞选过程中大打经济议题，开出了一大堆的经济支票，如实现两岸“三通”，开放大陆观光客来台等，这些政策都需要大陆政府的配合才能实现。民进党八年的执政，已经使得台湾的经济活力丧失，被亚太市场严重边缘化。台湾要恢复经济活力，重新融入亚洲市场，必须要透过与大陆的协商谈判才能实现。台湾亟须获得的“国际空间”问题，也必须要与大陆协商谈判才能解决。因此，民进党过去执行的与大陆严重对抗的政策，给台湾造成了严重灾难，未来台湾当局必须要在这一问题上改弦易辙，这是任何人都违抗不了的。

对于大陆方面来说，本世纪头20年是中国崛起的重要战略机遇期，我们正处于全面实现现代化的关键时期，自然不希望因为台湾问题而阻碍甚至破坏这一进程。因此，在一定时期内维持台海现状，对于我们抓住战略机遇期是十分有利的。这与马英九宣示的“不统、不独、不武”“维持台海现状”的政策有某种程度的交集。两岸抓住目前推进两岸关系的有利时机，各自发展，对于双方都是有利的，从全局而言，是有利于中华民族的整体利益的。

当然，两岸的分歧仍然存在，两岸民众还需要扩大交流、增进了解，消除彼此的隔阂。台湾人民在近代以来有其特殊的历史遭遇，从而形成了台湾人特有的悲情意识，对于这种意识，大陆人民也要充分了解。但台湾人民也要了解大陆人民对于今天发展局面来之不易之珍惜，要理解中华民族的全面复兴是全中国人民的愿望，这是谁也阻止不了的。为了中华民族的整体利益，中国人民不能允许台湾从中国分割出去，这种意志也是坚定的。双方如何在这之间找到平衡点，搁置分歧，寻求共识，共谋发展，这对于两岸人民都是有利的。

目前，两岸谈判已经势在必行，海基会、海协会的协商谈判机制又将重启，未来两岸事务性谈判都在这一平台上进行。目前需要解决的议题是实现“三通”和大陆观光客来台。这是马英九选前抛出的重要政见，未来能不能得以落实，将对马英九未来四年的执政造成重要影响。至于两岸政治谈判，签订和平协议，建立军事互信机制等，在未来都将逐步展开。两岸要抓住目前的有利时机，通过两岸谈判，逐步形成共识，建立互信，并最终构建两岸关系和平发展的稳定机制。相信这一战略目标能够在不远的将来得以实现。

（本文作于2008年3月）

大陆对台政策的调整开辟两岸关系新局面

台湾问题的解决最终取决于大陆自身的发展和是否制定出有效的对台方针政策。自2004年大陆发表“5·17声明”以来，特别是2005年3月胡锦涛总书记就新形势下发展两岸关系提出四点意见之后，在大陆新的对台政策策略的推动下，两岸关系发生了显著变化，大陆牢牢掌握了两岸关系发展的主导权，而台湾当局则相对处于疲于应付的局面。本文重点分析新时期大陆对台政策的调整及其背景。

一、大陆对台政策调整的背景分析

近年来两岸关系的变化，从根本上说是两岸力量对比的此消彼长决定的。大陆近几年的发展一日千里，经济表现全球瞩目，综合国力日益增强，人民生活水平稳步提高，对于国家的前途充满信心。而台湾在民进党主政下，政治恶斗不断加剧，贪污腐败横行，经济发展陷于停滞，人民生活水平不断下滑，对于前途感到迷茫。两相比较，优劣立现。力量对比的变化是大陆能够逐步取得两岸关系主导权的根本原因。

当然，自胡锦涛全面主政以来，因应形势发展制定出一套行之有效的对台政策策略，也是大陆能够取得两岸关系主导权的关键。

论者一般都会注意到，大陆对台政策的原则性和承续性是相当强的。从邓小平提出“和平统一、一国两制”迄今二十多年，这一政策仍然是大陆解决台湾问题的基本方针，在今天仍然有十分重要的现实意义。当然，时代毕竟在不断进步，自上世纪80年代以来，国际国内的情势都发生了巨大变化，特别是台湾岛内的政治形势，由于坚持“台独”立场的民进党上台执政，使两岸关系发生了结构性的变化。因此，如何适应形势的发展，在

“和平统一、一国两制”的基本方针指导下进行政策创新，对于推进两岸关系的发展就显得至关重要。

在江泽民主政时期，中央对台工作根据客观情况的变化有不少的创新，如在坚持“一中原则”的前提下对于“一中内涵”的处理就比较富有弹性。① 又如对于和平谈判问题，提出“只要在一个中国前提下，什么问题都可以谈”。又如对于台湾方面十分在意的对等问题，大陆方面也释放出了最大的善意，中共十六大报告中正式提出“一中新三段论”，即“世界上只有一个中国，大陆和台湾同属一个中国，中国的主权和领土完整不容分割”。把台湾和大陆平等置于“一个中国”之下，说明两岸谈判不是谁要吃掉谁，而是平等的协商。这些调整表明了大陆对于通过两岸和平谈判解决台湾问题的最大诚意和善意。可惜的是，台湾方面由于是具有强烈“台独”意识形态的李登辉主政，根本无意与大陆进行谈判，反而在 1999 年提出“两国论”，将两岸关系导向死胡同。另外，由于当时美国处于冷战后的对华政策调整期，美国一些反华势力试图通过扶植台湾来对抗中国大陆，因此加大对台军售，提升美台关系层级，甚至准许李登辉赴美访问，大大突破美台非官方关系的限制。美国的对台政策调整，也鼓励了李登辉的分裂政策，从而不利于两岸关系的改善。

任何一项政策的有效性，都有赖于政策制定者对于主客观情势的判断，以及基于此判断所拟定的政策的可行性。如果主观愿望不符合客观实际则政策必定落空，如具体的政策缺乏可行性，同样无法收到预定的效果。在上世纪的 90 年代，当时客观环境对中国相对不利。

首先是国际大环境对中国不利。随着冷战的结束，特别是 1989 年政治风波之后，以美国为首的西方国家对中国实施经济制裁。美国把中国作为最大的潜在威胁加以遏制，中美关系波折不断，中国的国际处境一度十分艰难。

其次是政、经形势对比对大陆不利。上世纪的八九十年代正是台湾经济发展的黄金时期，台湾作为“亚洲四小龙”之首，经济成绩十分亮丽。而大陆的改革开放此时正进入一个爬坡期，又恰逢国际经济制裁，大陆在资

① “九二共识”的基本精神就是在双方都承认“一个中国”原则的基础上，对于“一个中国”的具体内涵在表述上保留了一定的模糊空间。

金、技术等方面都有求于台湾。同时大陆在深化改革过程中所产生的许多社会问题，如国企问题、下岗工人问题、“三农”问题等都迫切需要政府加以应对。这些问题都牵制了国家解决台湾问题的精力。在这种形势下，大陆要求与台湾进行和平统一谈判，台湾缺少与大陆谈判的意愿，大陆也缺少迫使台湾回到谈判桌前的足够实力。因此，无论大陆释放多少善意，做出多大让步，两岸政府间的谈判始终都无法实现，相反，却使台湾看出了大陆对台政策虚弱的一面而采取更富挑衅性的动作，李登辉的“两国论”、陈水扁的“一边一国论”相继出笼，台湾在“台独”道路上越走越远，两岸关系濒临破裂的边缘。

相比较而言，胡锦涛全面接班后，国际国内情势发生了对中国有利的变化。这种变化主要包括：

一、中国经济经过上世纪90年代后期的调整进入了一个新的快速增长期，经济力量呈现出爆炸式的增长。军事现代化变革经过十多年的积累也取得了很大的成绩。中国的综合国力进一步提升，从而增强了大陆解决台湾问题的实力与信心。

二、台湾政局经过十多年的发展演变，特别是民进党上台执政后，一方面“台独”运动的荒谬性和不可能性已逐步呈现出来；另一方面“台独”势力经过十多年的宣泄也得到了相当程度的释放，从趋势而言已经度过了高峰期而处于消退期。民进党长期以来对于“台独”意识形态的过度操作，也使得愈来愈多的台湾民众对于这一运动感到失望以致反感。

三、美国在“9·11事件”后，基于全球反恐的战略需要，开始改变对华强硬政策，中美关系获得了很大改善。由于美国在许多方面有求于中国，需要中国的合作，因而在台湾问题上也不得不尊重中国的国家利益，采取比较克制的态度，甚至在一定程度上对大陆的对台政策予以配合。同时，美国也不希望在其将主要精力投入中东战争的时候台湾问题发生变故，美国比任何时候都更希望维持台海现状。

总之，进入新世纪以来，国际国内有利因素的增多，两岸政经情势对比的变化，是胡锦涛对台政策新思维的大背景。前章已述，在这一对台政策新思维的推动下，近几年来两岸关系发生了显著变化，大陆牢牢掌握了两岸关系发展的主导权，从而证明了这一新的对台政策的正确性和有效性。

二、构建两岸关系和平发展新局面的现实与前景

2005年4月，国民党主席连战应邀访问大陆，并与中共总书记胡锦涛举行会谈。随后二人共同发表公报，达成五点共识，其主旨是促进两岸关系和平发展的问题。此后大陆相继释出一系列惠台政策措施，促进两岸人民交流，使两岸关系得到很大程度的缓和。

陈水扁当局不愿看到这一局面的发展，在2006年元旦宣布采取“积极管理、有效开放”的紧缩两岸政策。3月又宣布终止“国统会”和“国统纲领”的运作，并企图启动“正名制宪”的进程，制造台湾“法理独立”。面对陈水扁当局的挑衅，中央一面采取有效措施严厉打击“法理台独”活动，一面继续坚持维护两岸关系和平发展的局面。

2007年10月，中共召开第十七次全国代表大会，当时台湾当局正推动以台湾名义加入联合国的“入联公投”，这是对一个中国原则的严重挑战。面对这一严峻局面，中央同样一面采取各种有效措施加以反击，包括透过美国向台湾当局施压等，一方面仍然不愿意放弃追求两岸关系和平发展的努力。在胡锦涛总书记所作的《十七大报告》中郑重呼吁，两岸“在一个中国原则的基础上，协商正式结束两岸敌对状态，达成和平协议，构建两岸关系和平发展框架，开创两岸关系和平发展新局面。”并重申“凡是对台湾同胞有利的事情，凡是对维护台海和平有利的事情，凡是对促进祖国和平统一有利的事情，我们都会尽最大努力做好。”对台湾同胞释放出最大的善意。

2008年3月4日，胡锦涛总书记在看望参加全国政协会议的民革、台盟、台联委员时发表对台重要讲话，再次呼吁，“两岸同胞团结起来，牢牢把握两岸关系和平发展的主题，共同开创两岸关系和平发展新局面，共同促进中华民族伟大复兴。”

可见，和平发展是新时期中央对台政策的一个主轴，大陆对于追求两岸关系和平发展的愿望是真诚的，对于实现两岸关系和平发展的努力是坚决的。从近几年两岸关系的走向来看，这一政策也是成功的。在任何时候，我们都要牢牢把握和平发展这个主题，寄希望于台湾人民，不随“台独”势

力的挑衅而起舞，从而极大地缓和了两岸关系，掌握了两岸关系发展的主导权。

2008 年 3 月 22 日，在台湾地区最高领导人的选举中，马英九、萧万长以 58% 的高票当选，而民进党遭到了惨败。使两岸关系和平发展获得了更为坚实的保证。由于马英九此前多次表示认同“九二共识”，并主张两岸在“九二共识”的基础上展开谈判。两岸在“九二共识”这一原则问题上取得了共识。2008 年 4 月 12 日，萧万长参加亚洲博鳌论坛，并与胡锦涛总书记会面。据台湾媒体报道，萧万长向胡锦涛总书记提出发展两岸关系要“正视现实、开创未来、搁置争议、追求双赢”。4 月 29 日，胡锦涛总书记在会见国民党荣誉主席连战时表示，两岸关系要“建立互信，求同存异，搁置争议，共创双赢”。

目前两岸正在积聚共识，逐步解冻已经冰封了八年的两岸关系。相信未来两岸会展开谈判，签署和平协议，共同建构一个两岸关系“和平发展的稳定架构”，从而实现两岸的双赢局面，共同为中华民族的伟大复兴而努力。

（本文作于 2008 年 5 月）

2009年度两岸关系展望

2008年是两岸关系具有转折性的一年。自马英九当选以来，两岸关系可谓高潮迭起，捷报频传，一扫过去十余年来紧张对抗的阴霾，迎来了和平发展的春天。两岸关系在2008年呈现出一种大开大合的新气象，从而将两岸关系带进了和平发展的新阶段。展望2009年的两岸关系，仍将延续2008年的良好势头，推动两岸关系和平发展继续向前。

一、两岸关系和平发展继续推向深入

经过2008年两岸的善意互动和共同努力，两岸关系已经进入了和平发展的新阶段。如果说2008年是两岸和平发展的奠基和开创时期，那么2009年就正式进入两岸和平发展的进一步深化和完善阶段。这一阶段最重要的就是透过两会协商谈判，逐步建立两岸和平发展的经济、政治等互动机制，使两岸关系向制度化、常规化方向发展，从而为两岸在未来一段时期内的和平稳定创造物质基础。总体而言，2009年仍然是两岸关系发展的黄金时期，机遇远大于挑战。

1. 有利于两岸关系和平发展的因素继续增长

自5·20马英九就职以来短短不到7个月的时间，两岸关系已经发生了翻天覆地的变化。两岸关系不仅一举突破延续十余年的统“独”对抗格局，而且进行了一系列两岸高层互动以及两次“陈江会谈”，打开了两岸关系和平发展的新局面。

目前两岸关系已经进入了一个良性互动的稳定期，在可预见的将来，不会有大的波动和冲突。首先，两岸都十分珍惜这得之不易的历史机遇，并对于改善和推进两岸关系抱有高度的善意和诚意。在这种情况下，两岸必定能本着“求同存异，共创双赢”的精神，精心呵护两岸关系和平发展的势头。

其次，两岸的沟通渠道畅通，不容易因为误判而损害两岸关系。目前两岸已经形成了以两会协商渠道为主，辅之以国共交流平台的两岸互动交流格局。两岸沟通联系的渠道十分畅通，这使得两岸可以随时沟通，避免因为误判而做出损害两岸关系的事情。第三，两岸关系的改善符合两岸人民的根本利益，并受到两岸人民以及国际社会的肯定和支持。目前两岸的主流民意都是欢迎两岸关系的改善的，国际社会也持肯定和支持的态度。因此即使岛内有民进党等“台独”势力的阻扰，仍无法扭转两岸关系和平发展的局面。第四，台湾经济要走出当前困境，改善和加强两岸关系显得尤为重要。台湾经济经过十多年来的人为限制和捆绑，已经日益陷入边缘化和空洞化的危机，亟需松绑，以恢复台湾经济的活力和生机。特别是在当前世界性经济危机的冲击下，两岸的携手合作对于台湾度过这场危机十分重要。因此，在未来一段时间内两岸关系维持和平合作、共创双赢的局面，这是可以预期的。

2. 两岸经济合作机制将逐步建立

在“三通”基本实现后，如何实现两岸经济关系正常化，将成为两岸下一阶段协商谈判的重点。实现经济关系正常化是建立两岸经济合作机制的前提。国台办主任王毅在阐述2009年两会谈判的重点的时候，提出将以推动建立两岸经济合作机制，实现两岸经济合作制度化为主要目标。在11月初进行的台北“陈江会谈”中，两会对于下一步协商谈判的重点也锁定在实现两岸经济关系正常化方面。

目前两岸两会正在围绕相关议题进行紧张的前期作业，据媒体披露，台湾方面已经提出六大类十余项议题。如两岸金融合作、台商投资保障、两岸共同打击犯罪、两岸渔业谈判、两岸农业合作、两岸文教交流等议题都在进行前期作业。两岸围绕这些议题也已经开始进行沟通协商的工作，相信在明年上半年的第三次“陈江会谈”中，两岸将签订一批协议，从而逐步实现两岸经济关系正常化。在国际经济危机日益严重的局面下，两岸如何携手合作，特别是加强金融领域的合作就显得特别重要，也是明年两会谈判优先考虑的议题。下一次“陈江会谈”，两岸签订金融监理合作协议（MOU）的可能性应当很高。除了签订金融监理合作协定之外，诸如两岸货币自由兑换机制，陆资入台（加部分内容）等都是必须要解决的问题。相关协议的签订可能使两岸金融领域的合作机制率先建立，为两岸经济关系正常化迈出坚实一步。两岸经济合作的最终目标是建立两岸经济合作机制。台湾方面认为，为了避免台湾经济边缘化，两岸需签署“综合性经济合作协议”，即 CECA（Comprehensive Economic Cooperation Agreement）作为两岸经贸合作的基本架构。大陆对于签订类似协定也有积极意愿，有意借鉴港澳和内地签署的 CEPA（Closer Economic Partnership Arrangement）的经验，与台湾也签订类似的协议。其实两岸对于协议名称的歧异并非关键，而在于协议的具体内容。目前两岸正在围绕此一议题展开讨论，明年协商两岸综合性经济协议取得成果在情理之中。

两岸经济合作机制的建立，将对两岸经贸关系带来深远影响。首先，这将使两岸经济合作形式直接、双向、全面。两岸在人流、物流、资金流等方面都将实现自由流通，两岸经济关系全面正常化。其次，两岸经济合作基本实现“建置性”安排，使原先自发、松散、不稳定的经济交流，逐步发展成“规范化”的经济合作关系。两岸经济一体化进程将从自发转向自觉。第三，两岸经济合作机制的建立将使台资投资布局大陆的进程加速，同时大陆资金也可以循合法渠道进入台湾，两岸的产业布局将出现结构性调整，两岸经济合作关系将进一步深化。第四，两岸经贸合作、优势互补，将使“大中华经济圈”的实力倍增，在全球的经济竞争中取得优势地位。

3. 两岸交流将全面迈向多元化、常态化

两岸关系大幅度改善，在积极谋求两岸经济关系正常化外，也要积极推动两岸其他方面交流的正常化。未来随着两岸经济关系正常化的逐步推进，两岸交流也必将同步实现正常化。因此，2009 年也应是两岸交流取得重大突破的一年。

长期以来，由于两岸官方沟通渠道不畅，两岸交流基本上处于一种自发状态，而迟迟不能形成一套规范化的交流秩序。随着两岸交流的加深，这一问题的解决已经越来越重要。据台湾“陆委会”民调显示，在两会即将在下一步讨论的六项议题中，“规范两岸交流秩序”成为台湾人民最为关心的问题，排在其他议题之首①。两岸交流秩序也在具体交流领域内的制度规范，它需要两岸通过谈判签订具体的协议来逐步确立，如两岸农业合作协

① 见台湾“陆委会”民调，2008 年 11 月 8 日。

议、两岸金融合作协议等等。这些问题在明年两会谈判中将逐步解决。

就两岸交流的形式而言，包括民间交流、政党交流、两会协商等不同层次的交流渠道。民间交流一直是两岸交流的主流。自2005年连、宋访问大陆以来，两岸开辟了政党交流的新渠道，国共两党建立起“国共论坛”这一政党交流平台，极大地提升了两岸交流的层次和内容，对两岸关系的和平发展产生了积极而重大的影响。在国民党重新上台执政后，通过两岸的积极努力，又迅速恢复和重建了两会协商谈判平台。目前基本形成了多层次多渠道的交流模式；就两岸交流的内容而言，既有区域间的交流，如闽台交流、沪台交流、京台交流等；也有各专业领域的交流，如金融、农业、医疗、科技、教育、学术、传媒、文化、宗教等等，可谓种类繁多，异彩纷呈。未来随着两岸关系的进一步改善，两岸交流的内容将更加丰富，内涵也更加深化；就两岸交流的重点和热点而言，未来两岸在文化层面的交流可能成为继经贸交流后的下一个交流热点。两岸如何共同弘扬中华传统文化，共同培育两岸的文化根基，共同书写近代以来中国的历史记忆等等，对于促进两岸人民的彼此了解，增强两岸人民的民族凝聚力和向心力，并最终实现祖国的和平统一具有重大意义。增强两岸人民的交流，这是大势所趋，是不以人的意志为转移的，归根结底是由两岸的血缘、族缘、地缘关系等决定的，是实现两岸最终统一的强大物质基础。随着“三通”的实现，两岸人民往来的日益频繁，两岸经济利益的日益连接，两岸交流将成为日常所需，成为两岸人民的一种生存状态，两岸关系的和平发展才能更加稳固、持久。

4. 有利于两岸进行政治对话的因素将逐步增加

目前，虽然两岸达成默契，暂时搁置争议，不去碰触敏感的政治议题，但事实上有利于两岸进行政治对话的因素正在累计，在不远的将来，两岸进行政治对话应当是可以预期的。首先，两岸重新建立了“九二共识”的政治基础，为两岸进行政治对话创造了前提。承认“九二共识”是国民党和马英九的一贯主张，在国民党重新上台执政后，两岸在此基础上达成了共识，使两岸关系迅速取得突破。有了这个前提，两岸政治对话就有了无限可能。其次，两岸两会协商机制已经重新建立，为两岸进行政治对话搭起了桥梁。两会协商机制是根据两岸的政治现实而建立起来的一个对话平台，两岸透过这个平台可以进行准官方性质的对话谈判，解决各类问题。两会协商机制的重新建立，为两岸进行政治对话打开了通道。第三，两岸政治互信正在逐步累积，有利于两岸开展对话。马英九上台后，大陆十分珍惜这难得的两岸关系发展机遇，表示出高度的善意，以推动两岸关系的和平发展。这些都有利于两岸互信的建立，为未来的政治对话创造条件。

应当看到，两岸进行政治对话的前期准备工作正逐步展开。这主要是因为：其一，两岸目前仍然处于“先经后政”的经贸谈判时期，两岸经济合作制度化还需要一段时期去完成，两岸的互信也还有待进一步的建立。按照“求同存异、共创双赢”的原则，两岸在一定时期会尽量避免碰触政治性议题，而集中精力去推进落实两岸经济关系正常化谈判进程，从而为下一阶段可能的政治谈判打下坚实的基础。其次，“拼经济”是马英九的主要政见，在当前台湾经济低迷的情况下，如何快速改善台湾的经济状况，已经成为马英九执政的重中之重，将对其政权的稳固及其两岸政策造成重大影响。因此，目前两岸的重点是尽量帮助马英九尽早摆脱经济困境，稳固其执政基础，为将来的政治对话创造条件。第三，岛内目前的氛围还不利于两岸进行政治对话，岛内的“台湾主体性意识”对两岸关系的快速改善本来就充满疑虑，要台湾民众改变思维重新看待两岸关系还需要时间，特别是当前民进党正强力杯葛两岸和解进程，甚至扬言走街头抗争路线，对于两岸进行政治对话可能引起的岛内政局动荡也要有充分认识。因此，两岸还需要时间进行充分的沟通与交流，化解敌意，寻求合作，为两岸的全面和解创造条件。

二、要看到两岸关系的复杂性

虽然总体而言2009年两岸关系仍将沿着和平发展的道路前进，但我们同时也要看到两岸关系的复杂性。毕竟两岸关系牵涉的因素十分复杂，数十年的敌对情绪不可能一夕化解。岛内政局的复杂多变，国际势力对两岸关系的介入，两岸之间的结构性矛盾等都将对两岸关系造成巨大冲击，这些因素都是横亘在两岸关系健康发展道路上的巨石，如果不能有效应对，将对两岸关系带来立即的负面影响，破坏两岸关系的和平发展进程，甚至造成两岸关系的倒退。具体而言，2009年两岸关系将面对以下一些负面因素。

1. 台湾加入WHA问题

虽然两岸目前仍然处于“先经后政”的经贸谈判时期，本着“求同存异、共创双赢”的精神，为了维持两岸关系和平发展的良好局面，两岸都尽量避免碰触政治性议题。但明年5月即将召开的世界卫生大会是无法回避的，台湾加入WHA的问题将被迫提上议事日程。在李登辉、陈水扁执政时期，两岸围绕这一问题展开激烈斗争，成为两岸统“独”斗争在国际上的自然延伸。但马英九上台后，两岸关系已进入和平发展时代，有必要务实协商客观面对台湾加入WHA问题。毕竟台湾诉求加入WHA也存在一定合理性，处理不好，对于当前两岸关系的健康发展会带来一些负面影响。两岸有必要在“九二共识”基础上进行协商，寻求一个稳妥的办法。

优先讨论台湾加入WHA的问题，符合2005年胡连会联合公报的精神。公报第四点即规定“促进恢复两岸协商后，讨论台湾民众关心的参与国际活动的问题，包括优先讨论参与世界卫生组织活动的问题。”对于台湾方面来说，马英九已经把明年能否加入WHA问题作为衡量两岸是否和解休兵的指标性事件，可见其急于在这方面寻求突破的迫切心态。这种心态虽然有些操之过急，但必须引起足够重视。由于距明年5月召开世界卫生组织大会只有几个月的时间，两岸必须要迅速就相关问题进行沟通，以期寻求一种妥善的方案。总体而言，如何处理明年5月台湾参与WHA的问题，是对两岸关系和平发展的一大挑战。

2. 2010年年底县市长选举对两岸关系的冲击

2010年年底即将举行的县市长选举对蓝绿双方都十分重要。对于绿营而言，能否巩固甚至扩大其地方执政版图，对于其稳住阵脚，凝聚基本盘相当重要。如果在这次选举中失败，则绿营将陷入新的权力重组阶段，激化内部分歧。因此，这场选举对于绿营来说可谓是生死之战。对于蓝营来说，这场选举可以看做是对于马英九执政的一个中期信任投票。马英九推行的一系列政策调整，包括公共政策和两岸政策等方面能否得到选民的认可，将在这场选举中有所反映，其结果必将对马英九的施政造成相当大的影响。特别是马英九在上台后大幅度改善两岸关系，加速推进两岸经济合作进程，这些政策究竟能不能给岛内民众带来实惠，台湾民众也正在观望。另外马英九的经济政策究竟能不能见效，将台湾早日带出当前的经济困境，岛内民众也充满疑虑。这些社会心态都将会影响投票的结果。可以认为，如果这场选举国民党大输，将沉重打击马英九的政策合法性，可能迫使马英九在两岸政策上做出某些调整，从而对两岸关系造成不利的影响。如果国民党大赢，则将使马英九的施政更加顺畅，其政策的合法性更加稳固。目前看来，这场选举蓝绿阵营维持现有执政版图的可能性更大，选举结果不至于对两岸关系造成太大冲击。

3. 如何进一步化解绿营对改善两岸关系的强力杯葛

民进党基于其“台独意识形态”，一直以对抗性的思维面对两岸关系，在其八年执政中将两岸关系带入死胡同。如今虽然在野，但其并未检讨“台独”意识形态和大陆政策，反而变本加厉，加大两岸对立。由于其权力版图大幅萎缩，通过合法渠道已经很难对国民党形成有效制约，所以转而走街头抗争路线，从而对台湾的社会稳定造成威胁。从10月21日台南的“张铭清事件”，到11月初陈云林访台期间绿营群众的街头抗争，民进党诉诸暴力的倾向已经越来越明显。两岸目前的协商谈判还仅仅限于经济、民生议题，如果未来涉及政治议题，则民进党的反弹力道可想而知，这也对马英九的两岸和解政策造成巨大压力。马英九能不能有效应对和化解这种压力，对两岸关系的未来发展会产生很大影响。

4. 如何应对美日等国际势力对于两岸和解的疑虑

美日在台湾都有特殊利益，并存在复杂的历史渊源，二者对于台湾问题的介入也很深。两岸的适度对抗有利于美国玩弄两岸平衡，而日本对两岸和解也抱有很大戒心。因此，对于当前两岸缓和的局势美日等国际势力虽然表示乐观其成的态度，但私底下却充满担忧。如美国国务卿莱斯在接受媒体采访时表示，美国虽鼓励两岸关系，但也提醒，美国和台湾也有关系，明显可以看出美方的警惕①。美国私底下对两岸和解画线的举动时有所闻。日本同样对马英九的两岸政策充满疑虑。可见，美日对于两岸和解是存在戒心的。未来不排除美国做出破坏两岸关系的举动，如今年8月美国推动对台军售就对两岸关系造成冲击。2009年美国将实现新旧政权轮替，民主党的奥巴马政府会不会调整其台海政策，对于两岸关系还是一个未定之数，需要密切

① 台湾“中央社”，台北23日电，2008年10月。

注意。

虽然2009年两岸关系存在着以上一些负面因素，但我们相信当前两岸关系和解合作的大趋势是无法轻易改变的。首先，两岸的和解合作符合两岸人民的根本利益，从根本上来说也是符合中华民族的根本利益的。其次，过去60年来两岸对抗的历史，特别是李登辉、陈水扁时代两岸统“独”斗争的历史证明，制造分裂是没有出路的，它不仅损害了两岸人民的共同利益，也阻碍着中华民族的复兴进程。两岸必须要结束对抗，走向合作，共创双赢。第三，两岸的和解与合作对于东亚乃至世界的和平安全也是一大贡献，符合世界和平发展的时代潮流，必将得到世界上爱好和平的力量的支持。因此，两岸关系的和平发展是大势所趋，人心所向。两岸都将珍惜当前得之不易的历史机遇，以最大的善意和诚意化解彼此的分歧，推进两岸关系继续沿着和平发展的道路前进。

（本文作于2009年3月）

“六点意见”与两岸关系和平发展架构的建立

2008年12月31日，胡锦涛总书记在纪念《告台湾同胞书》发表30周年座谈会上发表重要讲话，对30年来两岸关系的发展进行了全面回顾和总结，并系统提出了实现两岸关系和平发展的六点意见，舆论一般简称为“胡六点”。“六点意见”内容丰富，思想深刻，涉及两岸关系的方方面面，被誉为两岸关系的“百科全书”。“六点意见”是新时期大陆对台工作的纲领性文件，对于推动和实现两岸关系和平发展具有重要的理论和实践指导意义，将对未来两岸关系的和平发展产生深远影响。

一、“六点意见”的时代意义及思想内涵

胡锦涛总书记的讲话其主要思想是全面系统地回答了“为什么要推动两岸关系和平发展、怎样推动两岸关系和平发展的重大问题”。建构和平发展的两岸关系是新一代中央领导集体在推动对台工作方面的一个核心概念。为此，中央采取了一系列的战略布局，从2005年3月的《反分裂国家法》公布，以及“胡四点”的提出，到连宋等相继登陆，国共交流平台的构建等，并在随后的两年多时间里与陈水扁为首的极端“台独”势力展开了针锋相对的斗争，最终将两岸关系引向和平发展的局面。这一局面的形成可谓来之不易，同时也体现了党中央对于构建和平发展两岸关系的坚强意志与决心。2008年3月台湾举行“大选”，“台独”政权被台湾选民抛弃，国民党重新上台执政，台湾政局的这一巨大变化也使两岸关系柳暗花明，并且一日千里的向和平发展的方向前进。在这种情况下，又恰逢《告台湾同胞书》发表30周年，胡锦涛总书记在12月31日发表重要讲话，系统阐述了两岸关系和平发展的重要思想，包括实现两岸关系和平发展的意义、途径、动

力、政治保障、物质基础等各个方面，这一讲话成为新时期指导对台工作的纲领性文件。胡锦涛总书记的这一讲话精神与30年前的《告台湾同胞书》是一脉相承的，并依据新时期两岸关系的具体实际进行了重大的理论创新。我们知道，《告台湾同胞书》的核心思想就是要实现两岸“和平统一”，经过30年两岸关系的风风雨雨，两岸人民终于找到了实现和平发展的具体途径，“六点意见”正是指导两岸关系和平发展的蓝图。可见，“六点意见”的提出有其深刻的时代意义及丰富的思想内涵。

其一，“六点意见”找到了通向两岸共存共荣，共创双赢之路。即通过和平发展来解决两岸的分歧，用发展的眼光，变动的思维来看待两岸关系。和平发展是一个过程，两岸在和平发展的过程中寻求共识，解决争议，化解歧意，从而更进一步的培养和平发展的土壤，使两岸关系形成一种良性循环。而不是像过去那样陷入一些概念性的误区中出不来，使两岸关系之路越走越窄，陷入死胡同。所以胡锦涛一再强调，当前关键是要牢牢把握和平发展这一两岸关系的时代主题。因为“这有利于两岸同胞加强交流合作、融洽感情，有利于两岸积累互信、解决争议，有利于两岸经济共同发展、共同繁荣，有利于维护国家主权和领土完整、实现中华民族伟大复兴。”和平发展符合两岸人民的根本利益，这一过程是谁也无法阻挡的。更重要的是，两岸关系和平发展的过程也是两岸人民不断寻求共识、建立互信，以至于最终形成两岸命运共同体的过程。因此和平发展是通往和平统一的必由之路。当然，经过和平发展而达到的和平统一，不再仅仅是政治性的刚性统一，而是两岸社会在意识形态、经济基础等全方位相互包容相互渗透相互融合的结果。这一过程是自然而然的，也符合全球化的时代特色，它真正超脱了“谁吃掉谁”的政治困扰。可见，和平发展是打开两岸统一问题的锁钥和密码，它使两岸的统一问题从一个高度敏感的政治性问题变成了一个两岸人民大交流大融合的社会生活问题。从这里可以看出两岸关系和平发展理论的革命性意义。

其二，“六点意见”的发表为两岸关系和平发展勾画了蓝图。“六点意见”包括了两岸关系的方方面面，政治、经济、军事、文化、教育等等，无所不包。特别是对于一些影响两岸关系和平发展的结构性矛盾都提出了实事求是的解决办法或者指明了解决问题的方向。对于未来两岸关系的推进，

“六点意见”明确提出，“我们应该把坚持大陆和台湾同属一个中国作为推动两岸关系和平发展的政治基础，把深化交流合作、推进协商谈判作为推动两岸关系和平发展的重要途径，把促进两岸同胞团结奋斗作为推动两岸关系和平发展的强大动力，携手共进，戮力同心，努力开创两岸关系和平发展新局面。”未来两岸可以在“先经后政，先易后难，循序渐进”的原则下逐步累积善意、建议互信，一步步地解决两岸关系中的许多结构性矛盾，并最终建立起两岸关系和平发展架构，使两岸关系和平发展获得制度性保障。

其三，“六点意见”对台释放了充分的善意和诚意。“六点意见”处处呼应了马英九的相关政见，考虑到台湾方面发展的具体困难，如关于两岸建立军事互信机制，结束两岸敌对状态，签署和平协议等问题，这正是马英九的具体政见；又如台湾方面所十分在意的“国际空间”问题，表示“我们了解台湾同胞对参与国际活动问题的感受，重视解决与之相关问题”；在经济议题方面，明确回应了马英九关于两岸签订“综合性经济合作协议”（CECA）的问题，这也是马英九的重要政见，等等。对此台湾方面也不能否认。总体来看，“六点意见”中处处体现出对台湾同胞的善意，是站在体谅台湾同胞的立场上考虑问题。

其四，“六点意见”的出发点和落脚点是为了实现中华民族的伟大复兴，为谋划两岸同胞的共同福祉。“六点意见”提出，“解决台湾问题的核心是实现祖国统一，目的是维护和确保国家主权和领土完整，追求包括台湾同胞在内的全体中华儿女的幸福，实现中华民族伟大复兴。”两岸和平统一绝不是为了所谓“争正统”，也不是为了一党一己之私，而是为了谋求中华民族的整体利益，为了追求中华儿女的全体幸福。这种思考问题的高度和立场是两岸在推进统一的过程中必须要谨记的。事实证明，也只有站在实现全中华民族利益的高度，大公无私，胸怀两岸人民福祉，也才能得到两岸人民的真心拥护。

二、“六点意见”与两岸关系和平发展架构的建立

建立两岸关系和平发展架构是实现两岸关系和平发展的制度保障。如

何尽早建立这一架构，以推进两岸关系的和平发展，这是一个十分迫切的时代课题。对于这一课题，“六点意见”提出了具体的解决办法和实现路径。事实上，两岸分裂对峙六十余年，业已形成一些结构性的矛盾，这些矛盾不解决，就很难实现两岸关系的和平发展。“六点意见”正是针对这些问题，提出了实事求是的解决方案，或者说是指导性原则。包括如下这些方面：

其一，两岸的政治定位问题。两岸分裂六十余年，各自都经历了天翻地覆的巨大政治变革，两岸当局应当如何定位彼此的政治关系？这是两岸关系的最大争议和症结所在。由此衍生出两岸激烈的统“独”斗争及其他方面的恶斗，极大地损害了两岸人民的根本利益，也阻碍着中华民族崛起的步伐。如何创造性地定位两岸的政治关系而又能坚持“一个中国”的基本框架，这是实现两岸关系和平发展的关键。“胡六点”在这方面有许多重大理论创新，比如，用“内战法理”来定位两岸关系，认为“大陆和台湾尽管尚未统一，但不是中国主权和领土的分裂，而是上个世纪40年代中国内战遗留并延续的政治对立”，“两岸复归统一，不是主权和领土再造，而是结束政治对立”。“内战法理”即符合两岸关系的历史实际，事实上也给台湾方面十分在意的“尊严、对等”等问题留下了很大的想象空间。在第六点中，胡锦涛呼吁“两岸结束敌对状态，达成和平协议”。并指出：“两岸可以就在国家尚未统一的特殊情况下的政治关系展开务实探讨。”这些表态其实是为两岸未来进行政治谈判规划了蓝图。如果两岸最终能进入政治谈判，这些蓝图必不难实现，从而为两岸关系和平发展打下坚实的政治基础。

其二，两岸关系中的“台独”问题。“台独”是两岸关系中的一个重大变量，是影响和制约两岸关系和平发展的核心因素。“台独”对两岸关系的危害是有目共睹的。对于这样一个因素，必须要积极面对加以化解。“台独”的形成有着复杂的历史背景和国际因素。应当承认，“台独”在台湾社会具有一定的社会基础，如何客观面对这一事物并有效化解之，确实是我们在对台工作中的一个核心问题。在“六点意见”中有关“台独”问题的表态有两点值得注意：一，公开对民进党喊话，提出“只要民进党改变‘台独’立场，我们愿意作出正面回应”。二，区分“台湾意识”与“台独意识”。肯定“爱乡爱土”的台湾意识，并把它同“台独意识”相区隔。在对待民进党的问题上，虽然民进党下台在野，但我们并没有对其视而不见，轻忽其影响力，相反在作为对台工作指导方针的“六点意见”中公开点名民进党，并表示愿作“正面回应”，这说明未来我们对于民进党的工作不仅不会放松，反而会加强。两岸关系和平发展的大门对民进党始终是敞开的。台湾意识本来是一种爱先改土的乡土意识，但在台湾近代历史的发展演变过程中，台湾意识发生了某些异化，并被“台独势力”利用而操作成一种具有独立性的“台湾主体意识”，成为“台独”借以滋生的政治土壤。如何去面对业已形成的“台湾主体意识”，这也是我们在推动对台工作时的一个重大挑战。“六点意见”能够提出这一问题，并把它植入“中华文化”的大脉络，并肯定台湾文化对中华文化的贡献，这其实为我们指明了一条出路。

其三，两岸的经济整合问题。两岸的经贸合作是两岸关系中最有成就的一环，也是维系和推动两岸关系和平发展的最强劲动力。两岸经贸关系虽然在过去一二十年间发展迅速，但从李登辉时期的“戒急用忍”，到陈水扁时期的“积极管理”，两岸经贸关系受到人为的干扰和破坏，迟迟无法正常化。这十分不利于两岸经贸的整合，并造成了台湾经济日益边缘化的严重危机。两岸产业具有巨大的互补性，如果两岸经济能够有效整合，必将产生乘数效应的倍增效果，将大大提升大中华经济圈在全球经贸领域中的地位。两岸将在这一过程中共创双赢，共享中华崛起的尊严与荣耀，从而成为推动两岸关系和平发展的坚实物质基础。对于这样一种前景，必须要大力去推动。“六点意见”明确提出要“实现两岸经济关系正常化，推动经济合作制度化”，并明确响应马英九在竞选政见中提出的“签订综合性经济合作协议”的主张，“建立具有两岸特色的经济合作机制”。同时提出探索“两岸经济共同发展同亚太区域经济合作机制相衔接的可行途径”的问题。可见，“六点意见”对于两岸经济未来的整合有一套完整的规划。这一目标的实现，将为两岸关系的和平发展提供坚实的物质基础。

其四，两岸在“涉外事务”上的合作问题。两岸在“涉外事务”上的对立是两岸政治军事对立在国际领域的延续。随着大陆综合国力的逐步提升，逐步在国际上确立了“一个中国”原则的国际共识，台湾的“外交”版图被极大压缩，由此而产生了所谓台湾的“国际空间”问题。在李登辉、陈水扁时代，由于两岸陷入严重的统“独”斗争，在“涉外”领域也进行着一系列的“零和”竞争，两岸为此都付出了相当沉重的代价。特别是岛内某些政治势力常常利用“国际空间”问题来打“悲情牌”，制造两岸人民的对立，使两岸人民渐行渐远。如何处理台湾的“国际空间”问题，已经成为一个影响两岸关系和平发展的关键性因素。当然，台湾的“国际空间”问题事涉敏感，其背后所反映的是两岸对于台湾主权的争议。台湾要争取“国际空间”，绝不能弱化或者消解国际间普遍遵循的“一个中国”架构原则。因此绝不是台湾单方面可以决定的，而是需要透过两岸协商，以最终找到稳妥的办法。在马英九上台后，提出实现两岸“外交休兵”，并接受“两岸政策是外交的上位政策”的建议，积极与大陆寻求和解。在两岸关系迅速和解的大背景下，台湾的“国际空间”问题也开始成为一个可以讨论的问题。“六点意见”正式提出，“对于台湾参与国际组织活动问题，在不造成‘两个中国’、‘一中一台’的前提下，可以通过两岸务实协商作出合情合理安排。”事实上，自去年以来，台湾在“国际空间”问题上取得了一系列突破，比如2008年12月连战参加APEC并与胡总书记在国际场合见面，2009年5月台湾获邀参加WHA等等。马英九在总结其一年来的执政成就时把“外交休兵”政策的成功作为一个主要方面。当然，在处理台湾的涉外事务时，不可能有一个一揽子的计划，而需要随着两岸关系的改善以及两岸善意和诚信的逐步累积而逐步的个案式的进行解决。未来还有很长的路要走。

其五，两岸的政治以及军事互信问题。两岸分隔对峙六十余年，彼此之间的政治互信十分缺乏，从而造成两岸交往中的诸多困扰。两岸如何重建政治以及军事互信是推动两岸关系和平发展的一个重要方面。增进政治互信的基础是“恪守一个中国”，“六点意见”指出，“两岸在事关维护一个中国框架这一原则问题上形成共同认知和一致立场，就有了构筑政治互信的基石，什么事情都好商量。”政治互信是一个逐步累积的过程，但关键是要“坚持一个中国”。此外，两岸由于在法理上还处于“内战状态”，因此需要谈判结束“敌对状态”的问题。两岸军事对峙的事实存在不利于两岸关系的和平发展，需要逐步建立军事互信机制，签署和平协议。以上这些问题，都是在构建和平发展两岸关系的过程中必须要解决的问题。“六点意见”对此都有明确的论述。

以上这五个方面的内容，是两岸关系发展中的核心问题，能不能妥善加以解决，关系到和平发展的两岸关系能不能持续推进。不难发现，“六点意见”对于这些问题都提出了明确的解决办法或者指明了方向。这些建议是坦诚的，务实的，具有极强的可操作性。目前两岸的谈判还限于经济文化层面，未来只要进行政治谈判的条件成熟，两岸关系中的一系列结构性矛盾将迎刃而解。两岸关系的和平发展将获得更多制度性的保障。

三、两岸关系的大发展还需要大力解放思想

当前，在两岸的共同努力下，两岸关系已经进入了和平发展的新阶段。对于这一局面应当备加珍惜。两岸关系如何在现有的基础上继续向前推进，取得更大的进步，还有赖于两岸的共同努力。这其中的关键问题是如何解放思想的问题。毕竟，构建和平发展的两岸关系对于两岸人民来说都是新生事物，都没有经历过，需要时间去探索。过去60余年来，两岸充满了对立和冲突。军事的对峙，政治的敌对，意识形态的隔阂，等等，两岸关系从来没有体味过和平发展、共存共荣的新境界。因此不能期望两岸关系就此一帆风顺。两岸关系肯定还会有摩擦，但这种摩擦不会改变和平发展的大趋势。

对于两岸人民来说，要建立和平发展的两岸关系，都面临着解放思想的问题。就台湾方面来说，许多人由于长期对大陆的敌视和不了解，从而对大陆产生很多误解。特别是改革开放30年来，大陆取得了巨大的进步和发展，许多台湾人民对此并没有深切感受。因此，两岸必须要大力加强交流，增加彼此的了解，只有这样才能抛开成见，最终实现和平共荣。

当前，部分台湾人民对于两岸关系的发展充满疑虑，认为两岸关系的发展是不是太快了，两岸的和解到底能给台湾带来多大切实的利益，台湾会不会在这一过程中丧失“主体性”，等等。这种思维模式在台湾还是很有市场的。特别是民进党的支持群众，还没有跳出两岸对抗的思维，对于大陆释放的任何善意，对于两岸关系做出的任何和解的举动都视为大陆“别有用心”，如果戴上这种有色眼镜，大陆任何的善意都会被歪曲解读，这对于两岸关系的危害是极大的。这些对抗性的传统思维在台湾社会普遍存在，并对马英九的大陆政策形成很大的牵制，客观上影响了两岸和解的进程。

当然，思想的解放在大陆方面也显得同样重要。作为两岸关系的主导力量，大陆能不能制定出符合两岸关系实际的对台政策，对于两岸关系的发展走向产生着至关重要的作用。我们在过去有着这方面的经验教训。两岸关系有其自身的发展规律，既不能急于求成，也不能无所作为。必须要深入认识两岸关系的内在规律，并制定出恰当的对台政策，才能维持两岸关系的良性发展，并向前推进两岸统一事业。胡锦涛总书记提出的两岸关系和平发展观，正是在深入认识两岸关系发展规律的基础上而提出的一套科学决策，几年来的实践充分证明了这套对台理论体系的可行性和有效性。作为广大对台工作者来说，必须要深刻领悟胡锦涛总书记关于建构和平发展两岸关系的思想，并落实到具体的对台工作中，这对于每一位对台工作战线上的人都是一个巨大挑战。当然这个思想转变的过程也不会是一蹴而就的。

两岸在经历了 60 余年的敌对和斗争之后，当前第一次拥有了和平发展，共创双赢的机会，这对于两岸人民来说都是十分难得的机遇，必须要备加珍惜。两岸人民都必须要明白这一机遇的可贵，因为它可以使两岸人民免于战争的威胁而透过和平发展解决彼此的分歧，最终达到共存共荣。如果这一实践最终取得成功，必将在中华民族的统一史上留下最浓重的一笔。

那么，两岸应当如何解放思想？这是一个十分重大的理论课题，需另外专文加以论述，笔者在此无法展开。

（本文作于 2009 年 7 月）

共享、共治、共创——两岸关系和平发展的必由之路

国台办主任王毅2011年7月29日访美期间在中国驻芝加哥总领馆为旅美台胞代表举行招待会并发表讲话，提出了大陆对于推进当前两岸关系的“三个共同”：即“两岸关系和平发展的成果应由两岸同胞共同享有”；“两岸关系和平发展的局面需要两岸同胞共同维护”；“两岸关系和平发展的未来要靠两岸同胞共同开创”。这“三个共同”，也可以概括为“共享”、“共治”、“共创”，它指明了推动两岸关系和平发展的途径和方式，是当前推进两岸关系和平发展的必由之路。

首先我们来看“共享”。所谓“共享”，是说“两岸关系和平发展的成果应由两岸同胞共同享有”。应当认识到，两岸关系和平发展的局面来之不易，两岸经历了冷战时期数十年的军事对峙，又经历了近二十年严峻的反“台独”斗争，才最终由国共和解而开辟出两岸关系和平发展的新局面。2008年马英九上台，两岸达成了“九二共识”和反对“台独”的政治基础，在这个政治基础上，两岸的协商谈判、交流交往迅速推进，其成就有目共睹。三年多来，海协和海基两会举行了六次“陈江会谈”，签订了15项协议，通过这些协议，两岸全面直接双向“三通”得以实现，两岸航班数量猛增，两岸人民的相互往来变得非常便捷，两岸形成了“一日生活圈”，两岸大交流大融合的局面初步形成。在经济领域，《两岸经济合作框架协议》（ECFA）的签署，为两岸经济交流制度化创造了条件，ECFA早收清单的实施对于台湾经济的增长、就业机会的增加已经起到明显拉动作用；大陆居民赴台旅游也呈几何数增长，截至今年6月底，大陆居民赴台旅游人数已达到240万人次，根据台湾方面的估算，迄今已为台湾创造了超过1200亿新台币的收入，而今年（2011年）6月底大陆赴台个人游的启动又将为台湾更广泛的县市、乡镇和商户带去更多的商机。

以上这些成果说明，两岸关系和平发展是符合两岸人民根本利益的，因此也必将得到两岸人民的共同拥护。两岸关系和平发展的局面是两岸人民共同开创而得来的，因此两岸关系和平发展的成果要由为此而付出努力的两岸人民共同享有。事实证明，两岸和平发展的红利是十分巨大的，两岸人民摆脱冲突与对立的怪圈，摆脱战争的巨大阴影，携手合作，为两岸搭起合作之桥，友爱之桥，共创双赢，共同开创中国人的世纪。这个红利，是所有中华民族儿女之幸，是所有中华民族子孙之福。所有中国人都必须珍惜这来之不易的福报。

其次，“共治”。所谓“共治”，就是说“两岸关系和平发展的局面需要两岸同胞共同维护”。两岸关系和平发展关系着所有中华儿女之福祉，因此需要大家共同去维护，去推动。那么，怎么去维护和推动两岸关系的和平发展呢？应当认识到，推动两岸关系和平发展是一项内涵丰富的系统工程，包括政治、经济、文化等各个领域，需要不断去创建两岸在这些方面的合作与连接，消除隔阂与隔膜，为最终的和平统一创造条件。因此，这是一个长时期的系统工程，需要无数人为此付出辛勤努力。

必须要指出的是，在两岸共建和平发展局面的过程中，必须要有一个基本的政治互信基础，这个基础也可以说是一个原则，那就是要坚持“九二共识”，共同反对“台独”。为什么要坚持这个基础？因为这是两岸实现和解的政治前提，也是全中国人民的根本利益。所谓“九二共识”，是说两岸均坚持“一个中国”原则，但对于“一个中国”的政治涵义搁置争议。其核心是两岸均坚持“一个中国”。两岸把这个原则用一个模糊的“九二共识”固定下来，从而为两岸在其他方面的互动交流创造了条件。可以说，“九二共识”是两岸交流交往的政治基础，没有这个基础，两岸其他的和平交流都无从谈起。这一点是毋庸置疑的，从1993年“汪辜会谈”以来，两岸两会的谈判无不以此为基础，有这个基础，两会谈判才能得以进行。失掉了这个基础，两会谈判必然终止。从1999年到2008年，两会终止接触谈判近十年，正是因为李登辉、陈水扁否认“九二共识”。因此，一切政治势力和人物，一切爱好两岸和平的人们，在这一点是必须要有清醒认识的，不能有半点幻想。

坚持“九二共识”、反对“台独”，是国共两党和解的基础，也是两岸和平发展的政治前提，但这却是民进党难以逾越的政治障碍。众所周知，民进党多年来顽固坚持“台独”立场，拒不承认“九二共识”，这一立场，使得民进党成立二十多年来，都无法与大陆做党对党的交流。2000 年民进党上台执政，陈水扁屡屡想打开两岸交流的大门，号称向大陆伸出了几十支橄榄枝，但最终都徒劳无功，其原因无它，因其不愿放弃“台独”立场耳！最后陈水扁变本加厉，提出了“一边一国”的激进“台独”路线，两岸因此而冲突不断。回顾这一段历史，爱好两岸和平的人们应当认识到：其一，大陆对于“一个中国”的立场是坚定的，不可动摇的，这一点不能有半点幻想；其二，民进党对于“台独”路线的坚持是难以轻易改变的，而在其未改变这一立场之前，如果民进党上台执政，两岸关系的前景是十分黯淡的。两岸必定重回冲突对峙的局面，这一点大概也是可以肯定的。任何拥护两岸和平的人们，任何关心两岸民众福祉的人们在这一点上都要有一个清醒的认识。

其三，“共创”。所谓“共创”，即“两岸关系和平发展的未来要靠两岸同胞共同开创”。两岸关系和平发展是两岸人民共同的福祉，需要两岸人民共同去经营，去维护。不可否认，两岸之间还存在着许多障碍，包括政治障碍，如两岸政治制度的差异，生活方式的差异，两岸所处经济发展阶段的差异，两岸人民历史记忆的差异等等。这些差异都需要我们去客观面对，认真对待。那么，我们如何去面对这些差异，并超越这些差异呢？如果纠缠于差异，甚至因此而陷入对立，这显然是不智的。应对之道，还是要“求同存异，共创双赢”。要在差异中找到两岸的共同点、共同利益，显然，两岸同属中华民族，同是炎黄子孙，这就是最大的共同点。两岸人民应当携手共同实现中华民族的伟大复兴，这就是两岸人民最大的共同利益。在这个大的共同利益之下，所有的分歧都是可以解决的。也只有这样，才是解决两岸问题的根本出路。也只有往这个方向去思考、去努力，才能有大格局、大思维来解开两岸的诸多现实困境。否则陷入无休止的内耗，必将为天下后世所耻笑。所有汲汲于一己、一撮、一小团体之私利而置中华民族之整体利益于不顾者，也必将为时代为人民所抛弃。所谓“大道之行也，天下为公”，任何以“私”害“公”者都是逆天道而行，最终是要自取灭亡的。一切分裂主义者，能不以此自况！

王毅主任的这段讲话，是一篇现阶段推进两岸关系和平发展的宏文。它指明了两岸关系和平发展的途径和方法，这个途径就是："和平红利共享"—"和平发展共治（共同维护）"—"和平未来共创"。同时，这篇讲话也点出了危害两岸关系和平发展的诸多现实困境，最大的困境当然是"台独"势力重新上台执政的巨大风险，如何应对这一危险局面，这需要所有赞成和维护两岸关系和平发展的人们的共同努力。

（本文作于2011年8月）

两岸关系和平发展与台湾统“独”民意逆向发展的原因分析

自2008年3月台湾再次实现政党轮替后，两岸关系迅速改善，逐步步入和平发展的轨道。一年多来，两岸关系和平发展的成就有目共睹。在经济领域，通过三次“陈江会谈”，基本实现了两岸直接“三通”，未来随着MOU、ECFA等议题的解决，两岸经济关系正常化将全面实现。另外两岸在人员往来、文教交流等领域都有不错的表现。总体而言，两岸关系已经进入了大交流、大融合、大发展的阶段。但在这种大背景下，也暗藏着许多隐忧，其中最重要的一点，就是台湾统“独”民意并没有随着两岸关系的和平发展而出现“统”涨“独”消的态势，反而表现出一种逆向发展的态势，这种趋向值得引起我们高度重视。

一、台湾统“独”民意逆向发展的基本情况

马英九上台一年多来，台湾统“独”民意逆向发展，这从种种民调可以看出来，我们试列举几个关键的民调加以说明。

表一　2008年3月以来岛内台湾民众统“独”立场民调（%）

1. “陆委会”民调

调查时间	“台湾独立”	维持现状				两岸统一
		缓“独”	以后决定	永远维持现状	缓统	
2008.3	6.0	17.1	43.5	20.0	10.5	1.7
2008.8	8.6	17.5	34.4	22.4	8.3	1.5
2008.10	14.8	12.5	36.2	25.5	4.4	1.8
2008.12	6.0	16.4	40.9	25.5	9.0	2.0

续表

2. TVBS 民调

调查时间	“台湾独立”	维持现状				两岸统一
		缓“独”	以后决定	永远维持现状	缓统	
2008. 4	19. 0	60. 0				6. 0
2008. 6	19. 0	58. 0				8. 0
2008. 10	24. 0	58. 0				5. 0
2009. 3	19. 0	64. 0				5. 0

3. 《远见》杂志、《联合时报》、《天下》杂志等

调查时间	公布机构	“台湾独立”	维持现状				两岸统一
			缓“独”	以后决定	永远维持现状	缓统	
2008. 4	《远见》	14. 8	7	44. 8	11. 1	10. 5	4. 1
2008. 8	《远见》	16. 3	6. 7	41. 8	12. 1	4. 3	3. 8
2008. 12	《联合报》	16. 0	16. 0	48. 0		8. 0	5. 0
2008. 12	《天下》	4. 9	18. 6	57. 8		4. 9	1. 6

分析以上民调数据，我们大致可以得出以下结论，即主张广义维持现状的台湾民众仍然占绝大多数，主张台湾“独立”或者“统一”的占少数。但是，如果将调查问卷设计在“在不提示维持现状的选项时，请民众在‘独立’或者‘统一’两者之间做选择”的情况下，台湾民众的统“独”倾向将会比较明显地呈现出来。据台湾“陆委会”在总结2008年度台湾民众统“独”民意走向时发现：“在不提示维持现状的选项时，请民众在‘独立’和‘统一’两者之间做选择，赞成‘台湾独立’者超过六成（65%至68%），‘两岸统一’仅占一成多（14%至19%）。”① 而在2007年“陆委会”民意分析的年度报告中，“赞成独立的比率超过赞成统一的比率约二成五左右”，2006年“赞成独立”与“赞成统一”的差距仅在“一成五左右”。如果把2006年度、2007年度、2008年度台湾民众统“独”民意走向做纵向比较的话，可以发现，在2008年台湾政党再度轮替，也即马英九上台之后，台湾民众“赞成独立”的民意相较“赞成统一”的民意有了显著

① 见“陆委会”，《2008年两岸关系各界民意调查综合分析》。

的上升。这与两岸关系和平发展的深入推进呈现出一种明显的逆向发展态势，也即“台湾主体意识”不仅没有随着两岸关系的和平发展而弱化，反而有逆势走强的趋势。

台湾主流民意在统“独”问题上的这种走向确实值得我们深思，我们究竟应当怎样解读这种民意走向？毋庸讳言，如果两岸关系和平发展并不能有效地扭转台湾的民意，无疑会使当前大陆的对台政策大打折扣。而“台独”人士往往也以这种民调数据证明“台独”的理念并没有错，并且其群众基础会越来越强化，比如，“台独理论大师”林浊水就引用这种数据，强调两岸交流不仅不会弱化“台湾主体意识”，反而会强化。因此他认为“台独”的前景是可行的。那么究竟如何解读这种统“独”民意走向？

二、台湾统“独”民意逆向攀升的原因分析

要明白台湾统“独”民意在当前逆向发展原因，就必须要对近十多年台湾社会在李登辉、陈水扁等“台独”政治人物的刻意引导下精心建构“台湾主体意识”的过程有一个全面的了解。“台湾主体意识”源于“台湾意识”，但又经过人为的干扰和歪曲而异化为“台独”意识。“台湾意识”是一种乡土意识，本来无可厚非，但“台独”分子把“台湾意识”从“大中国意识”中抽离出来，并且将两者加以对立，形成“台湾—中国”的冲突对立。按照“台独”分子的“国家建构理论”，他们就是要培养一种台湾民族主义，并在此基础上建构“台湾共和国”。上世纪八九十年代，台湾的本土化运动高涨，并迅速转向“台独”运动，民进党就是在这一过程中迅速崛起的。而李登辉则利用这种力量，从体制内加速瓦解传统国民党所代表和坚持的“大中国意识”，推动台湾社会的本土化转型。为了对抗大陆的统一诉求，把台湾从中国分割出去，“台独”分子精心构建起了一套“台湾主体意识”的理论体系。从上世纪90年代中期开始，台湾当局有意地组织一批“台独”学者，建构相关理论体系，再通过当局的宣扬与政策推动，并得到普及化。这其中最典型的代表人物就是杜正胜的“同心圆”理论，以台湾为中心重新解释台湾的历史。后来杜正胜长期担任民进党当局的“教

育部长”，在台湾教育界推行他的“台独”理论体系。民进党上台后，大肆推行“去中国化”政策，同时用行政资源强化台湾人民的“台湾主体意识”，其影响十分恶劣。

“台独”分子对于如何建构“台湾主体意识”有着十分明确的认识，他们认为，必须要将台湾“切离中国，独自走自己的主体之路”，强调“台湾意识逐渐取代中国意识，成为台湾民意的主流”，“台湾要主体化、一体化，必须‘去外来化’”。同时认为；在1990年后，台湾经过政权的“本土化”、制度的“民主化”，逐渐形成有别于中国大陆的新制度与新政权，人民有了新的生活方式，带来了新的价值观，“台湾主体意识”就是这时候萌芽起来的。① 2005年前后，“台独”势力开始大力宣扬“台湾主体意识”，陈水扁公开强调“台湾主体意识路线是我们必须坚持的路线”。陈水扁下台后，在总结他八年执政的政绩时说，他最大的成功就是确立了“台湾主体意识”。2006年一项调查显示，认同“台湾前途应由台湾二千三百万人民来决定”的“台湾主体意识”的支持率或认同度达81%。可见，“台湾主体意识”经过十多年来的社会化和政治化运动，已经深入到台湾民众的潜意识中了，很难在短时间内消除。这一具有明显“台独”倾向的“台湾主体意识”的存在，是两岸最终走向统一的巨大障碍，也不利于两岸关系和平发展，其危害性是十分巨大的。当前台湾任何政党都不敢拂逆这种主体意识而行，马英九的大陆政策就是宣示“以台湾为主，对人民有利”，本质上，他也是在维护“台湾主体意识”，不会在这个问题上有什么太大突破。

从以上的分析可知，“台湾主体意识”是台湾社会十多年来逐步发展演变而形成的一种主流意识，有着深厚的社会基础。从这个长时段来考察，“台湾主体意识”在马英九上台以来逆势走强是可以理解的。因为任何一种社会思潮一旦形成，不可能在短期内消失。当前两岸关系和平发展，有可能在新的时空环境中慢慢地改变“台湾主体意识”的内涵，起码弱化它的“反中意识”，但这个过程不可能一蹴而就，甚至在某些时候出现反弹也是完全可能的。这是我们解读“台湾主体意识”在两岸关系和平发展大背景下逆势走强的一个最为重要的理论背景。

---

① 详见李永炽等编著：《台湾主体性的建构》，台湾允晨文化出版社，2004年6月出版。

其二，我们认为当前“台湾主体意识”逆势走强也是在两岸关系突飞猛进的大背景下台湾民意的一种自我保护意识的具体体现。经过几十年来特别是十多年来两岸的严重对峙，台湾社会及民众对大陆有一种天然的敌对和防范心理。这种心理使得台湾在与大陆交往的时候总是小心翼翼，十分害怕受到伤害。在马英九上台以后，由于国共之间已经达成共识，因此马英九利用国共交流平台，使得两岸关系迅速解冻，并取得了异乎寻常的进展。一年多的时间跨越了两岸60年来的敌对和对立，取得的成果有目共睹。这一方面是顺应了时代的需要，是在“补课”，也弥补两岸十多年来对立所造成的损失，找回台湾流失的机会。但另一方面，当前两岸关系和平发展的态势让许多台湾老百姓无法适应，与他们对两岸关系的记忆和认识发生了很大的落差。因此他们的不安全感迅速上升，这种心理在民调上有所反应。我们试分析以下图表：

表二　台湾民众对两岸交流开放速度的看法（%）

调查时间	调查机构	对两岸交流开放速度的看法		
		太快	刚刚好	太慢
2008.3	“陆委会”委托中华征信所	18.9	40.8	35.2
2008.5	《联合报》民调中心	9.0	40.0	33.0
2008.5	《中国时报》委托艾普罗民调公司	17.0	32.0	24.0
2008.7	TVBS民调	22.0	41.0	23.0
2008.8	“陆委会”委托政大选研中心	29.5	40.6	17.5
2008.8	《联合报》民调中心	31.0	37.0	9.0
2008.10	“陆委会”委托中华征信所	30.1	38.6	20.5
2008.10	《中国时报》委托艾普罗民调公司	27.9	29.7	9.7
2008.12	“陆委会”委托中华征信所	37.2	47.5	14.5

从上表可以看出，在2008年5月马英九就任之前，台湾民众对于两岸交流充满期待，认为刚刚好和太慢的比率相当大，他们希望马英九能够取得突破，改善两岸关系，许多人认为两岸交流速度“太慢”。但从5月马英九就任以来，两岸谈判迅速展开，第一、二次“陈江会谈”，两岸签订了一系列协议，大陆观光客入台，两岸交流迅速升温，许多问题也逐步暴露出来。在这种情况下，许多民众的不安定全感开始显露出来，认为两岸交流“太

快”的比率逐步上升。台湾民意的不安全感主要来自两个方面：其一，是两岸交流会不会损害台湾人民的利益，比如大陆游客入台、陆生入台、陆资入岛等等会对岛内经济、社会造成什么样的影响？老百姓对此无从知晓，因此表现出种种担忧。其二是对于两岸交流会不会损害台湾的主体性，特别是由于绿营支持者对于国民党的大陆政策天生的就具有很大的不信任感，在台湾蓝绿政治对立的格局下，马英九的两岸开放政策很容易被绿营抹黑成“出卖台湾”，许多民众不清楚具体状况，因此也产生对于台湾前途的焦虑。这两种情绪会反应在统“独”倾向的选择上。其三，当前“台湾主体意识”逆势走强也反映了台湾民众在两岸交流大背景下对于自身的政治制度、社会文化以及经济水平等的认同感和优越感。由于历史的原因，两岸的社会发展程度却是存在着差距。特别是两岸的政治制度不同，生活方式等也存在很大区别，台湾对于中华传统文化的保护也更完整，这些在两岸关系和平发展的大背景上是台湾人民维持其自身的自信心和优越感的一些重要载体。随着两岸统“独”斗争的暂时弱化，两岸的制度竞争将逐步上升为主要矛盾。台湾民众对于自己政治制度、生活方式等的认同，在两岸大交流的背景下反而可能强化。因为通过交流在增进两岸民众相互了解的同时，也可能使相互间的差异性表现得更明显，这也可能强化台湾民众对于自身的认同感和归属感。这种情绪也会在统“独”民意上表现出来。

三、几点结论

通过以上的分析，我们应当明确以下一些基本认识：

首先，“台湾主体意识”是一种具有特殊历史背景的社会现象，并且已经成为台湾社会的主流意识，这种社会意识不可能在短期内改变。在当前的台湾政治氛围下，任何政治势力和政治人物都不敢违背“台湾主体意识”，因此我们不能指望马英九当局会主动改变“台湾主体意识”，相反，马当局还可能利用这种“主体意识”作为与大陆讨价还价的政治筹码。

其次，“台湾主体意识”有其形成的历史背景，它经过“台独”势力的精心塑造，而成为“台独”生存的社会土壤，但毕竟“台湾主体意识”还不能完全等同于“台独”意识。我们应该认识到“台湾主体意识”也是可以积极引导和重新塑造的。因为“台独”势力在塑造“台湾主体意识”的过程中充满了歪曲和偏见，我们现在只要恢复台湾和中国大陆的历史及文化、血缘联系就能够消解台湾对中国大陆的敌意和仇视，并最终将台湾融入到近代中国民族国家的建构历程中来。因此，现在我们在这个问题上是可以作为并且要积极作为的，但这种改变也绝不是一朝一夕之功。

第三，当前台湾统“独”民意逆势发展并不能证明两岸关系和平发展的大方向错了，而只能看作是在两岸关系发生巨大变化之后，台湾民众对于未来疑虑的情绪化反应。随着两岸关系和平发展的深入，这种情绪化的反应是可以恢复正常的。因此，当前我们要继续推动两岸关系和平发展，推动两岸的大交流、大融合，建立各种稳定的交流制度，构建两岸关系和平发展架构，使两岸关系在制度化的轨道上运作，使两岸关系尽早度过不应期，而走向成熟、稳定的道路。

第四，当前“台湾主体意识”最主要的体现在于台湾民众对于其政治制度、生活方式的坚持，两岸的统“独”斗争已经转向政治制度及文化等层面，这对我们提出了新挑战。

（本文作于2009年6月）

ECFA 开启两岸合作新时代

2010 年 6 月 29 日，海协会会长陈云林与海基会董事长江丙坤在重庆举行第五次领导人会谈，双方正式签署了《海峡两岸经济合作框架协议》（英文简称为 ECFA）和《海峡两岸知识产权保护合作协议》。这将极大地推动两岸经济关系正常化、制度化和自由化的进程，是两岸关系史上具有里程碑意义的重大事件。

一、两岸商签 ECFA 的过程与必要性

两岸商签 ECFA，从酝酿到逐步落实经历了一个较长的过程。早在 2005 年 4 月，中共中央总书记胡锦涛与时任中国国民党主席连战在北京共同发布“两岸和平发展共同愿景”，提出两党将共同促进两岸经济全面交流，建立两岸经济合作机制。

2008 年 3 月台湾举行地区领导人选举，国民党候选人马英九、萧万长把建立两岸共同市场，签署“综合性经济合作协议”作为其主要竞选政见。马、萧当选后，积极兑现选举承诺，着手在岛内推动两岸签订综合性经济协议的相关作业，却遭到岛内反对势力的强力阻挠。为了化解社会疑虑，马英九将“综合性经济合作协议”重新定调为“两岸经济合作架构协议”。

2008 年 12 月 31 日，胡锦涛在纪念《告台湾同胞书》发表 30 周年座谈会上发表重要讲话指出：我们期待实现两岸经济关系正常化，推动经济合作制度化……两岸可以为此签订综合性经济合作协议，建立具有两岸特色的经济合作机制。这是大陆首次明确提出两岸签署综合性经济合作协议的概念，也是对马英九提议的善意回应。

两岸领导人在商签 ECFA 的问题上取得共识，使两岸协商 ECFA 得以顺

利推进。在海协会、海基会举行 4 次正式会谈，签署 12 项协议，并取得全面实现“三通”等重大成果的基础上，2009 年 12 月在台中举行的第四次两会会谈，同意将商签 ECFA 作为第五次两会会谈重点推动的协商议题。两岸商签 ECFA 的进程正式启动。2010 年 6 月，两会在台北举行了第五次会谈预备性磋商会议，确定了协议文本及其中的早期收获计划内容，为两岸最终签署 ECFA 做好了准备。

两岸商签 ECFA 从根本上说是两岸经贸关系发展的历史必然。30 年来，两岸经贸关系从无到有，从小到大，已发展到相互依存、密不可分的地步。据统计，截至 2009 年底，两岸贸易额累计超过 9600 亿美元。大陆已成为台湾最大的出口市场、顺差来源地和投资目的地。到 2008 年，台湾也已成为大陆第七大贸易伙伴、第九大出口市场、第五大进口来源地。

两岸经贸关系虽如此密切，但相当长时期内，特别是李登辉、陈水扁执政时期，受到“台独”政治的严重干扰，长期处于间接、单向、局部的不正常状态，两岸也一直无法协商建立制度性的保障平台。这种状态与两岸经贸交流的现实需求格格不入，不仅严重影响两岸经济合作的进一步深入，也限制了台湾经济自身的发展。随着大陆经济实力的迅速提升，台湾当局人为限制两岸经贸的正常交流，只能导致台湾在经济全球化和区域经济一体化的进程中逐步边缘化。特别是随着中国—东盟自由贸易区在 2010 年 1 月 1 日启动，中国与东盟各国之间的关税水平大为降低。台湾地区面临极为不利的国际竞争环境。

可见，两岸签署 ECFA 不仅是两岸经贸关系发展的历史必然，也是台湾经济发展的客观需求，更是两岸共同面对经济全球化和区域经济一体化挑战的现实需要。

二、ECFA 的特点与重大意义

与其他区域经济合作协议相比，ECFA 具有如下几个特点：其一，这是一个全面、综合性的经济协议。其内容涵盖了两岸经济活动的方方面面，为未来两岸经济合作设定了框架和蓝图。其二，这是一个开放、渐进的经济协议。双方还需要继续商签货物贸易、服务贸易、投资保障等多个单项协议，逐步丰富和完善协议的具体内容。第三，这是一个具有鲜明的两岸特色的经济合作协议。大陆本着两岸是“同胞兄弟”的宗旨，在谈判过程中对台充分“让利”，无论是早期收获计划方面，还是对台湾弱势产业、中小企业的照顾方面，大陆都作出了尽可能的让步，充分体现了大陆的善意与诚意。

ECFA 作为一项充分兼顾两岸特色，全面推进两岸经济深入合作的特殊制度安排，它为两岸经济合作制度化提供了一个平台。ECFA 的签署标志着两岸经济关系进入制度化合作的新阶段，开启了两岸交流合作的新时代，表明两岸构建和平发展框架首先在经济领域取得重大进展。

首先，ECFA 的签署将极大地促进两岸经济关系正常化、经济合作制度化的进程。协议的实施将逐步消除两岸贸易壁垒、合理配置资源、拓展合作领域，标志着两岸经济关系进入稳定运行与不断深化的成熟期，有助两岸建立投资双向化、形态多元化、产业链合作化的新模式。

其次，ECFA 的签署有利于两岸经济共同提升竞争力。当前世界经济在金融危机冲击下面临着深刻变革。大陆面临的主要任务是转变经济发展方式，台湾也面临着经济转型升级的压力。ECFA 的签署，能够加速推进两岸经济的整合，促进两岸形成更合理的产业布局和更有效的资源配置方式，从而使两岸经济最大限度地实现优势互补、互利双赢，提升两岸经济竞争力，携手应对日趋激烈的国际竞争。未来“两岸联手赚世界的钱”将成为现实。

其三，ECFA 的签署将使两岸经济迎来大交流、大合作、大发展的新时代。ECFA 签署后，两岸经济交流中的一些制度性障碍将逐步清除，两岸的人流、物流、资金流将实现自由流动。这将释放两岸经贸关系的巨大潜力，两岸经贸合作将迎来一个新的发展高潮。

其四，两岸签署 ECFA 将为台湾经济注入源泉活水，为台湾经济发展提供新的动力。一方面，台湾经济将走出过去 10 年来僵化封闭的死胡同，并借助大陆市场重新布局，提升台湾经济的竞争力。另一方面，台湾可以借助 ECFA 应对东亚经济一体化可能带来的冲击，有利于台湾融入东亚经济一体化进程，避免陷入边缘化。马英九说，两岸签署 ECFA 等于“打通台湾经济的任督二脉”，这形象地说明了 ECFA 对于台湾经济的重要意义。

此次同时签署的《海峡两岸知识产权保护合作协议》，事实上是《海峡两岸经济合作框架协议》的一个有机组成部分。海协会常务副会长郑立中认为，这份协议既立足当前，有效解决商标抢注、专利仿冒、网络盗版等急迫问题，又着眼未来，将提升两岸知识产权的创新、应用、管理及保护，更好地推动两岸经济文化交流。

当然，两岸签署 ECFA 也将对两岸某些产业造成冲击。对于这些产业，需要采取相关配套措施，为其转型升级提供服务保障。两岸经济在进行产业分工与合作时，也存在利益冲突与竞争。如何进行有效协调，防止局部的利益竞争影响两岸关系大局，也将是一个需要应对的挑战。

三、全面推动落实 ECFA 任重道远

ECFA 的签署既是一个终点，更是一个全新的起点。ECFA 只是为两岸经济合作建立了一个框架。除早期收获计划外，具体内容还需要通过后续谈判，逐一签署单项协议来补充和完善。因此，两岸后续围绕 ECFA 的谈判依然任重道远。推动 ECFA 的具体实施，需要做好如下一些工作：

首先，两岸需要尽快批准 ECFA，以使该协议早日生效，尽早使两岸产业和民众受益。由于民进党的阻挠，马英九当局最紧迫的任务，就是让该协议尽快在台湾地区最高民意机关获得通过。

其次，两岸将联合组建“两岸经济合作委员会”，以处理未来协议的执行、监督、争端解决和后续单项协议的协商等各项事宜。这对推进两岸经济合作具有重大作用和长远影响。

第三，两岸需要按照协议的规定，尽快修订相关配套政策及措施，以确保早期收获计划尽快实施，为 ECFA 的进一步落实提供良好的示范效应。

第四，两岸需加强对各自民众的政策宣传和解读，让更多民众认识、理解、支持 ECFA，使 ECFA 获得更为广泛的群众基础。这一点对台湾方面显得尤为重要。

第五，两岸要抓住机遇加快各自产业结构的调整步伐，推动相关产业的转型升级，为下一步两岸进行全面、深入的经济合作打下坚实基础。

总之，ECFA 作为一个框架协议，要全面落实并发挥作用还有大量的工

作要做，两岸必须共同努力，互谅互让，着眼长远，平等协商，以保证这项协议能够真正造福两岸人民，增进中华民族的整体利益。

（本文作于2010年7月）

两岸民间交流步入“共同生活”新阶段

一、两岸关系和平发展带来两岸人民大交流

自1987年台湾当局被迫开放民众赴大陆探亲以来，两岸民间交流从小到大，逐步汇集成一股不可阻遏的历史潮流，成为推动两岸关系不断向前发展的重要力量。但是，由于众所周知的原因，两岸交流长期处于单向、间接、局部的非正常状态。尤其是民进党执政期间的一些不得人心的政策，一度使两岸关系濒临危机的边缘。

2008年3月，国民党重新上台执政，两岸关系也因此迎来新的发展契机。两岸之间很快恢复了海协、海基两会的协商谈判，在短短两年多的时间里，两会先后举行了5次协商谈判，签订了14项协议，达成了两项共识。从开放大陆观光客入台及周末包机正常化，到两岸“三通”的全面实现，再到2010年6月29日两会签订《海峡两岸经济合作框架协议》（ECFA），14项协议就像14条高速公路，使两岸的连接之路顿时畅通。尤其是“大三通”的实现、ECFA的签署，堪称两岸关系史上的两座里程碑，极大地方便了两岸交流及人员往来，将对两岸关系的和平发展产生深远影响。

与此同时，两岸有关方面还积极采取措施，进一步消除两岸人员往来和各项交流中的障碍，为两岸交流交往的扩大和深化提供了有力的支持。如大陆方面调整和简化大陆居民应邀赴台审批管理程序，向台胞开放多项专业技术人员资格考试，等等。台湾方面也正在推动落实包括开放大陆学生入岛就学、承认大陆学历、开放大陆游客自由行等等一系列政策。政策环境的不断优化，极大地方便了两岸人民的交流交往。近两年来，两岸人员往来规模继续扩大，特别是大陆居民赴台呈现激增趋势。据台湾观光部门推估，2010

年全年赴台大陆旅客可望达到150万人次。可以说，两岸人民大交流的局面基本形成。

为更进一步推动两岸民间交流向纵深发展，中央适时出台新的战略举措。2009年5月14日，国务院正式公布了《关于支持福建省加快建设海峡西岸经济区的若干意见》，将海西经济区定位为两岸人民交流合作的先行先试区域，并在原海西论坛的基础上升格举办海峡论坛。海峡论坛是为促进两岸民间交流而搭建的一个平台，它具有鲜明的民间性、大众性、广泛性。上万名台湾民众参与，来自两岸的基层民众在论坛上互动交流，彼此了解，成为论坛的主角，这预示着两岸民间交流已经不断深入到社会生活层面。

二、两岸民间交流正逐步构建两岸“生活共同体”

两岸“生活共同体”是近年来有学者针对两岸民间交流大发展的具体情况而提出的一个新概念。它是指两岸同胞通过实实在在的社会生活来用心经营、彼此感受到作为“两岸一家”的温馨、和谐与幸福。两岸“生活共同体”与两岸“命运共同体”一脉相承，但它又更世俗化和大众化，因而更容易成为两岸普通民众的自觉行为。

两岸民众“共同生活”新阶段的到来，是两岸民间交流不断深入、细化的结果，也是两岸关系日益走向成熟的具体表现。

近两年来，由于两岸交流政策环境的不断优化，交流条件的不断改善，两岸民众交流的规模日益扩大，内容日益丰富和深化，从而推动两岸“生活共同体”逐步成为现实。

首先，两岸民众的交流交往日益密切，往来交通日益便捷，交流规模日益扩大，两岸社会已经逐步形成了你中有我、我中有你的人际网络。全面“三通”的实现，让“两岸一日生活圈”成形。两岸民众交流交往的政策环境不断优化，台湾同胞在大陆的学习、工作、投资等越来越便利，大陆同胞入岛观光、投资、就学等也已经或者即将成为现实。两岸民众的这种紧密联系，为两岸“生活共同体”的形成创造了条件。

其次，两岸经济关系逐步实现正常化、制度化，经济交往密切，相互依存度加深，两岸民众的共同利益关系也逐步加深。海协、海基两会所签订的14项协议将两岸经济关系带入制度化合作的新纪元，两岸已形成密不可分的利益共同体。此外，海峡西岸经济区上升为国家战略，海峡论坛的举办，将充分发挥闽台之间的“五缘”优势，加强两岸民间的融合，使两岸“生活共同体”率先在海西地区成为现实。

第三，随着两岸民众交流交往的日益密切，利益联结的逐步加深，两岸民众的“心灵相通”也进入了加速期。“人之相知，贵在知心”。两岸同根同祖同源，这种历史文化联系是两岸关系最为牢固的精神纽带。随着两岸交流的深入，许多共同历史文化记忆也被唤起，台湾青年廖信忠的《我们台湾这些年》，在两岸读者中引起广泛回响。两岸媒体的沟通互动也日益加强，报道更为全面客观，有利于引导两岸民众重新审视和认识对方。

三、继续推动两岸民间交流走向深入

两岸民间交流始终是两岸关系中最具活力的部分。30多年来，两岸关系每向前推进一步，都无不得益于两岸民间交流的不断突破与创新。然而我们也应当看到，两岸民间交流进一步发展的空间还很大，两岸之间还存在许多限制两岸民众正常交流的制度障碍，比如承认大陆学历，开放陆生、陆资入岛，开放大陆观光客自由行等有待突破。另外，虽然两岸民众往来日益便捷、密切，但迄今为止还有多数台湾同胞没有来过大陆。推动和吸引更多的台湾同胞，特别是台湾中南部同胞到大陆参观访问，增加与大陆同胞的直接接触，有利于增进彼此的了解，从而消除部分台湾同胞对大陆的隔阂与误解。

两岸关系的转变，根基在民间，动力在人民。正如中共中央政治局常委、全国政协主席贾庆林在首届海峡论坛的讲话中所指出，今后，在两岸关系向前发展的道路上，两岸双方还要协商解决许多经济文化问题，乃至要逐步破解政治难题。这一过程能否顺利，能否取得实际成果，还取决于两岸民众怎么看、怎么想、怎么做。

显然，当前两岸民间交流要在现有成果的基础上，继续向前推进，进一步走向深入，为两岸关系的和平发展提供更坚实的民意基础，为未来两岸破解政治难题创造更为有利的条件。推动两岸民间交流任重道远！

（本文作于2010年6月）